광주,
그날의 진실

다시 쓰는 5·18

나남
nanam

나남신서 1966

광주, 그날의 진실
다시 쓰는 5 · 18

2018년 5월 18일 발행
2018년 5월 18일 1쇄

지은이　　김형석
발행자　　趙相浩
발행처　　(주) 나남
주소　　　10881 경기도 파주시 회동길 193
전화　　　(031) 955-4601(代)
FAX　　　(031) 955-4555
등록　　　제 1-71호 (1979.5.12)
홈페이지　http://www.nanam.net
전자우편　post@nanam.net

ISBN 978-89-300-8966-1
ISBN 978-89-300-8655-4 (세트)

나남신서 1966

광주,
그날의 진실

다시 쓰는 5·18

김형석 지음

나남
nanam

행복한 광주,
행복한 대한민국을 위하여

채영남_사단법인 해피광주 이사장

5·18광주민주화운동은 1919년 3월 1일 대한독립만세운동, 1960년 4월 19일 학생운동과 역사적 궤를 같이한다. 일제에 항거하여 우리의 선조들은 대한독립만세를 외쳤다. 부정적인 방법으로 권력을 찬탈하려는 세력에 맞서 우리 선배들은 '선거 무효'를 주장하며 목숨을 걸고 시위했다. 그 과정에서 많은 시민과 의로운 사람들이 목숨을 잃거나 다쳤다.

광주민주화운동도 예외는 아니었다. 18년간의 유신독재를 마감하고 '민주화의 봄'이 오고 있었다. 그러나 전두환 보안사령관을 비롯한 신군부 세력이 정권을 강탈하여 민주주의로 가는 봄의 길목을 가로막고 또다시 역사를 뒤로 돌려보냈다. 이에 학생들과 광주시민들은 비폭력·평화 시위로 신군부에 맞섰다. 그러나 신군부는 공수부대를 투입하여 시민들과 학생들을 폭력으로 진압했다. 그 결과 수많은 시민들이 죽거나 다쳤다.

그런데 이 엄연한 역사적 사실을 왜곡하려는 이들이 있으니, 광주민주화운동 때 앞장서서 폭력을 자행한 전두환과 그 추종자들이다. 이들은 국가기관까지 동원하여 5·18민주화운동을 왜곡하였다. 심지어 어떤 이들은 성스러운 민주화운동을 북한군의 지령을 받아 정부를 전복시키려 한 폭도들의 만행이라고 주장하며 광주의 명예를 더럽히고 있다.

왜곡된 역사는 바로 세워져야 한다. 과거를 바로 세우지 않으면 바른 현재도, 바른 미래도 없기 때문이다. 영국의 역사가 존 로버트 실리(John Robert Seeley)는 "역사는 과거의 정치이고, 정치는 현재의 역사다"라고 말했다. 그의 말처럼 우리는 현재의 정치를 바로 세우기 위해 과거의 역사를 바로잡아야 한다. 역사를 사실로 기록하고, 말할 수 있도록 누군가 바로 세워야 한다.

이 소중한 역사를 바로 세우고, 있는 그대로의 '역사적 진실'을 밝히기 위해 사단법인 해피광주는 역사학자 김형석 박사에게 연구를 의뢰했다. 그 첫 번째 성과로 2017년 12월 15일 제1회 해피광주포럼에서 "1980년 5월, 광주를 구한 10인의 의인들"이란 논문이 발표되었고, 그 내용이 〈한겨레〉에 소개되어 큰 반향을 불러일으켰다. 이제 두 번째 성과를 세상에 내놓는다. 《광주, 그날의 진실》이다. 이 책은 5·18에 관한 진실을 찾아가는 연구서이다. 이 연구가 가슴 아픈 광주의 역사를 바로 세우는 데 큰 역할을 할 것으로 기대한다.

이제 5·18의 진실게임은 우리 세대에서 끝내고, 다음 세대에게는 역사의 땅, 진실의 땅, 열정의 땅, 민주주의의 성지, 대한민국 현대사의 중심지인 빛고을, 이 땅이 누구든지 찾고 싶고, 살고 싶은 평화의 땅이 되기를 바란다. 한 사람의 힘은 적지만 모두가 함께하면 큰 바람을 불러일으켜 거대한 회오리가 되고 진리와 공의를 세울 수 있다. 이 책을 접하는 독자마다 '광주, 그날의 진실'을 찾는 데 힘이 되어 주길 바란다.

광주의 진실에
한발 다가선 노작

한홍구_성공회대 교수·《반헌법행위자열전》 편찬위원장

《오월의 사회과학》의 저자 최정운 교수는 "5·18은 우리 역사에서 하나의 사건이 아니라 우리 역사를 다시 시작하게 만든 사건이며, 아울러 우리에게 각자 새로운 역사를 시작하게 만드는 사건"이라고 규정했다. 내가 대학 3학년 때 벌어진 그 사건은 지금까지 내 삶을 규정하고 있다. 1980년 5월 광주에서 벌어진 역사적 사건에 대해서는 여러 차례 정부의 진상조사도 있었고, 민간에서 나온 연구 성과도 적지 않지만, 과연 우리는 광주의 진실을 얼마나 알고 있는가? 광주를 다룬 노래 중 제일 먼저 나오고 가장 널리 불린 〈오월가〉가 던지는 질문인 "왜 쏘았지, 왜 찔렀지, 트럭에 싣고 어디 갔지?"에 대한 대답을 우리는 아직 얻지 못했다.

　김형석 박사의 《광주, 그날의 진실》은 우리가 알지 못하는 광주의 진실에 한발 다가선 노작(勞作)이다. 김 박사는 1995년 북녘 땅을 덮친 대홍수가 그의 삶을 바꿔 놓기 전까지 《남강 이승훈과 민족운동》, 《일재 김병조의 민족운동》 등 3·1운동에 헌신한 기독교 지도자들의 민족운동에 대한 묵직한 연구 성과를 낸 역사가였다. 그러나 그는 기아와 질병에 시달리

는 북녘 동포들을 위해 NGO 활동가로 변신하였고, 그동안 남쪽 최고의 대북지원 전문가로 활동했다. 그러던 그는 5·18 때 계엄군의 철저한 왜곡으로 광주시민들로부터도 오해받던 문용동을 만나면서 역사가의 자리로 되돌아왔다.

문용동은 광주항쟁의 근거지였던 전남도청 지하실에 산더미처럼 쌓여 있던 폭약을 안전하게 관리하다가 계엄군의 총에 숨진 인물이다. 그는 자칫 폭발하면 광주시를 잿더미로 만들 만한 양의 다이너마이트가 폭발하지 않도록 목숨을 희생하며 노력했건만, 계엄당국은 그를 '돈에 매수된 난동분자'로 왜곡했고, 별다른 정보를 갖지 못한 시민들은 '계엄군의 프락치'로 오해했다. 문용동은 같은 73학번인 김형석 박사가 쓴 이 책을 통해 의인으로 부활했다. 김 박사는 광주와는 멀리 떨어진 경남 진주 출신이지만, 이 시대를 뜨겁게 산 사람들은 모두 다 광주의 자식이다.

김형석 박사가 심혈을 기울여 논증한 또 다른 부분은 광주교도소 습격사건이다. 이 사건은 1988년 광주청문회 당시 뜨거운 논란이 되었고, 1997년 대법원에서 전두환 일당의 내란 사건을 처벌할 때도 "시민군의 교도소 습격을 저지하기 위해 발포한 것은 정당하다"고 판결한 근거가 되었는데, 김 박사는 이 사건이 조작되었음을 명쾌히 밝혔다. 사실 광주민중항쟁은 그리 오래된 일도 아니고 당사자도 대다수가 생존해 있음에도 불구하고 북한군 투입설을 비롯한 황당한 왜곡이 자행되고 있다. 북한군 투입설은 하도 어처구니없는 주장이어서 연구자들이 무시하곤 했지만, 수구세력 내에서는 차츰 널리 퍼져 갔고, 심지어 전두환이 버젓이 자기의 회고록에 인용하는 참담한 일까지 벌어졌다. 김 박사의 《광주, 그날의 진실》은 수구세력이 왜곡하는 핵심 쟁점들의 진실을 명확하게 밝히고 있다.

이 책은 5·18의 상처를 덧내려는 가해자들의 뻔뻔한 시도를 차단하고 진실을 밝히는 작업일 뿐 아니라, 상처받은 피해자들에게 치유의 약이 될 수 있을 것이다. 또한 이 책은 광주의 비극과 저항만 조명한 것이 아니라, 한걸음 더 나아가서 광주시민들이 만든 대동세상과 그에 깃든 평화사상을 재조명하여 광주민중항쟁을 역사적으로 자리매김하였다.

민주정부가 들어서고, 문재인 대통령이 2017년 망월동 묘역을 참배하면서 광주항쟁의 주역들과 피해 당사자는 물론 국민들도 큰 감동을 받았다. 새로운 민주정부의 출범은 남쪽 사회 내부의 개혁을 넘어, 남북 화해와 한반도 평화로 가는 길을 열고 있다. 이러한 때에 남북 화해에 중요한 역할을 감당한 김형석 박사가 《광주, 그날의 진실》을 펴낸 것은 매우 뜻깊은 일이다. 현대사 전공자로서 광주를 알리려고 나름대로 노력했지만, 제대로 된 책을 쓰지 못한 나로서는 김형석 박사께 큰 미안함과 고마움을 마음속 깊이 갖고 있다는 점을 고백하며 이 글을 마친다.

프롤로그
왜곡된 역사의 진실을 찾아서

한국현대사가 100년을 맞이한다. 1919년 3·1운동으로부터 시작된 한국현대사는 그야말로 '수난'과 '영광'이 교차한 '반전(反轉)의 역사'다. 일제강점기 선조들은 식민지 백성으로 온갖 고초를 당하면서도 3·1운동으로 태동한 대한민국 임시정부를 중심으로 독립운동을 전개하여 마침내 광복을 쟁취했다. 그러나 해방의 기쁨을 누릴 겨를조차 없이 남북 분단의 아픔을 겪었고, 곧이어 한국전쟁을 치르면서 세계사에 유례를 찾기 어려운 동족상잔의 비극을 경험했다. 한국전쟁이 끝난 1953년, 대한민국의 1인당 국민소득은 65달러로 세계은행의 조사대상 110개국 중 109번째였다. 식민지 지배와 전쟁의 폐허로 세계 최빈국이 된 대한민국은 1960, 1970년대 고도 경제성장을 통해 세계가 놀란 '한강의 기적'을 일구어 냈지만, 그 이면에 가린 한국 자본주의의 모순은 지배층과 피지배층 간의 갈등을 가져왔다. 사회학자 김진균 교수는 5·18을 사회경제적 관점에서 보면 "독점자본가 계급이 자기들의 이익을 보장하는 강경 군부세력을 내세워서 노동자 계급을 비롯한 농민·학생·중간층을 폭력으로 억압한 데 대해, 기층 민중을 중심으로 투쟁한 민중항쟁이었다"고 설명한다.

이렇게 한국현대사는 1919년 3·1운동으로부터 1950년 한국전쟁을 거쳐 1980년 5·18민주화운동까지 '한 세대'가 지날 때마다 굵직굵직한 사건들을 경험하면서 '식민지와 독립', '분단과 정부수립', '산업화와 민주화'로 이어지는 시대정신에 따라 역사의 대변혁을 가져왔다. 그리고 변화의 정점에 5·18민주화운동이 자리한다. 한국현대사학자 한홍구 교수는 "광주민중항쟁은 박정희 없는 유신체제를 이어가려던 유신 잔당과의 싸움이었다"고 정의한다.

1980년 새봄이 왔지만 학원가는 유신시대에 사라진 학생회를 재건하는 데 몰두하느라 아직 정치적인 이슈를 전면에 제기하지도 못하고 있었다. 대통령 최규하도, 국무총리 신현확도, 새로운 실세로 등장한 중앙정보부장 서리 전두환도 모두 유신 잔당이었다. 명확하지 않을 이유가 없던 정치 일정이 안갯속에 빠진 것도 유신 잔당이 자신들의 기득권을 유지해 보려고 몸부림쳤기 때문이다.

제도권이 정당과 국회를 통해 국민들의 에너지를 제대로 흡수하지 못했기 때문에 군과 학생의 대결이 한국 정치의 결정적인 대립구도를 형성해 왔다. 그것은 1979년 10월 부산·마산에서 시작되어 1980년 5월 광주에서 끝났지만 흔히 '서울의 봄'이라는 서울 중심적인 용어로 불리는 이 격동기에도 마찬가지였다. ─ 한홍구, "유신과 오늘", 〈한겨레〉

한홍구의 말처럼 5·18은 유신체제를 타파하고 민주화를 쟁취하려던 민중항쟁이다. 그러나 5·18은 민청학련 사건으로부터 부마항쟁에 이르기까지 유신시대에 일어난 다른 민주화운동과는 분명히 다른 차별성을 가지고 있다. 비록 엿새라는 짧은 기간이었지만 광주시가 대한민국 공권력으로부터 이탈하여 '해방'되는 미증유의 사태를 경험하였고, 그 과정에서 사망자 193명(민간인 166명, 군인 23명, 경찰 4명)과 부상자 3,139명이 발생한 사실상의 내전(內戰)으로 발전했기 때문이다. 이처럼 광주민중항쟁은 '제주 4·3사건'을 제외하면 대한민국 역사상 가장 많은 희생자가 발생한 '정치적 사건'이지만, 갑신정변 때의 '3일 천하'처럼 참담하게 실패한 '10일간의 사건'이 되고 말았다.

그러나 동학농민혁명으로부터 시작한 한말과 일제 치하 호남 민중운동의 역사성을 계승한 광주민중항쟁은 5·18정신의 지속적인 실천으로 한국사회가 변화할 수 있는 역사적 계기를 제공했다. 민중으로 하여금 스스로가 역사의 주인임을 자각하여 예속적인 사고를 버리고 억압과 차별의 지배를 거부하도록 일깨웠으며, 그 결과 '5·18'의 희생의 토대 위에서 1987년 '6월 혁명'을 이룰 수 있었다. 이렇게 대한민국은 전 세계가 주목하는 경제성장과 민주화의 진전을 동시에 이룩해 냈다. 한국현대사는 1세기도 지나지 않은 기간 동안 30년 주기로 세 차례나 반전을 거듭하면서 역사의 대변혁을 경험한 것이다.

2020년이면 5·18민주화운동 40주년을 맞는다. 개헌을 앞두고 '5·18정신'을 '3·1정신'과 함께 헌법 전문에 넣는 문제가 제기되었고, '5·18민주화운동 진상규명을 위한 특별법'도 통과되어 시행을 기다리고 있다. 그렇지만 한반도가 이제까지 경험하지 못한 변화의 중심에서 항구적인 평화와 통일시대를 바라보는 시점에, '5·18'은 국민화합과 통일시대 건설에 구심점이 되기보다는 오히려 논란의 중심에 자리해 있다. 지난 시기 일부에서 제기한 '김대중 배후설'이 지금은 '북한 배후설'로 바뀌어 시빗거리가 되고 있지만 정확한 사실 규명이 이뤄지지 않은 탓이다. 따라서 시급한 것은 5·18 때 일어난 중요한 사건들에 대한 '팩트 체크'이다.

역사가의 입장에서 바라볼 때, 5·18의 가장 큰 문제점은 사건의 가해자인 '신군부 세력'과 극소수 연구자에 의해 자행된 '사실 왜곡'이다. 이들의 왜곡은 세 단계에 걸쳐 진행되었다.

첫 번째 단계는 5·18 직후 행해진 신군부의 조작이다. 1980년 5월 31일 자 신문에 발표된 "계엄사령부 발표문"과 6월 5일부터 11일까지 진행된 국보위 광주사태 진상조사단의 〈광주사태 진상보고〉 등이 그것이다. 이 문건들은 계엄군의 진압작전을 정당화하려는 목적에서 작성되었지만, 이와 함께 상무충정작전에 참가한 군인들에 대한 논공행상 차원에서 의도적으로 조작된 경우도 나타난다. 광주시민의 생명을 지키기 위해서 도청 지하실의 폭탄뇌관 분리작업을 한 문용동과 폭약관리반원들을 '계엄군의 프락치', '부화뇌동한 자'로 몰아세우면서 이 작업이 마치 상무충정작전의 일환으로 진행된 것처럼 조작한 것이 대표적인 사례이다.

두 번째 단계는 1988년 국회 광주특위 청문회를 앞두고 국방부의 사전 계획으로 만들어진 '5·11위원회'의 조직적인 조작이다. 당시 청문회에서도 지적된 '20사단장 지휘차량 피탈사건', '광주교도소 습격사건', '아시아자동차 및 도내 무기고 습격사건' 등의 사례가 그것으로, 이는 문건을 가필하거나 삭제하는 등의 지능적인 방법으로 이루어졌다.

세 번째 단계는 극소수의 연구자와 탈북자에 의해 1990년대 말부터 제기된 이데올로기형 사실조작이다. 이들은 처음에는 5·18의 폭력성과 사회주의 혁명 관련성을 강조하다가 최근에는 '북한(군) 관련성'에 집중적으로 문제를 제기하는데, 그간 발표된 정부기관(법원, 검찰, 군, 경찰) 자료를 교묘하게 편집하거나 탈북자 증언을 도구로 활용하여 '북한군 5·18 개입설'과 '북한 지령설'에 대한 구체적인 사례를 날조하고 있다. 특히 2017년 출간된 《전두환 회고록》은 이런 사례들을 취합, 인용하면서 마치 하나의 검증된 사실처럼 주장하였다.

문제는 또 있다. 이들 가해자와는 비교할 수 없는 적은 부분이긴 하지만, 피해자들에 의한 왜곡도 나타난다. 주로 5·18유공자 선정과 보상 과정에서 자기 행동을 의인(義人)화하고 행적을 과대 포장한 경우가 대부분이다. 그것이 비록 일부 사례이고, 가해자들의 역사왜곡과 비교하면 그 정도가 미미하다고 할지라도 사실(史實)의 왜곡은 또 다른 부작용을 낳는다. 5·18을 현장에서 취재한 기자 출신으로 후일 만학으로 역사학계 최초로 5·18에 관한 박사학위논문을 완성한 한국현대사가 김영택 박사는 이에 대한 우려를 제기한다.

물론 광주 측에도 사실의 과장과 왜곡이 전연 없는 것이 아니다. 21일 공수부대의 철수는 '시민군의 무장투쟁 승리의 소산'이라든지 '시민군과 공수부대 간에 시가전을 치열하게 벌였다'는 것은 터무니없는 것들이다. 5 · 18 직후 투쟁 사실을 한 단계 높여 보려는 일부 항쟁 참여자들에 의한 것임을 이해 못 하는 것은 아니지만, 이러한 것들이 오히려 역사의 진실을 왜곡하는 것, 스스로 '폭도'로 자임하는 것임은 물론 5 · 18을 왜곡하거나 폄훼하려는 가해 범죄자들의 공격 자료로 확대 재생산된다는 사실을 유념하지 못하는 것 같다.

— 김영택, "5 · 18 광주민중항쟁연구"(국민대 박사학위청구논문, 2004)

또 달리 주목해야 할 현상도 나타난다. 1980년 이후 12년 동안이나 지속되었던 군사정권 통치하에서 5 · 18정신을 계승하기 위해 만들어진 민중문학과 민중예술에 나타난 표현들이 마치 역사적 사실처럼 인식되면서 나타나는 착시현상이다.

예로부터 남도 사람들은 예술성이 뛰어났으며, 그 중심에 자리한 광주는 전통적인 '예향'(禮鄕)이다. 그들에 의해 5 · 18은 민중문학과 민중예술로 다시 태어났고, 그들의 감칠맛 나는 예술적 재능은 5 · 18을 다양한 언어와 행위로 표현했다. 그들의 작품 속에는 '시대적 영웅'이 필요했는데, 5 · 18항쟁의 마지막 순간인 27일 새벽 공수부대의 도청 진입작전에서 장렬하게 산화한 윤상원의 죽음은 좋은 소재였다. 따라서 그의 죽음은 1982년 들불야학을 함께한 동지 박기순과의 영혼결혼식으로 부활했고, 결혼식을 위해 헌정된 〈임을 위한 행진곡〉은 노래극으로, 판소리로, 영화로 보급되면서 5 · 18정신을 확산시키는 데 크게 기여했다. 그런데 다양한 예술작품에서 표현된 내용을 예술로 이해하지 못하고 역사적 사실의 잣대로 판단하는 착시현상이 5 · 18의 또 다른 왜곡시비를 불러일으킨 것이다.

〈오월의 노래〉는 작사자 불명의 민중가요로서 〈임을 위한 행진곡〉과 더불어 5·18 시위현장에서 유행한 노래인데, 가사 중 "두부 젖가슴"이라는 표현이 나온다. 이것은 손옥례(19)가 공수부대원에 의해 대검으로 젖가슴이 찢기는 자상을 입은 후에 다시 가슴과 엉덩이에 관통상으로 두 번씩이나 죽임을 당한 참혹한 모습을 노랫말로 표현한 것이다. 이를 두고 고은 시인은 〈두부 젖가슴〉이라는 시를 지어 《만인보》에 수록했다. 그런데 이 같은 시적 표현이 5·18 당시 성행한 유언비어와 대비되면서 "전라도식 거짓말"이라는 비하성 표현으로 되돌아온 것이다.

세계사의 유명한 사건 속에는 으레 드라마적 요소가 가미되어 있다. 무미건조한 사건에 드라마틱한 극적 요소를 가미하여 문학과 예술작품으로 대중에게 다가올 때 마음속 감동이 더해지기 때문이다. 프랑스대혁명의 경우를 살펴보자.

프랑스대혁명 때 바스티유감옥 습격이 도화선이 되었지만 "바스티유감옥의 대포 15문이 민중을 향해 불을 뿜어 영웅적인 시민 100여 명이 사망하고, 수 시간의 총격전 끝에 성벽을 무너뜨린 민중이 노도처럼 밀려들어가서 죄수들을 석방하고 이들과 함께 파리 시내에서 승리의 행진을 벌였다"는 이야기는 프랑스대혁명의 극적인 감동을 위해 후일 각색된 드라마적 요소이다.

바스티유감옥이 전제군주의 폭정을 상징하는 것처럼 인식된 것과는 달리, 감옥에 갇혀 있던 수감자는 7명에 불과했고, 민중의 박수와 환호 속에 석방된 이들도 화폐위조범 4명, 미친 사람 2명, 아버지의 의뢰로 감금된 귀족 자제 1명으로, 모두 정치범과는 거리가 먼 사람이었다. 사건의 실상은 국왕의 군대에 대항할 시민군의 탄약을 마련하기 위해 바스티유감옥을 습격한 것이었다.

이렇게 우리가 역사적 사실과 작품 속 이야기를 구별해야 하는 것처럼, 5·18이 모든 국민이 공감하는 민주화운동으로 자리매김하기 위해서는 역사적 진실과 민중예술에 등장한 이야기를 구별하여 소통하는 주의가 필요하다.

또 다른 사례를 살펴보자. 5·18과 관련된 글에서는 당시의 시민정신을 강조하기 위해 "해방 광주(5.22~26) 기간에는 사건사고가 한 건도 없었다"고 주장한다. 이런 글을 읽는 독자들은 어떻게 73만 명이 살아가는 도시에서 범죄가 한 건도 발생하지 않았을까 의아하게 생각할 것이다. 나도 이런 의문을 가지고 각종 자료를 조사해 보니 닷새 동안 30여 건의 사건 신고가 들어오고 이 가운데 4건이 재판에 회부되었는데, 그 내용은 1건의 가족 살인사건과 3건의 단순 절도사건이었다. 이것은 놀라운 기록이다. 1977년 7월 13일 뉴욕시에 전기를 공급하는 웨스트체스터 카운티의 콘에디슨발전소에 낙뢰로 사고가 발생하여 26시간 동안 정전이 되자, 뉴욕에서는 1,616개의 가게들이 약탈당하고 1,037건의 화재가 발생했으며, 절도와 방화, 폭력 혐의로 체포된 사람만 3,776명에 달했다. 이런 사건과 비교하면 5·18 기간 동안 범죄가 발생하지 않았다는 것이 과장된 말은 아니다.

다른 경우와도 비교해 보자. 2017년 광주광역시의 5대 범죄(살인, 강도, 성폭력, 절도, 폭력) 발생 건수는 하루 평균 37건이다. 그런데

2017년 말 현재 광주광역시 인구 146만 명의 절반인 73만 명이 살던 1980년 광주에서 5일간의 '해방 광주' 기간 동안 하루 평균 1건에도 못 미친 4건의 범죄가 발생한 것을 두고 '한 건'도 없었다고 표현한 것을 틀렸다고 평가할 수는 없다. '한 건'도 없다는 것은 광주시민의 자부심이고, '거의' 없다는 말과 어감상으로 다를 뿐이다. 역사가의 입장에서 보면 5·18은 있는 그대로의 모습, 즉 '민낯'(맨 얼굴)이 훨씬 더 예쁘다. 그런데 예쁘게 보이려고 화장한 모습이 오히려 역사의 진실을 가리고 있다.

5·18민주화운동이 3·1운동과 프랑스대혁명처럼 세계사적 사건으로 자리매김하기 위해서는 '기록의 역사'(*Historie*)에서 '철학의 역사'(*Geschichte*)로 바뀌어야 한다. 지난 기간 수집된 5·18민주화운동 기록물은 유네스코 세계기록유산으로 선정되었고, 국민 누구나 인터넷을 통해 열람할 수 있도록 공개되었다. 이제는 그 기록을 정확하게 분석하고 그 속에 담긴 5·18정신을 찾아내서 인류의 보편적 가치로 재해석하는 '철학의 역사'가 정립되어야 한다. 그러기 위해서는 '가해자'들에 의해 조작된 사실을 밝히고 피해자들에 의해 덧칠된 부분을 벗겨 내는 작업이 선행되어야 한다. 헌법정신에 담고 대한민국 국민 모두가 공유하기 위해서는 '신화로서의 5·18'이 아닌 '역사로서의 5·18'이 필요하기 때문이다.

이 책은 5·18의 역사적 진실을 밝히기 위한 목적에서 저술되었다.

1부 "1980년 5월, 광주"에서는 5·18이 일어난 배경과 당시 광주 상황, 5·18 기간 중 항쟁지도부의 동태는 물론 광주 사람들이 살던 모습을 조명해 봄으로써 5·18에 관한 개괄적인 내용을 살펴볼 것이다. 이해를 돕기 위해 홍성담 화백의 5·18 판화를 주제에 맞춰 삽입했다.

이어 2부 "5·18의 미스터리와 진실"에서는 5·18의 '5대 의혹' 사건인 '전남도청 지하실 폭약 설치사건', '광주교도소 습격사건', '20사단장 지휘차량 탈취사건', '아시아자동차 차량 탈취사건', '전남도내 38개 무기고 탈취사건'의 실체를 파악하고, 이를 통해서 5·18 때 북한군이 광주에 내려왔다고 주장하는 '북한군 개입설'의 진상을 규명하고자 한다.

3부 "5·18에 감춰진 사랑과 평화"에서는 정치학자 최정운 교수의 '폭력과 사랑의 변증법'과 광주 사람들이 말하는 대동세상(大同世上)과의 관련성, 시위대의 무기 탈취에 가려진 무기 회수활동, 종교계의 비상 구호활동, 5·18에 나타난 비폭력주의와 평화사상에 대해 살펴보고, 마지막으로 광주시민의 생명을 안전하게 지키기 위해 자신을 희생하고서도 계엄군과 시민군 양측으로부터 프락치로 몰려 오랜 기간 외면당한 평화주의자 문용동의 삶과 신앙을 조명해 보고자 한다.

필자는 2017년 9월 (사)해피광주 채영남 이사장으로부터 "역사가의 입장에서 5·18에 관한 진실을 규명해 달라"는 부탁과 함께 집필을 의뢰받았다. 그로부터 7개월 동안 밤잠을 설치며 매달린 집필 작업에서 가장 유용하게 활용한 자료는 5·18민주화운동기록관 유네스코 자료와 1988년 국회 청문회 자료다. 부족한 자료는 오랫동안 5·18을 연구한 안종철, 이재의, 전용호 선생으로부터 도움을 받았다. 홍성담 화백은 '오월민중항쟁 연작 판화집'인 《새벽》에 수록된 작품을 사용할 수 있도록 배려해 주었다. 이분들의 도움이 없었다면 이렇게 빠른 시간에 집필을 마치기란 불가능했다. 무엇보다 촉박한 일정에도 불구하고 흔쾌히 출판을 맡아 주신 나남출판 조상호 대표님께 감사를 드린다.

2018년 5월

광주,
그날의 진실

다시 쓰는 5·18

차 례

제1부

1980년 5월,
광주

1980년 5월
광주로 떠나는 시간여행

나는 광주와는 아무런 인연도 없는 사람이다. 어린 시절을 경상도에서 보내고 성년이 되어서는 서울에서 40년을 넘게 살았다. 친가와 외가는 물론 처가 식구까지 경상도 사람이니 전형적인 경상도 출신 서울 사람이다. 그래서 우리 집에서는 5·18은 말할 것도 없고 광주라는 말을 꺼낼 이유가 없었다. 광주와의 인연이라면 1977년 2월 학군장교(ROTC)로 임관하여 그해 3월부터 6월까지 상무대의 육군보병학교에서 군사훈련을 받은 4개월간이 전부이다. 더욱이 1980년 5월은 주경야독하면서 대학원에서 공부하던 시절이어서 세상 돌아가는 것에는 관심을 가질 만한 여유조차 없었다. 이후 공부를 마치고 대학으로 자리를 옮긴 후에도 5·18에 관해서는 별다른 관심을 갖지 않았다. 당시 시대상황에서는 일종의 금기사항이었다.

그러던 내가 5·18과 인연을 맺은 계기는 2008년 문용동전도사순교기념사업회로부터 받은 강연 요청이다. 문용동은 물론 5·18에 대해서도 아는 것이 없었기에 완곡하게 고사하다가, 자료집이나 읽어보라는 당부에 받아 든 것이 《새벽길을 간 이》였다. 이 책에는 문용동에 관한 추모의 글과 각종 자료가 실려 있었는데, 특히 눈길을 끈것이 〈문용동 일기〉다. 나와 같은 73학번인 그가 어떤 삶을 살고, 어떤 생각을 가졌는지 살펴보는 가운데 공감할 수 있는 여러 가지 요소를 발견하였다. 결국 나는 《새벽길을 간 이》에 기초하여 "5 · 18민주화운동과 통일"을 주제로 그의 모교인 호남신학대학에서 강연하였다. 이렇게 나를 1980년 5월의 광주로 인도한 첫 번째 안내자는 문용동이었다.

광주에서 강연한 2008년 5월은 진보 정권 10년이 끝나고 이명박 정부가 출범한 지 얼마 되지 않은 시점으로, '잃어버린 10년'의 기치 아래 보수적 이념을 강조하던 사회 분위기 때문에 눈에 보이지 않는 불편함을 느낄 수밖에 없었다. 이후 나는 '5 · 18'은 물론 문용동에 대해서도 잊고 살았다.

그로부터 10년이 지난 2017년 5월, 사단법인 한국장로교총연합회로부터 문용동에 대한 원고 청탁을 받았다. 문용동이 생전에 소속되었던 대한예수교장로회총회(통합)에서 순직자로 지정된 직후였다. 우연한 재회에 나는 사명감을 느끼고 문용동에 관한 자료를 새롭게 찾기 시작했는데, 뜻밖에도 고은의 《만인보》에서 네 편의 시를 발굴하는 성과를 거두었다. 〈문용동〉, 〈그 아버지〉, 〈약혼녀 박혜신〉, 〈어떤 일기장〉 등이 문용동과 관련한 이야기다. 나는 승려 출신으로 환속한 불교 시인 고은을 통해 종교성을 초월한 '역사적 인물' 문용동을 새롭게 발견할 수 있었다. 이런 점에서 고은은 1980년 5월의 광주로 나를 인도한 두 번째 안내자였다.

《만인보》에서 '역사적 인물' 문용동을 발견한 나는 기독교적 시각에서 벗어나 '5·18'이라는 생동하는 역사 현장에서 그의 행적을 추적하기 시작했다. '5·18'의 마지막 희생자인 문용동의 행적은 전남도청 지하실에 보관 중이던 폭약의 안전 문제와 직결된다. 그는 광주시민의 생명과 재산을 지키기 위해 죽음으로써 자기 사명을 감당했음에도 불구하고, 사후 계엄군의 조작에 의해 프락치라는 누명을 쓴 채 오해를 받아 왔다. 그런데 그의 행적을 새롭게 조명할 필요성을 만들어준 사람이 지만원이다. 지만원은 5·18 당시 북한군 개입설을 주장하면서, 그 결정적 증거로 도청 지하실에 설치된 폭약 문제를 들었다. 따라서 나는 문용동의 행적을 추적하는 과정에서 지만원의 주장을 꼼꼼하게 분석하게 되었고, 결론적으로 그의 주장이 매우 비논리적이고 허구적이라는 사실을 확인할 수 있었다. 이런 점에서 나를 1980년 5월의 광주로 인도한 세 번째 안내자는 지만원이었다.

연구 결과가 논문으로 발표되고 〈한겨레〉에 보도된 후 나는 여러 언론으로부터 《전두환 회고록》 내용에 대한 검증을 의뢰받았다. 계엄군의 총에 희생당한 문용동을 시민군이 사살한 것으로 왜곡한 데 대한 검증작업이었고, 이런 일련의 과정을 통해 '5·18'의 역사를 재조명하게 되었다. 나는 1980년 5월의 광주로 시간여행을 하면서 많은 사람을 만났다. 이미 세상을 떠난 사람은 역사적 사료를 통해, 생존한 사람은 직접 만나 증언을 채록하면서 당시를 복원하는 데 노력을 기울였다. 1970년대 대학을 다니면서 실증사학을 공부한 나는 사료를 대할 때마다 "역사가는 자기 자신을 죽이고 '과거가 본래 어떤 상태에 있었는가' 밝히는 것을 지상과제로 삼아야 하며, 오직 역사적 사실들로 하여금 이야기하게 해야 한다"는 랑케의 가르침을 불문율처럼 여겼다. 이런 관점에서 바라볼 때, 5·18의 역사는 계엄군과 군사정권의 사건은폐, 사실조작 등으로 왜곡 정도가 심각한 수준인 데다가, 5·18 피해자 측의 과장 사례도 있어서 진실 규명이 시급한 실정이다.

5·18민주화운동은 한국현대사의 거대한 분수령이다. 3·1운동이 우리 민족의 자주독립정신을 국내·외에 천명한 현대사의 시발점이라면, 5·18은 민주주의와 인권의 소중함을 국내·외에 알린 현대사의 재출발이다. 반독재와 과거청산운동, 통일운동을 일깨우는 원천이 되었기 때문이다. 그러나 다른 한편으로는 '호남'과 '비호남', '진보'와 '보수'의 대척점에서 갈등의 진원지가 되는 것도 사실이다. 갈기갈기 찢어진 상처가 봉합도 되지 않은 가운데, 진영논리에 따른 분장으로 덧칠해서 순수성을 잃어버린 역사로 변질되었기 때문이다. 역사가의 사명은 역사적 진실을 규명하는 것이다. 그러기 위해서는 중립적이고 객관적인 시각에서 사실(史實)을 바라보면서, 5·18을 정치적인 논쟁이나 이데올로기로부터 분리해 내는 것이 선결과제이다. 이제 역사가로서 그 진실을 찾아야 할 때이다.

1980년 5월의 광주

1980년 3월, 10·26과 12·12로 이어지는 충격적 사건을 경험한 우리 사회는 격동의 시간을 맞고 있었다. 이른바 '서울의 봄'을 맞이하여 민주주의에 대한 기대 속에 대학가에서는 '학원민주화'에 대한 열기가 넘쳐흘렀고, 개강과 함께 학생들은 '학원자율화', '학원족벌체제 타파', '어용교수 퇴진', '학도호국단 폐지', '학내 언론자유'를 외쳤다. 학원민주화 열기가 계속되면서 4월 18일까지 학내 투쟁을 벌인 대학은 학원민주화를 거부하는 총·학장 퇴진 요구 21개 대학, 어용 교수 퇴진 요구 24개 대학, 재단비리 척결 요구 12개 대학, 학교시설 확장 요구 11개 대학, 학생회 인정과 학내 언론자유 요구 20개 대학에 달했다. 투쟁 양상은 총·학장실 점거 농성 12곳, 교내 철야 농성 24곳, 가두시위 진출 시도 2곳, 총·학장 사퇴나 사의 표명 14곳, 임시휴강 조치 19곳 등으로 나왔다.

그렇지만 신군부의 정권 장악 시도는 이와 무관하게 계속되어 전두환 보안사령관의 중정부장 서리 겸직으로 기반을 공고히 하였고, 이에 맞서 재야세력은 대학생들의 지속적인 민주화성회 개최를 통해서 세력을 규합하고 있었다. 두 세력이 충돌한 곳은 대학가였다. 5월 2일 서울대 관악캠퍼스에서 열린 '민주화 대총회'에 1만여 명의 대학생이 참가한 것을 계기로 자신감을 얻은 재야인사들은 7일 '민주주의와 민족통일을 위한 국민연합'의 윤보선·함석헌·김대중 3인 공동의장 명의로 "민주화촉진국민선언문"을 발표하고, 계엄령 해제와 전두환과 신현확 국무총리 퇴진을 공개적으로 요구했다.

5월 8일 이희성 계엄사령관 지시로 열린 긴급계엄위원회(위원장 황영시)는 중앙정보부가 제시한 학원대책 방향을 토대로 세부계획을 수립했다. "1단계(5월 7~10일)는 문교부 장관의 경고담화 발표 및 학생들의 교외 진출 저지, 2단계(11~13일)는 주동자 색출 및 범법자 처벌, 3단계(14~16일)는 대학 휴교 및 주동자 등의 일제 검속과 계엄사령관 담화 발표, 4단계(5월 17일 이후)는 비상대책을 강구하여 적시에 조치한다"는 시행방안을 마련하고, 5월 9일부터 각 지방에서 '학원사태수습대책협의회'를 구성하여 매일 운영하도록 결정한 것이다.[1]

13일에는 서울 소재 6개 대학생 2,500여 명이 광화문에 집결하여 '계엄 철폐'를 외치며 가두시위에 돌입했고, 14일에 이는 전국 37개 대학으로 확산되었다. 시위는 점점 더 가열되어 경찰차가 불태워지고 사흘째 야간 가두시위가 계속되었고, 15일에는 서울·광주 등 전국 45개 대학 10만여 명의 학생이 일제히 폭력을 수반한 대규모 연합시위를 강행했다. 이날 서울지역 24개 대학 총학생회 대표들은 고려대에서 모임을 갖고 "교내 및 가두시위를 일단 중단하고 시국의 추이를 관망, 새로운 전략을 모색하자"는 데 합의했다.[2] 이에 정부는 14일 오후 신현확 총리 주재로 관계 장관회의를 열고 학생시위 사태에 대한 대책을 논의한 후에, 5월 15일 "중동을 순방 중인 최규하 대통령이 귀국하면 확실한 정치 일정을 제시하겠다"는 담화를 발표하면서 학생들의 자제를 촉구했지만, 정부 발표와는 달리 신군부의 정권 장악 시나리오는 구체적으로 진행되고 있었다.

이런 긴박한 상황에서 중동을 순방 중이던 최규하 대통령은 일정을 앞당겨 5월 16일 저녁 급거 귀국했다. 최 대통령은 귀국 즉시 청와대에서 '시국 관련 비상대책회의'를 소집했고 김종환 내무부 장관, 주영복 국방부 장관, 이희성 계엄사령관, 최광수 대통령비서실장 등이 참석했다. 밤 11시에 시작된 회의에서는 자정을 훨씬 넘긴 우여곡절 끝에 18일 0시를 기해 확대 비상계엄을 선포하기로 결정했다.

홍성담, 도청궐기대회, 538×427mm, 1984년

청와대에서 심야 비상대책회의가 열린 시간, 광주에서는 전남도청 앞에서 대규모 횃불시위가 열렸다. 14일 오후 시작된 도청 앞 분수대에서의 민주화 성회가 15일과 16일에 걸쳐 계속되면서 16일에는 광주 시내 9개 대학생 3만여 명이 모인 대규모 집회로 발전하였다. 오후 3시 시작된 시위는 8시가 되자 횃불시위로 바뀌어 11시 30분까지 진행되었다. 광주지역 학생운동연합 지도부가 이날의 시위를 횃불행진으로 진행키로 결정한 것은 5·16군사쿠데타에서 유신독재로 이어진 18년간의 암흑기를 민주화의 횃불로 밝히겠다는 의지의 표현이었다. 전남대 송기숙 교수는 16일 밤의 횃불행진을 이렇게 설명한다.

날이 어두워지자 횃불이 밝혀지기 시작했다. 학생 지도부는 횃불 관리에 대한 주의를 두 번, 세 번 철저하게 했으며 교수들에게도 협조를 요청했다. 횃불행렬은 크게 전남대학교와 조선대학교 두 행렬이 있었다. 이 두 행렬이 따로 길을 잡아 광주 중요 거리를 누빌 계획이었다. 석유를 묻힌 홰에 하나하나 불이 붙기 시작했다. 천여 개가 넘는 횃불이 밤하늘을 밝혔다. 횃불행렬이 움직이기 시작했다. 학생들은 노래를 부르며 행진했다. 횃불은 아득히 금남로를 뻗어 나갔다. 장관이었다. 경찰의 저지가 없었으므로 학생들은 그만큼 기분이 안정되어 있었고, 사흘간의 집회를 마무리 짓는 축제였기 때문에 한결 느긋한 기분들이었다.

솜뭉치에 불이 활활 타는 횃불은 어둡고 괴로웠던 유신의 땅에 민주화의 새벽을 밝히는 성스러운 불빛이었다. 그 횃불 하나하나는 모두가 하나의 생명으로 펄펄 살아 이 땅에 펼쳐질 찬란한 민주화를 춤추는 환희였고, 압제와 수탈을 거부하는 굳건한 의지를 하늘 높이 소리치는 함성이었으며, 간악무도한 독재의 사슬을 불태우는 활화산이었다. 기나긴 횃불행렬은 젊은이들의 우렁찬 노랫소리에 맞춰 너울너울 춤을 추며 광주의 거리를 장강대하처럼 굽이굽이 누비고 있었다. 거리마다 쏟아져 나온 시민들은 박수를 치며 환호했고 터질 듯한 감격과 지지를 고함으로 내질렀다. 학생과 시민이 한 덩어리로 어우러지는 가슴 벅찬 공감의 한마당 드라마였다. 횃불행진은 질서정연했고 그 모양은 하나의 예술을 방불케 하는 장관이었다. 운동과 예술의 아름다운 결합이었다.

교수들은 학생들의 치밀한 준비와 일사불란한 행사 진행에 감탄을 했다. 신학기 시작 때부터 학생회가 탄생할 때까지의 각종 행사 계획과 진행이며, 학교와의 일정한 협력관계 등 보직교수들도 이구동성으로 학생들의 성숙성에 감탄을 아끼지 않았다. 교수들은 만일의 사고에 대처하려고 횃불행렬의 뒤를 따라다녔다. 그러나 한 건의 사고도 없이 행진은 끝이 났다. 학생들은 이 횃불시위로 사흘간에 걸친 '민주화 성회'의 대단원을 장식한 것이다. 사흘간의 '민주화 성회'를 이런 축제로 마무리 지은 학생들의 발상은 놀라운 것이었다. 평화롭고 아름다운 이 한마당 횃불의 축제로 학교 운동장에서만 목메게 외치던 학생들의 민주화에 대한 의지와 확신을 광주 전 시민들의 가슴속에 못을 박듯 확실하게 각인을 시켜 버렸기 때문이다. 3

16일 밤의 횃불행진은 모범적인 '평화시위'였다. 이날 박관현 전남대 총학생회장이 안병하 전라남도 경찰국장을 찾아가서 "학생들도 자율적으로 질서를 지키겠으니, 경찰도 학생시위를 제지하지 말고 협조해 달라"고 요청하자, 안병하 국장도 흔쾌히 승낙하여 시위는 평화

홍성담, 햇불행진, 430×253mm, 1983년

적으로 진행되었다. 4 학생 지도부는 시위를 종결하는 과정에서 연일 계속된 시위로 인한 피로를 풀고 타 지역 대학들과 보조를 맞추기 위해 시국의 추이를 관망한 후에 월요일인 5월 19일 다시금 성토대회를 갖기로 약속하고, 밤 10시 30분쯤 자진해산 형식으로 시위를 종결했다. 휴교령이 내려지면 즉각 당일 오전 10시에 전남대 정문 앞으로 모일 것도 약속했다. 이날의 햇불행진은 1980년 당시 광주에서의 민주화운동이 평화적인 방식으로 진행될 수 있다는 가능성을 보여 준 것이었다.

그렇지만 집권자들의 현실 인식은 전혀 달랐다. 이날 밤의 시위가 평화적으로 마무리된 후 청와대에서 열린 비상대책회의는 확대 비상계엄을 결정했다. 그리고 다음 날인 17일 밤 11시 40분, 이규현 문공부 장관은 "자정을 기해 비상계엄을 전국에 확대 실시한다"고 발표했다. 이어 서울에서는 김대중 씨를 비롯한 26명의 재야인사와 구 공화당계 정치인들이 체포되었고, 광주 시내 곳곳에서는 민주화운동에서 주도적인 역할을 해온 다수의 인물들이 체포, 연행되었다.

그로부터 2시간 뒤인 18일 새벽 2시 무렵, 전남대와 조선대 캠퍼스에는 공수부대가 진주했다. 그 당시 두 대학 캠퍼스에서는 연이은 시위로 지친 학생들이 피곤한 몸으로 농성하고 있었다. 이들은 학교에 머물면서 정부 당국의 반응과 정세 추이를 예의 관망하고 있었는데, 심야에 들이닥친 공수부대원의 급습을 받은 학생들은 미처 손쓸 겨를도 없이 체포되어 학교본부 건물에 감금되었다. 이때 교내에서 체포된 학생은 전남대 69명, 조선대 43명이었다.

5월 18일

5월 18일 자정을 기해 비상계엄령이 전국으로 확대되었다. 그날 새벽, 전남대에 공수7여단 33대대가 진주하며 정문을 장악했다. 학교에 머무르던 학생들은 공수부대에 막혀 캠퍼스 안에 갇혀 버렸다. 공수부대는 교내를 수색하면서 발견한 학생들을 무차별 연행했다. 학생들 중에는 농성자도 있었지만 멀쩡히 도서관에서 공부하다가 날벼락을 맞은 사람도 있었다. 광주 시내의 다른 대학도 상황은 비슷했다. 7시가 되자 전남대에서는 도서관에 가려고 학교에 들어가던 학생들이 정문을 지키던 공수부대 병사에게 구타를 당하는 사건이 발생했다. 시국에는 관심 없이 취직시험과 고시공부에 전념하던 학생들이었다. 상처를 입은 5~6명의 학생들은 계림동 노준채외과에서 치료를 받고 귀가했다.

그런 사실을 모른 채 9시를 넘기자 전남대 정문에는 학생들이 하나둘 모여들기 시작했다. 일요일인데도 불구하고 많은 학생들은 "휴교령이 내리더라도 10시에 학교 앞에서 만나자"는 약속을 기억하고 사태 추이를 알기 위해서 평일과 다름없이 등교했다. 시간이 흐르면서 학교를 찾는 학생 수는 점점 늘어나 50여 명이 되었다. 공수부대원들이 완전무장한 모습으로 출입을 막고 "오늘은 학교에 들어갈 수 없으니 집으로 돌아가라"고 종용해도 학생들은 삼삼오오 서성이며 쉽사리 귀가하지 않았다. 10시가 되어 100여 명으로 불어나자 학생들은 점차 두려움이 없어진 대신 공수부대원들이 긴장하기 시작했다. 공수부대 지휘관이 정문 앞 다리까지 나와 메가폰으로 귀가를 종용했지만, 학생들은 아랑곳하지 않고 난간에 걸터앉아 〈정의가〉, 〈투사의 노래〉 등을 합창하며 "계엄군 물러가라", "전두환 물러가라"는 구호를 외치기 시작했다. 시간이 흐르며 학생 수가 200~300명으로 불어나자, 대치 중이던 공수부대 지휘관은 메가폰으로 "지금 해산하지 않으면 무력으로 해산시키겠다"고 경고했다. 그러나 학생들은 더욱 목청을 높여 노래를 불렀다.

그 순간, 갑자기 공수부대 쪽에서 "앞으로 돌격!" 하는 명령과 함께 "악!" 소리를 지르면서 일단의 공수부대원이 학생들을 비집고 들어와 몽둥이로 후려치기 시작했다. 숫자는 7, 8명에 불과했지만 공수부대원들은 경찰과 전혀 달랐다. 상당수 학생들이 거꾸러지면서 피를 흘렸다. 학생들이 뿔뿔이 흩어져서 골목길로 도망치면서 사태는 투석전으로 돌변했다. '돌비'를 맞으면서도 공수부대원들은 피하려 들지 않았다. 자신에게 돌을 던지는 학생을 끝까지 쫓아가서 잡아다가 옷을 벗기고 팬티만 입힌 채 하나둘씩 끓어앉혔다. 잡혀 온 학생이 삽시간에 6명이었다. 공수부대원들은 잡힌 학생을 구하기 위해 신분을 밝히고 다가간 교수까지 폭행했다. 학생들이 도망한 동네까지 쫓아가서 색출에 나섰다. 독서실에서 공부하던 고교생도 추적해 온 군인들에게 매를 맞았고, 근처를 지나던 버스에 타고 있던 시민들도 폭행을 당했다.

이런 모습을 지켜본 시민들도 극도로 흥분하여 학생들과 합세했다. 약 30여 분에 걸쳐 투석 공방전이 계속됐으나 잘 훈련된 공수부대 병사들을 당해 낼 도리가 없었다. 공수부대의 진압에 공포와 분노를 느낀 시민들은 원군을 기대할 수 있는 금남로 도청 앞으로 나가기로 결정했다. 이들은 "금남로로 가자"는 구호와 함께 이동하면서 "계엄군 물러가라", "김대중 석방하라"는 구호를 외치며 거리에 있던 시민들의 호응을 유도했다. 전남대 정문에서 출발하여 광주역과 공용버스터미널을 거쳐 가톨릭센터까지 3킬로미터를 쉼 없이 달려온 학생들은 11시경 가톨릭센터 앞 금남로에서 연좌데모에 들어갔다. 학생 수는 500여 명으로 불어나고 금남로 일대 교통은 차단됐다. 연좌농성 중인 학생들을 빙 둘러선 시민들의 숫자는 2천여 명에 달했다.

그로부터 10분도 못 되어 기동경찰이 금남로 양쪽에서 페퍼포그를 발사하면서 강제해산을 시도하자, 동시에 전경들이 시위대 정면으로 공격해 들어왔다. 곤봉 세례와 구둣발로 짓이기는 것쯤은 아무것도 아니었다. 학생들은 놀라 도망쳤고 벗겨진 신발이 수백 켤레나 나뒹

굴었다. 이에 학생들은 흩어지면서 충장로·대림동·동산동·산수동 등 5개의 파출소를 파괴했으며, 오후 3시에 충장로 학생회관 앞에서 다시 모이기로 약속했다. 점심시간을 전후한 시가지는 여느 때와 다름없이 평온을 되찾는 듯했으며, 상가들은 대부분 셔터를 내리고 철시 상태로 들어갔다.

한편, 오후 1시쯤 수창초등학교 운동장에 20여 대의 군용트럭이 공수부대원들을 내려놓았다. 완전무장한 채로 얼굴에는 투석방어용 철망이 부착된 철모를 썼으며, 등에 비스듬히 각개 총을 메고, 한손에는 대검, 다른 손에는 곤봉을 들었다. 이들은 2시가 되자 시외버스 터미널을 시작으로 시내 곳곳에서 진압작전을 펴기 시작했고, 학생들은 공원 앞 광장에 집결하여 학생회관 앞으로 서서히 옮겨 가기 시작했다. 약속시간인 3시가 되자 학생들은 500여 명으로 불어났다. 공원 주위에서도 300여 명의 학생들이 투석전을 벌이며 경찰과 대치 중이라는 소식이 전해졌다. 4시가 가까워 오면서 학생시위대는 1천여 명으로 불어났다. 이들은 경찰의 경계망을 뚫고 애초에 약속했던 학생회관 앞으로 밀고 들어갔다. 20~30명의 경찰들이 지프를 중심으로 긴장을 풀고 서 있다가 학생들이 몰려오자 혼비백산해 도망쳐 버렸다. 학생들은 경찰이 남기고 간 장비를 남김없이 부수고 불 질러 버렸다. 불길과 함께 연기가 치솟자 환호성이 터져 나왔다.

오후 시위는 오전보다 훨씬 밀도 있게 전개되었다. 3시를 넘기면서부터 시위대 숫자가 기하급수적으로 불어나 시위의 물결은 보다 적극적이고 조직적인 양상을 띠기 시작했다. 가로변의 시민들은 학생들에게 음료수와 빵 등을 공급하며 무언으로 격려했다. 시위대가 점차 불어나고 구호가 격렬해지면서 시민들도 학생들의 대오에 참여했다. 1,500여 명으로 불어난 시위대가 광주천변을 지나면서 공원 부근에 집결한 500여 명의 다른 시위대와 만나자 환호성이 터졌다. 이들은 합세해서 충장로 입구와 도청 앞으로 진출을 시도했다.

4시 정각이 되자 초록색 탑차의 스피커에서 "거리에 나와 있는 시민 여러분. 빨리 집으로 돌아가십시오. 빨리 돌아가십시오"라는 방송이 흘러나왔지만 시민들은 그냥 지켜보고 있었다. 방송이 있고 1분 정도 지난 뒤 군인들한테 명령이 떨어졌다. "거리에 나와 있는 사람은 전원 체포하라." 이 한마디가 전부였다. 이 명령이 광주민중항쟁을 일어나게 한 폭탄선언이었다. 공수부대가 시민들을 향해 시위 참여 여부와 상관없이 무차별적 공격을 벌이자 시민들은 공포에 떨며 도망쳤다. 11대의 군용트럭이 서석병원 앞길에 정차하여 군인들을 내려놓자 그들도 무차별적으로 시민을 공격했다. 군용트럭은 길거리와 건물에서 붙잡혀 온 사람들로 가득 찼다. 머리와 코, 입에서 피 흘리지 않는 사람이 없었고, 옷자락도 핏물로 얼룩졌다. 끌고 온 군인이 대기자에게 인계하면 대기자는 군홧발과 몽둥이로 두들겨 팬 뒤 트럭 위에 실었다. 이렇게 무차별 진압작전이 시작되고 한 시간이 흐른 5시쯤, 학생들의 시위대열은 철저히 약화되었다. 그렇지만 공수부대의 공세적 방어는 수그러들지 않았다. 이들은 상가와 다방, 이발관, 음식점, 사무실, 가정집, 당구장 등을 뒤져 연행했다.

7시쯤에는 계림동 광주고등학교 부근에서 청년, 시민, 학생 등 300여 명이 또다시 공수부대와 충돌하여 다수의 희생자를 냈다. 시내에서 몇 차례에 걸쳐 공수부대원들의 적극방어를 경험한 시위대의 손에는 이미 무기가 될 만한 각목과 쇠파이프 등이 쥐어져 있었다. 치열한 공방전이 20~30분 거듭된 끝에 공수부대가 밀리기 시작했다. 이들이 산수동 오거리 방면으로 밀려가자 시위대는 계속 추격하였으며, 증강된 공수부대의 반격에 맞서 이 부근은 한순간 공포지대로 돌변했다. 공수부대는 밤을 새워 가며 인근 주택가를 샅샅이 뒤져 학생처럼 보이는 젊은이들을 연행해 갔다. 이렇게 하여 8시까지 경찰에 57명, 군에 92명 등 모두 149명이 연행되었다.

첫 번째 사망자

손병섭(22)은 이상현외과에서 일반 직원으로 근무하고 있었다. 18일은 일요일이어서 오후에 누문동에 있는 은광교회에서 청년부 예배를 마치고 집으로 돌아가던 그는 교회에서 200미터 정도 떨어진 서석병원 앞에서 공수부대 병사한테 붙잡혀 두들겨 맞았다. 그 자리에서 실신한 후에 깨어 보니 국군광주통합병원이었다. 그런데 상처를 치료해 주기는커녕 오히려 계엄분소로 끌려가서 취조를 받는 중에 왼쪽 허벅지를 대검에 찔려 10센티미터 이상 상처가 나고, 얼마나 맞았는지 오른쪽 무릎 관절을 비롯한 온몸이 멍들어 있었다.

손병섭은 풀려나자 곧바로 근무하던 병원에 입원했다. 이후 간질 비슷한 정신이상 증세를 보이면서 군인만 보면 덤벼들어 싸우려고 했다. 그러나 그것은 손씨 집안에 다가온 참혹한 비극의 시작에 불과했다. 마치 《구약성서》에 나오는 욥의 가정처럼 보통 사람의 상상을 초월하는 엄청난 시련이 찾아올 줄은 상상조차 못 했다.

손병섭이 폭행을 당하던 그 시간 공수부대원들은 인근의 광주제일고등학교까지 들이닥쳤다. 그들은 군화를 신고 교실에 들어가서 수업을 받던 학생들을 구타하고 짓밟았다. 이들은 만학 과정을 이수하기 위해 방송통신고등학교에 적을 두고 일요일 수업을 받던 성인 학생들로서 시위와는 아무런 관련이 없고, 학비가 없어 정규 고등학교에 진학하지 못하고, 생계 때문에 공부하지 못했던 사람들이다. 그때 운동장에서는 체육대회가 열리고 있었는데 그곳에 참가한 사람들도 수난을 당했다. 조선대 의대 4학년생 이민오는 동문체육대회에 참가했다가 공수부대원들에게 붙잡혀 무자비하게 구타당했다. 그는 엄청난 중상을 입고 췌장과 비장이 파열되었다. 5

이런 무차별적 구타 속에 결국 첫 번째 사망자가 나왔다. 김경철(28)은 청각장애인으로 귀도 안 들리고 말도 못했다. 그는 여섯 살 때 동네 뒷산 너럭바위에 올라갔다가 떨어져 머리를 다쳤고, 사지가 마비되면서 3개월이나 통원 치료하였다. 아이도 엄마도 금세 지쳐 버렸다. 엄마가 주사 놓는 법을 배워 집에서 치료하였는데, 하루에 한 번 반병씩 놓을 것을 빨리 낫게 하려고 하루에 두 번씩 한 병을 다 놓아버렸다. 상처는 낫기는커녕 뇌막염을 발전해 청각마저 잃고 말도 잃어 버렸다. "엄마, 엄마" 하는 말만 희미하게 할 수 있을 따름이었다. 죽지 않은 것이 다행이었지만 산 불행이었다.

그렇게 청각장애인으로 자란 김경철은 농아학교에서 초등학교 과정을 마치고 중학교 과정을 독학으로 마친 후 서울에 있는 계명양화점에서 착실하게 기술을 배웠다. 1980년에는 광주에 내려와서 국제양화점을 차렸다. 어엿한 제화점 사장이 된 후에는 청각장애자복지

홍성담, 혈투 1, 428×302mm, 1987년

회 광주·전남지부장을 맡아서 같은 처지의 어린 청각장애자들을 데려다가 제화기술을 가르쳤다. 또한 농아 처녀와 결혼해서 딸 혜정이도 낳고 행복하게 살았다.

5월 18일 그날도 온 가족이 모였다. 혜정이가 백일잔치한 지 스무날째였다. 서울에서 내려온 처남이 영암에 간다 해서 공용버스터미널에 배웅을 나간 후 친구들과 점심을 먹고 시내 여기저기를 돌아다니던 김경철은 금남로 제일극장으로 들어가는 골목에서 공수부대 병사에게 뒤통수를 맞고 쓰러졌다. 농아 신분증을 보여 주고 악쓰며 몸부림치는 경철을 몽둥이로 마구 두들겨 패는 것을 친구들은 손을 쓰지 못하고 숨어서 지켜봐야만 했다. 그는 나동그라지면서도 살려 달라고 빌었다. 그들의 다리를 붙잡고 애원했다. 애원하며 맞았다. 병사들은 대답하지 않는다고 때리고, 벙어리 흉내를 내며 장난한다고 후려치고, 번호를 붙이지 않는다고 군홧발로 짓이겼다. 처절한 광경이었다. 적십자병원을 거쳐 국군통합병원으로 옮겼으나 다음 날 새벽 3시에 사망했다. '화려한 작전'의 첫 번째 희생자는 불행하게도 청각장애인 김경철이었다.

김경철의 어머니 임금단은 아들이 죽고 난 후에 겪은 아픔의 시간을 이렇게 고백했다.

경철이는 스물여덟이라는 꽃다운 나이에 사랑하는 아내와 딸 혜정, 그리고 극진한 효심으로 섬기던 나를 두고 눈을 감았다. 경철이가 참혹한 시신으로 변하던 날 왠지 불안하기만 했다. 설마 하는 마음에 뜬눈으로 밤을 지내고 날이 새자마자 상무대로, 적십자병원으로 찾아 헤맸다. 결국 국군통합병원에 가서 가슴을 옥죄는 듯한 초조와 불안 속에 네 시간을 기다려 냉동관에 누워 있는 아들의 시신을 볼 수 있었다. 시신을 보는 순간 며느리는 졸도해서 들것에 실려 응급실로 옮겨졌고, 나는 심장이 얼어붙는 듯한 심한 충격으로 울음조차 나오지 않았다. 아들의 시신에 수의를 입히면서 그 참혹한 모습에 또 한 번 가슴이 무너지는 아픔을 느껴야 했다. 뒤통수가 깨지고 왼쪽 눈알이 터지고 오른쪽 팔과 왼쪽 어깨가 부서졌으며 목뼈가 부러지고 엉덩이와 허벅지가 으깨어져 있는 경철이. 그는 내 가슴에 지울 수 없는 아픔이 되어 말없이 누워 있었다. 그리고 경철이는 망월동 묘역에 묻혔다. 묘지번호 66번.

　삶은 모질기만 했다. 아들의 참혹한 주검을 본 나는 늘상 죽고 싶었다. 더 이상 삶의 의욕이 없었다. 나는 거의 정신병자가 되어 몇 개월을 방황했다. 그러나 그런 방황도 오래가지 못했다. 경철이의 유일한 피붙이 손녀 혜정이가 내 품 안을 맴돌고 있었다. 며느리는 경철이가 죽은 지 1년 만에 친정으로 떠났다. 혜정이가 중학생이 되던 해 아들과 며느리에 대한 이야기를 혜정이에게 들려주었다. 언제까지 할머니를 어머니로 여기며 살 수 없는 일이다. 그렇지만 고등학생이 된 지금도 혜정이는 나를 어머니라고 부른다. 손녀가 자라는 모습을 보며 사랑하는 아들 경철이를 생각한다. "경철아, 그곳은 춥지 않니?"**6**

5월 19일

밤새 공포 분위기에서 잠 못 이루던 시민들은 날이 밝기가 무섭게 거리로 나와 주변 상황을 염탐하는 데 신경을 곤두세웠다. 이른 아침부터 군인과 경찰은 시내 전역에 삼엄한 경비를 편 가운데 학생 차림의 젊은이들을 보면 무조건 연행했다. 가족 중에 대학생이나 젊은이가 있는 집에서는 걱정이 앞섰다. 특히 지난밤 귀가하지 않은 자식이 있는 집에서는 어디다 수소문해 볼 수도 없이 밤새 가슴만 졸이면서 애태우고 있었다. 이로 인해 많은 가정에서 자식을 다른 지방이나 시골 친척집으로 피신시켰다. 부모의 강권에 못 이겨 집 안에 갇힌 몸이 된 젊은이도 적지 않았다. 전날 참혹한 현장을 목격한 부모들의 이러한 성화는 당연한 것이었고, 결과적인 얘기이긴 하나 사상자 중에 상당수가 광주가 객지인 학생이나 시골 출신 청년이었다는 사실이 그런 점을 잘 대변해 준다.

대학을 제외한 초·중·고교는 정상수업 중이었으며, 시내 중심가의 몇몇 상가가 철시한 것을 제외하고는 관공서와 일반 기업체, 공장들은 대체로 정상근무를 계속하였다. 금남로는 일체의 차량통행이 금지되었으나 많은 시민들과 학생들은 계속 모여들어 10시경에는 1천여 명으로 불어났다. 10시 30분경 기동경찰이 확성기와 군 헬기를 동원하여 금남로에 운집한 시민들의 해산을 종용했지만 군중은 계속 불어나서, 10시 40분부터 경찰과 투석전을 벌이기 시작했다. 도청 앞 금남로 입구와 광남로사거리를 완전 차단한 500여 명의 경찰 병력에 맞선 시민과 학생들은 광주관광호텔과 서울신탁은행 앞에 교통철

책과 노변의 대형 화분 등으로 바리케이드를 치고 〈애국가〉, 〈홀라송〉, 〈정의가〉, 〈전남도민의 노래〉, 〈우리의 소원은 통일〉 등을 부르면서 시위했다. 삽시간에 5천여 명으로 불어난 군중은 페퍼포그와 최루탄 등을 쏘면서 진압하는 경찰에 화염병과 벽돌, 각목 등으로 맞섰다.

경찰이 시위대를 진압하지 못하자, 10시 50분에는 군용트럭 30여 대에 분승한 공수부대원이 도청 앞과 광남로사거리에 진출하여 장갑차 4대를 앞세우고 시위 군중을 포위한 후에 압축해 들어오기 시작했다. 시민들은 금남로 3가 신축건물 공사장에서 각목과 철근, 쇠파이프 등을 뜯어내 저항했고, 인도 변의 많은 시민들도 시위대열에 합세했다. 금남로에 투입된 공수부대는 곤봉과 대검을 착검한 소총으로 시위대를 해산했다. 삽시간에 피 흘리며 쓰러지는 시위대와 이를 지켜보고 비명을 지르는 시민 등으로 거리는 아비규환의 소용돌이로 변했다. 시위대는 충장로 인근 골목으로 피하거나 길가 건물로 뛰어들었고, 군인들은 이들을 끝까지 추격하여 붙들어 내고는 길바닥에 무릎을 꿇렸다. 순식간에 수많은 희생자를 내면서 시위대열은 뿔뿔이 흩어졌다.

오후에 학생과 시민들이 다시 시위에 나서기 시작한 것은 금남로에 진주해 있던 공수부대가 점심식사를 위해 조선대 캠퍼스 뒤쪽으로 빠져나간 1시 30분경이다. 금남로에는 몇 명 안 되는 공수부대원과 경찰 병력이 바리케이드를 지키고 있었다. 시민들은 골목, 건물마다 숨어 있다가 슬금슬금 모여들기 시작했다. 가톨릭센터 앞에 모인 시위 군중은 오전보다 훨씬 많은 4~5천 명에 달했다. 이들은 금남로 양쪽을 차단한 경찰을 향해서 돌과 화염병을 던지며 몰아붙였다. 오전의 시위대열에선 볼 수 없었던 40대 이상의 장년층과 부녀자도 상당수 눈에 띄었다. 돌과 화염병, 최루가스와 페퍼포그가 난무하는 가운데 쌍방은 계속 공방전을 벌였다.

흥분한 몇몇 청년이 가톨릭센터 차고에서 승용차 4대를 끌고 나와 기름을 부어 불을 붙인 다음 군경의 저지선을 향해 시동을 건 채로 밀어붙였다. 그중 1대는 CBS 취재차였다. 불붙은 차량이 경찰 바리케이드에 부딪쳐 폭발할 때마다 군중들은 환호성을 울렸다. 일단의 청년은 부근의 광주제일교회 신축공사장에서 사용하는 두 개의 드럼통에 불을 붙여서 저지선을 향해 힘껏 굴려 보냈다. 이 중 한 개의 드럼통이 커다란 폭음을 내며 폭발했고 화염이 높이 치솟아 올랐다. 시위대의 흥분은 고조되었고 그 숫자도 계속 불어났다. 이 시간이 5·18 광주항쟁의 결정적 비약이 이루어지는 첫 번째 계기였다.

군과 경찰은 시위대로 접근하여 곤봉과 총, 대검 등을 휘둘렀다. 시위대열은 흩어졌다가는 이내 다시 모였다. 시위대는 도로변 보도블록을 깨 돌멩이를 만들어 투석전을 벌였는데, 보도블록 깨는 일은 주로 시위대 후미나 중간 부분의 아주머니나 아저씨들이 도맡았다. 3시쯤 군경 저지대는 진압용 화기가 바닥났는지 방패를 앞세우고 곤봉을 손에 쥔 채 긴장한 모습으로 제자리를 고수했다. 이때 헬기 두 대가 시위대 머리 위를 저공비행하며 선무방송을 개시했다.

시민 학생 여러분! 이성을 잃으면 혼란이 가중됩니다. 지체 말고 즉각 해산하여 집으로 돌아가십시오. 여러분들은 지금 극소수 불순분자 및 폭도들에 의해서 자극되고 있습니다. 시민이 가담하거나 동조하면 가정과 개인에게 있어서 중대한 불상사가 닥칩니다. 그때 우리는 어떠한 사태가 발생하더라도 더 이상의 책임을 질 수 없습니다.

이때 갑자기 가톨릭센터 앞에서 함성이 터지면서 200여 명의 청년들이 가톨릭센터 안쪽으로 밀고 들어갔다. 9층 옥상에서 6명의 공수부대원이 시위상황을 무전기로 연락하는 것이 목격된 직후였다. 가톨릭센터로 들어간 청년 몇몇은 공수부대원의 대검에 찔려 병원으로 옮겨졌다. 그러나 수많은 청년이 집중적으로 돌 세례를 퍼붓자 공수부대원들도 비틀거리며 손을 들었고 청년들이 순식간에 달려들어 몽둥이와 쇠파이프로 때려눕혔다. 한 청년이 그들로부터 빼앗은 M16 소총 한 자루를 번쩍 추켜올리자 도로의 시위대는 함성을 질렀다.

그러나 그것도 잠시였다. 점심식사를 마친 공수부대 병력이 다시 도청 앞과 광남로사거리에서 점차 포위망을 좁혀 왔다. 시위대는 돌과 각목을 휘두르며 필사적으로 저항했지만 역부족이었다. 열세에 몰린 시민들은 차츰 뒤로 밀리면서 골목골목으로 흩어지기 시작했고, 주 대열이 마침내 금남로를 벗어나 뿔뿔이 흩어졌다. 캘리버 50 기관총으로 무장한 장갑차가 무서운 속력으로 시위대를 향해 돌진해 왔다. 가톨릭센터 위에 올라갔다가 미처 빠져나오지 못하고 인질로 잡은 공수부대원을 지키고 있던 청년들은 일시에 들이닥친 공수부대에 의해 최후를 맞아야만 했다. 이곳에서 수많은 살상자가 생겼다.

공수부대의 공격에 밀려 MBC 쪽으로 밀린 시위대열은 중앙초등학교 후문 부근에서부터 화염병을 투척하면서 저항했다. 시위대는

MBC를 표적으로 삼았다. 일부는 방송국 내부로 들어가 공격하는 한편, 다른 시위대는 차고로 들어가 취재차량 2대와 승용차 3대 등 5대를 끌어내 불을 질렀다. 시위대를 뒤쫓던 공수부대원들도 흥분한 시민들에게 포위되어 희생당한 경우가 적지 않았다. 광주천변을 따라서 양림교 방향으로 뒤쫓던 한 공수부대원은 시위대가 포위 역습하자 다급한 김에 광주천으로 뛰어내렸으나 희생당했다. 공원다리에서도 공수부대원 몇 명이 시민들에 떠밀려 다리 밑으로 떨어진 일이 발생했으며, 양동시장에서도 단신으로 한 청년을 추격하던 공수부대원이 시장 상인들로부터 몰매를 맞아 죽은 사건이 발생했다.

4시 30분경에는 동구 학동, 남광주 역전 등 외곽으로까지 시위가 확산됐다. 피의 살상전은 광주시 전역에서 벌어지고 있었다. 이 무렵 중·고등학생들도 시위대열에 합류하고 있었다. 5시, 전라남도교육위원회는 중·고등학생들의 동요를 막고자 다음날 하루 휴교조치를 취한다고 시달했다. 하루 종일 살상전이 진행되면서 "공수부대가 임산부의 배를 갈라 태아가 튀어나왔다", "광주역 분수대에서 여학생을 발가벗겨 놓고 유방을 도려내어 죽였다"는 유언비어가 퍼져 시민들을 흥분시켰다. 소문은 사실 여부와 상관없이 온 시내에 퍼져 나갔다. 7시경부터는 비가 내리기 시작했는데도 불구하고 시민들은 헤어질 줄 모르고 요소요소에 집결, 광주시를 구하자며 좀처럼 흥분을 가라앉힐 줄 몰랐다.

홍성담, 불, 311×425mm, 1988년

고은의 시 〈5월 19일〉

고은 시인이 1986년부터 2010년까지 집필한 《만인보》는 4,001편의 연작시로 구성된 30권짜리 대작이다. 《만인보》에 등장하는 5,600여 명의 인물은 시인이 삶의 과정에서 개인적으로 만난 '실제 인물', 역사와 시대 속에서 만난 '역사적 인물', 불교적 체험에서 만난 '초월적 인물' 등이다. 이 때문에 고은은 "이 세상에 와서 알게 된 사람들에 대한 노래의 집결"이라고 밝히고 있다. 책의 제목에서 '만인'(萬人)은 불교적 의미에서는 중생이며, 시대와 역사로 보면 민중이다. 일상적인 시민들이라는 의미로도 해석할 수 있다. '보'(譜)는 '계통을 따라 기록한다'는 서술성을 뜻한다. 이 작품은 한국인의 삶에 대한 서술을 중심으로 하는 일종의 '서술시'로서의 성격도 강하다. 한마디로 세상 사는 사람들의 이야기이다.

그런데 고은은 5·18 기간 중 유독 5월 19일에 관한 시를 두 편이나 남겼다. 내용이 사실적이어서 그대로 문장으로 연결하면 그날의 상황을 함축적으로 설명한 일지가 된다.

먼저 〈5월 19일〉이라는 시를 산문 형식으로 풀어 보자.

5월 19일 그날 아침은 고요했다. 열 길 우물이 울음을 그쳤다. 백 길 허공이 울음을 그쳤다. 어제의 아비규환, 어제의 학살 뒤에 길바닥 여기저기 핏자국에 횟가루를 뿌린 하얀 밀가루 바닥 위에 신발 한 짝이 남겨져 고요했다. 잡힌 학생과 소녀들을 팬티만 입힌 채 길바닥에 눕혀 고요했다. 입 열면 입 찢겼다. 오직 야만이 소리쳤다. 너 이 새끼들 다 묻어

버린다. 마지막 숨이나 쉬어라. 개새끼들.

그러자 저쪽 골목에서 한 여인이 소리쳤다. "승훈아 승훈아. 아이고 아이고(~) 너 제발 살아 있어라. 너 눈 떠라 어서 눈 떠 돌아오너라. 승훈아." 이쪽 공수가 달려가 곤봉을 휘둘렀다. "이 쌍년아 입 닥치지 못해. 네 년도 입 닥치게 해주마." 여인이 곤봉 맞아 넋 잃었다. 꼬꾸라 졌다. "승훈아 승훈아(~)" 그날 아침의 고요가 여인의 넋으로 먼 무등 산의 고요가 이름 불렀다.

이렇게 5월 19일 광주의 오전 상황을 서술한 시인은 다시 오후의 시내 상황을 시로 지었다. 이름 하여 〈다시 5월 19일〉이다.

그날 오후 금남로뿐이 아니라, 시가지 어디 다리 밑이나 그 어디 대학생 들 고교생들 중학생들 두들겨 맞아 꽁꽁 묶여 두 팔 뒤로 묶여 끌려가 엎 어져 있다가 군용트럭에 한 다발로 쓰레기 더미로 어디론가 실려 갔다.

대인시장 장사꾼들이 일어섰다. 저 죽일 놈들 내 자식 끌려가는데, 어디 한숨만 쉬고 있느냐. 이윽고 일어섰다. 일어서서 달려가 각목으로 몽둥이로 돌멩이 던지며 대들었다. 집 밖에서 뒷골목에서 가게 앞에서 공수와 맞서 돌멩이를 던졌다. 달아났다가 숨었다가 다시 달려들었다. 흩어졌다가 다시 뭉쳤다. 아낙들은 돌을 날랐다. 남정네는 돌을 던졌 다. 불 질렀다. 공수의 차가 불탔다.

광주관광호텔 앞 화염병 터져 펑 불길이 치솟았다. 공사장 막일꾼들 쇠파이프를 가져왔다. 할아범은 보도블록을 파냈다. 철근도 끌어 왔다. 이 개 같은 놈들, 이 개만도 못한 놈들아. 이 살인마들, 이 전두환 졸개

들, 이 천인공노할 흡혈귀들. 이런 천박한 말들이 얼마나 거룩하냐. 산
수동 구멍가게 주인 앉은뱅이 아낙 나 씨도 벌떡 일어섰다.

5월 20일

전날 밤부터 내린 비는 오전 9시가 되자 수그러들기 시작했다. 그 시
간 시민들은 하나둘 시내 중심가로 나오기 시작했다. 시민들의 표정
에 이미 공포감 같은 것은 찾아볼 수 없었다. 전라남도교육위원회는
광주 시내 중·고등학교에 전면적인 '임시휴교' 조치를 시행했다. 군
인과 경찰은 시내 곳곳에 병력을 배치하고 행인과 차량을 대상으로
철저한 검문검색을 실시했다. 다리나 로터리 부근, 통행이 잦은 중심
가 사거리에는 검문검색이 더욱 삼엄했다. 도로변에는 비를 맞으면
서 주저앉아 통곡하는 사람들도 목격되었는데, 어떤 아주머니는 자
신의 치맛자락을 찢으면서 "내 아들을 살려 내라"고 울부짖었다.

비가 그친 10시경에는 대인시장 주변에 1천여 명의 시민이 집결했
다. 가정주부와 고등학생, 50대 장년층까지 합세한 군중은 전날의 상
황을 주고받았는데, 이날 새벽 6시쯤 전남주조장 앞에서 두 번째 희
생자 김안부(36, 일용직 노동자)가 머리가 깨진 채 주검으로 발견되었
다는 소식을 접하고 흥분했다. 이들은 대부분이 대인시장 상인들과
인근 주민들이었는데, 장사도 접어 둔 채 도청을 향해 행진을 시작했
다. 금남로에 채 이르기도 전에 공수부대의 제지로 뿔뿔이 흩어졌다
가 삼삼오오 금남로 부근으로 재집결했다. 이날 오전 시위는 비교적
소강상태를 유지했다. 공수부대의 진압 태도 역시 다소 누그러진 모

습이었다. 어제와 달리 M16 소총에 대검을 착검하지 않았고 시민을 대하는 말투도 달랐다.

하지만 오후가 되자 상황은 급변했다. 3개 여단 10개 대대의 공수부대가 총출동하여 합동으로 진압작전을 펼칠 준비를 마쳤다. 오후 시위는 금남로 외곽에서 시작되었다. 주로 중·고등학교 학생들이 무리를 지어 다니며 군인들에게 돌을 던지고 달아났다. 3시부터는 외곽에서 사태를 관망하던 시민들이 금남로로 모여 들었다. 손자의 손을 잡은 할머니부터 술집 종업원으로 보이는 아가씨, 가게 점원, 학생, 회사원, 가정주부, 요식업소 종업원까지 전 계층의 시민들이 거리로 쏟아져 나왔다. 수만 명의 시민이 인산인해를 이루었다.

시위대는 경찰이 쏘는 최루탄에 몇 차례나 밀리다가 금남로와 중앙로가 교차하는 지하상가 공사장 부근에 주저앉아 연좌농성에 들어갔다. 한 학생이 구호를 선창하고 유인물을 낭독했다. 곧이어 〈우리의 소원은 통일〉, 〈아리랑〉, 〈정의가〉, 〈투사의 노래〉 등을 부르면서 시민을 규합했다. 학생의 말이 제대로 전달되지 않아 스피커가 필요하다고 하자 순식간에 40만 원이 모금되었다. 이렇게 시위대가 대오를 정비하는 동안, 도청 앞을 지키던 군경저지선에도 변화가 일어났다. 전면을 담당하던 경찰이 뒤쪽으로 빠지고 대신 공수부대를 전면에 배치했다. 그런 후 군중을 향해 귀가를 종용하다가 불응하자 곤봉으로 강제해산을 시도했다. 대검은 착검하지 않았지만 강력한 공세로 나온 것은 어제와 다를 바 없었다.

시위대는 자동차용 배터리에 소형 앰프를 부착시킨 확성기를 통해 "우리 모두 이 자리에서 먼저 가신 님들과 같이 죽읍시다"라며 가두방송을 시작했다. 시민들이 흥분하여 계엄군과 몇 차례 공방전을 펼쳤다. 시위대는 어제보다 자신에 차 있었다. 이들은 코밑에 치약을 바르고 최루가스를 참아 내면서 금남로를 따라 군경저지선을 향해 한 걸음 한 걸음 전진했다. 목표지점인 도청 앞에는 군경저지선이 겹겹이 쳐져 있고, 뒤로는 분수대를 중심으로 탱크를 위시한 화력이 진을 치고 있었다. 5시 50분쯤 충장로 입구에서 5천여 명의 시위대가 스크럼을 짜고 도청을 향해 돌진했다. 이들은 맨몸으로 계엄군과 정면충돌했으나 이내 힘에 밀려 물러섰다. "군은 38선으로 복귀하라"는 구호와 함께 〈애국가〉를 부르며 몇 차례의 싸움이 계속되었으나 시민들은 끝까지 물러설 줄 몰랐다. 희생자 수도 늘어날 수밖에 없었다.

택시의 날

저녁 7시쯤 금남로 끝자락인 유동 쪽에서 수많은 차량이 일제히 비상라이트를 켜고 동시에 경적을 울리면서 도청을 향해 돌진해 왔다. 대한통운 소속 대형트럭 4대와 버스 11대가 선두에 서고, 그 뒤로 200여 대의 택시가 도로를 가득 메운 채 뒤따르고 있었다. 선두 트럭 위에서는 20여 명의 청년들이 태극기를 흔들어 대고, 뒤따르는 버스에는 태극기를 든 청년과 각목을 든 아가씨들이 타고 있었다. 차량행렬은 마치 쓰나미처럼 몰려왔다. 광주항쟁의 결정적 비약이 이루어진 두 번째 계기였다.

차량행렬이 금남로에 이르자 저지선을 지키려는 군경과 이를 무너뜨리려는 시위대 사이의 접전으로 차마 눈 뜨고는 볼 수 없는 참극이 벌어졌다. 군경은 차량행렬을 향하여 최루탄과 페퍼포그를 마구 쏘아 대고, 안개처럼 자욱한 가스에 숨이 막힌 운전사들이 더 이상 앞으로 나가지 못하자 계엄군은 이들을 연행했다. 끌려가는 운전사들을 본 시위대는 돌을 던지면서 차량 시위대를 엄호했다.

이렇게 금남로에 몰려든 시위 차량들은 정면 돌파를 시도했으나 많은 희생자를 낸 채 끝내 군경저지선을 뚫지는 못했다. 그리고 상황이 종료된 7시 40분부터 50분가량 소강상태가 지속되었으나, 8시 30분에 광주소방서를 공격해 소방차 4대를 탈취한 시위대가 차를 앞세우고 금남로에 나타나 소방호스로 최루가스를 제거하면서 군경저지선 쪽 장갑차 앞으로 밀어닥치자 일진일퇴의 공방전이 다시 벌어졌다. 9시에는 도심에서 비교적 멀리 떨어진 시청 청사가 군경저지선이 무너지면서 시민들에 의해 장악되었으며, MBC와 KBS가 시민들의 공격을 받아 방송이 중단되는 사태를 낳았다. 이 무렵 시내 외곽지역의 시위대들은 곳곳의 주유소를 점거하여 휘발유를 퍼내 화염병을 만들거나 시내 전역의 파출소를 파괴하였다. 9시 20분에는 노동청 앞 오거리에서 광주고속버스 차량 10여 대를 몰고 나온 시위대가 경찰저지선을 그대로 돌파하는 바람에 함평경찰서 소속 경찰관 4명이 차에 깔려 숨지는 사건이 발생했다.

시위대의 열기는 밤이 깊어 갈수록 뜨거워져 10시경에는 시 외곽으로 통하는 군경저지선이 곳곳에서 무너지고 총성과 예광탄, 신호탄이 계속하여 타올랐다. 경찰력은 마비상태에 빠져 외부와의 연락이 일체 두절되는 사태에 직면했다. 마치 전시를 방불케 하는 상황이었다. 이제 군경은 도청과 광주역, 조선대, 전남대 등에서만 찾아볼 수

홍성담, 깃발, 232×347mm, 1988년

있었다. 11시경에는 도청을 제외한 광주 전역이 사실상 시위대에 의해 장악된 상태였다.

자정이 가까워지자 공수부대는 최루탄이 동나고 진압봉에 의존할 수밖에 없었다. 그러자 소수의 공수부대와 수만의 시위대가 마치 야간에 패싸움하는 상황처럼 되었다. 그믐 무렵이어서 달빛도 없고, 가로등 불빛도 모두 꺼져 완전히 암흑 속의 아수라장이었다. 공수부대원들은 낮부터 밥도 못 먹고, 잠은커녕 휴식조차 취할 수 없고, 부상자가 속출해도 구급차가 올 수도 없는 기막힌 상황이었다. 61대대장 안부웅 중령은 절체절명의 순간에 대원들의 사기를 고려한 공격 명령을 내렸다. "우리는 이 자리에서 목숨을 바쳐야 한다. 우리는 살아 돌아갈 생각을 말자"고 독려하면서 시위대 해산과 추격을 감행한 후에 62대대와 축자철수 방법으로 〈특전사가〉를 부르면서 사기를 잃지 않는 모양새로 철수했다.

이날의 항쟁은 금남로에 이어 광주역에서 정점을 이루었다. 광주역은 도심 교통의 중심이자 외부로부터 병력과 보급품을 수송하는 철도 운송의 거점이다. 이날 오후까지는 공수부대원들이 시위대를 쫓고 있었는데, 저녁 7시경 택시기사들의 대규모 차량공격이 시작된 후에는 상황이 반전되었다. 10시경부터 시위대의 공격 수위가 점차 높아졌고, 광주역을 향해 돌진하던 시위대 트럭에 하사관 3명이 중상을 입었다. 시위대의 무인차량 공격은 운전사가 트럭의 가속기에다 돌이나 쇠뭉치를 동여매고 최대한 저지선 가까이 차를 몰고 가서 운전대를 고정시킨 채 달리는 차에서 뛰어내리는 방식이었다. 청소년들이 운전대를 잡고 죽을 각오를 한 채 중간에 뛰어내리지 않고 끝까지 돌진하는 차량도 생겨났다. 제 2차 세계대전 때의 '가미가제 특공대'를 연상시키는 이런 모습이 수십 차례 시도되자 공수부대원들에게는 공포 그 자체였다.

고등학생 김용완(16)은 2톤 트럭을 타고 광주역으로 돌진하다가 체포되었다. 10시 30분쯤에는 한 청년이 공용터미널에서 광주역으로 향하는 모퉁이의 주유소에서 드럼통 2개에 휘발유를 가득 담아 트럭에 싣고 불을 붙인 뒤 계엄군 바리케이드를 무너뜨렸다. 청년은 계엄군 20미터 전방에서 불이 붙은 트럭에서 재빨리 뛰어내렸고, 트럭은 그대로 계엄군 진지로 돌진하여 바리케이드를 박살내고 역전 분수대를 들이받았다. '꽝' 하는 폭발음과 함께 불기둥이 하늘 높이 치솟았다. 이런 와중에 광주역 부근에서 공수부대 정관철 중사가 8톤 트럭에 깔려 그 자리에서 즉사했다.

이렇게 상황이 급박해지자 최세창 3공수여단장은 "경계용 실탄은 위협사격용으로만 사용하되, 위협용 이외에 사용할 때는 사전에 보고하라"는 지시와 함께 실탄을 지급하도록 했다. 그러나 아무리 여단장이 "최대한 발포를 자제하라"고 지시했다고 해도, 실탄 분배는 발포를 전제로 한 것이었다. 그날 밤 광주역 공방에서 총에 맞아 숨진 사망자는 5명이었고 11명의 부상자가 발생했다.

광주역을 중심으로 한 시위대와 계엄군의 유혈공방전은 새벽 4시를 넘어서까지 계속되었다. 새벽 1시쯤에는 광주세무서가 불탔으며, 2시경에는 광주역 부근에 있는 KBS 방송국이 화염에 휩싸였다. 전날 밤에 불탄 MBC에 이어 KBS가 불타고, 〈전남일보〉, 〈전남매일신문〉의 편집이 중단됨으로써 광주는 완전히 고도(孤島)로 변했다.

한편 20일 오후에 열린 국무회의에서 전 국무위원이 소요사태와 관련하여 사표를 제출함으로써, 과도정부를 주도했던 신현확 내각은 출범 후 5개월 만에 물러났다. 그렇지만 정작 광주의 심각한 사태에 대해서는 공식 발표가 없었다.

5월 21일

이날은 음력으로 '4월 초파일', 즉 '부처님 오신 날'이었다. 그러나 광주는 총성만 난무했다. 시민들은 이날의 참상을 '초파일의 유혈극'이라 부른다. 계엄군의 발포가 개시된 후 광주 시내 전역의 병원이란 병원은 모두 총상을 입은 입원환자로 북새통을 이루었다. 차량들은 사망자와 부상자를 병원으로 실어 날랐다. 시민들은 부상자를 치료하기 위해서 혼신의 힘을 기울이는 의료진들을 보고 감사와 경의를 표했으며, 수술할 피가 부족하다는 말에 헌혈을 자원하는 행렬이 줄을 이었다. 새벽 4시까지 광주역에서 계엄군과 공방을 치른 시위대는 9시 30분부터 금남로로 몰려들어 10시에는 5만 명을 넘어섰다. 이 무렵 운전할 줄 아는 청년들은 아시아자동차공장에 진입하여 대형버스와 장갑차, 트럭을 몰고 나와 도청으로 진격하거나 시민들을 실어 날랐다.

한편 이른 새벽부터 20사단 병력이 송정리역에 도착했다. 광주역은 이미 시위대가 점령했기 때문에 외곽에 위치한 송정리역에 하차할 수밖에 없었다. 여명이 밝아 오자 공수부대가 철수한 광주역 광장에는 불에 탄 차량 잔해들이 드러났고 대합실에서는 시신 2구가 발견되었다. 밤새 가두방송을 한 전옥주는 시신 2구를 리어카에 싣고 태극기로 덮은 다음 1천여 시위대와 함께 금남로 광주은행 본점까지 행진을 벌였다. 지난밤 불타 버린 관공서는 광주세무서, 도청 차고, 16개 파출소, 노동청, MBC, KBS 등이었다. 새벽 2시부터 외부로 통하는 시외전화가 끊기고, 열차도 시내로 진입할 수 없었으며, 오전 8시를 기해 전국 각지에서 광주행 고속버스 운행이 중단되었다.

사태의 심각성을 느낀 시민들은 9시 50분 김범태(27, 조선대), 김상호(21, 전남대), 전옥주(32, 가정주부)와 시민 1명 등 4명을 대표로 선정하여 장형태 지사와 협상을 시도했다. 전남도청에서 열린 협상에서는 "① 유혈사태에 대한 당국의 공개 사과, ② 연행된 사람들을 전원 석방하고 입원 중인 시민, 학생의 소재와 생사를 알려 줄 것, ③ 계엄군은 정오까지 모든 병력을 시내 전역에서 철수할 것, ④ 전남북 계엄분소장과 시민대표 간 협상을 주선할 것"을 요구했으나, 이렇다 할 답변을 얻지 못했다. 그렇다고 딱 잘라서 "안 된다"는 말도 하지 않았다. 도지사도 파국을 막기 위해 최선을 다해 보겠다는 입장이었다. 그리고 10시 45분경 도청 옥상에서 경찰 헬기를 타고 공중에서 금남로를 메운 시민들을 향해 선무방송을 시작했다. "여러분의 요구는 모두 관철시키겠습니다. 12시까지 계엄군을 철수시키겠습니다. 모두 해산하여 주십시오. 저는 도지사입니다." 시내는 온통 헬기에서 나온 스피커 소리로 덮여 버린 듯했다. 도청 상공을 몇 바퀴 돌던 헬기는 계엄분소가 있는 전교사를 향해 날아갔다.

정오가 가까워 오자 시위대의 긴장이 높아졌다. 그러나 정오가 지나도 계엄군은 그대로였다. 정오까지 계엄군을 철수시키겠다는 도지사의 약속도 공수표였다. 오후 1시쯤 시위대 대표가 "공수부대는 5분 내에 철수하라"고 최후통첩을 했다. 61대대장이 협상을 시도하는데 화염병이 날아와 장갑차에 불이 붙었다. 장갑차를 후진시키는 과정에서 미처 피하지 못한 사병 2명이 치였고 그중 권용운 일병이 즉사했다. 이후 공수부대와 시위대 사이에 공방이 계속되던 중 1시 정각 도청 옥상에 설치된 스피커에서 〈애국가〉가 울려 퍼지는 순간 일제히 사격이 시작되었다. 집단 발포가 시작되자 금남로 일대는 아비규환의 현장으로 변했다. 공수부대원들은 저지선을 압축해 들어오는 시위대를 막기 위해 전일빌딩과 광주관광호텔에 잠입하여 사격을 시작했다. 사망자는 늘어났고 시민들은 과격해졌다. '무장하지 않으면 안 된다'는 절박감으로 총이 있는 곳을 찾아 나섰다.

그들이 목표로 하는 곳은 대부분 예비군 무기고였다. "총에는 총으로!", "이대로 당할 수만은 없다. 우리도 총을 갖자!"면서 시외로 빠져나간 청년 시위대는 텅 비다시피 한 경찰서와 지서를 파괴하고 무기와 탄약을 수집하기 시작했다. 2시경 동양고속버스를 선두로 수십 대의 차량이 화순탄광으로 향했다. 광부들은 처음에는 TNT를 내주려 하지 않았으나 피비린내 나는 소식을 듣고는 다량의 TNT를 건네주었다. 한편 20여 대의 차량에 나눠 타고 나주 방면으로 간 500여 명의 시위대는 나주경찰서를 급습하여 카빈 94정, 권총 25정, 공기총 151정을 빼앗고, 다른 차량에 분승한 100여 명의 시위대는 금성파출소를 습격하여 예비군 무기고에서 M1 소총 200정, 카빈 500정, 총탄 5만 발 등을 탈취했다. 2시 40분경에는 50여 명의 시위대가 지원동 석산화약고에 진입하여 다량의 TNT와 뇌관을 날라 왔다.

시민들이 무기고로 몰려갈 무렵, 도심 상공을 배회하던 군용헬기가 도청 부근을 선회하더니 갑자기 고도를 낮추고 MBC가 위치한 제봉로를 향해 기총소사를 시작했다. 금남로 부근에서 웅성거리던 시위대는 혼비백산하여 길바닥에 엎드리거나 건물 안으로 몸을 숨겼다. 헬기에서 쏜 탄환을 맞은 사람이 여기저기서 나뒹굴었다. 2시 30분쯤 200여 명의 시민이 중앙로 지하상가 공사장 부근에 모여 농성 중이었는데, 시외에서 돌아온 시위대들은 이들에게 카빈 소총 30여 정과 실탄 한 클립씩을 분배했다. 다량의 총기류와 탄약이 광주에 반입된 3시 30분 이후 수백 명의 무장시위대는 도청 앞 군경저지선을 향해 진격해 들어갔다. 광주항쟁은 어느 새 시가전 양상을 띠었고 귀가 아플 정도의 총성에 휩싸였다. 공수부대원들은 도청 건물과 광주관광호텔, 전일빌딩을 중심으로 각종 돌출물을 은폐물 삼아 사격을 가했고, 시위대는 골목에 숨어서 도청을 향해 응사했다. 시가전은 계엄군이 도청에서 철수하는 5시 반까지 계속되었다. 수많은 부상자와 사망자가 거리에 쓰러져 있어서 급속하게 병원으로 이송 조치했다.

계엄군이 도청에서 물러나자 시가지는 극도의 혼란에 빠졌다. 수많은 시민과 차량행렬이 얽히고 최루가스 내음과 피 내음이 뒤범벅이 되어 우왕좌왕했다. 이런 혼란을 정리하기 위해 청년들은 몇 대의 군용 지프에 마이크를 가설하여 홍보에 나섰다. 이들은 광주 시내에 너무 많이 들어온 차량을 우선 정리하는 것이 급선무라고 생각해서 "모든 차량은 광주공원과 유동삼거리로 모이자"고 방송했다.

무질서하게 시가지를 배회하던 차량들은 방송을 시작한 지 얼마 되지 않아 광주공원과 유동삼거리로 집결했다. 우선 탑승자를 차에서 내리게 한 뒤 10여 명씩 줄을 세우고 무기 소지자는 따로 편성했다. 조별로 부대가 편성되자 조장은 대원들에게 총기 조작법과 수류탄 투척법 등을 교육하고 사격 요령도 설명해 주었다. 이른바 시민군이 탄생한 것이다. 이렇게 하여 오후 4시쯤 광주공원에서 최초로 120여 명의 무장시민군이 편제되었다. 그들은 대부분이 10, 20대로서 종업원, 구두닦이, 넝마주이, 술집 아가씨, 일용품 팔이, 부랑아 등이고, 교복 입은 고등학생도 상당수 끼어 있었다. 5시경 유동삼거리에서도 200여 명의 무장시민군이 편제되었다. 박남선을 총지휘자로 한 이 대오 역시 노동자가 중심이었다. 7

이들 무장시민군은 장갑차를 앞세우고 금남로를 따라 도청을 향해 진군하면서 광주시민의 열렬한 박수갈채를 받았다. 이 부대는 광주공원의 무장부대와 합세하여 단일대오를 형성한다. 이들은 계엄군으로부터 노획한 무전기를 무전병 출신에게 맡겨 계엄군의 이동상황을 파악하고 적십자병원을 본부로 이용하였다. 그런 후에 계엄군을 도청에서 몰아내는 작전이 전남대병원 옥상에서 진행되었다. 도청과의 거리는 3백 미터에 불과했기 때문에 LMG 기관총 2정을 도청이 사정거리 안에 들어 있는 지점에 설치했다. 전술적으로 감제고지를 장악한 것이다. 시위대는 병원 12층 옥상에서 4층짜리 도청을 내려다보면서 유리한 위치에서 기관총을 쏘기 시작했다.

삽시간에 도청 안의 계엄군 본부는 아수라장이 되었다. 게다가 "휘발유를 가득 실은 소방차가 도청 정문 돌파를 위해 시위대의 엄호를 받으며 속속 접근해 오고 있다"는 정보를 접하자 더욱 초조해졌다. 이런 상황에서 계엄군은 5시 30분경 도청 철수를 결정했다. 시위대는 계엄군이 철수한 것도 모른 채 도청을 포위하다가 8시경에야 이미 계엄군이 철수한 것을 알고 도청으로 진입했다. 이들은 유동삼거리, 학동시장 입구, 기독병원 부근 수피아여고 앞, 해남·강진·무안·목포·나주 방면으로 통하는 백운동 철도건널목에도 경계병력을 배치했다.

계엄군이 물러난 21일 밤의 광주는 칠흑 같은 암흑세상이었다. 무섭게 질주하는 시위대의 비상연락 차량과 무장 차량 외에 길거리에는 개미 새끼 한 마리도 얼씬거리지 않았다. 이날 밤 시위대의 암구호는 '담배 연기'로, 비상연락 지프로 각 지역을 경계 중인 시위대원들에게 신속하게 전달되었다. 이날 밤을 기해 계엄군은 외지로 통하는 7곳의 요충지(송정리 방면의 화정동, 화순 방면의 지원동, 목포 방면의 대동고교, 장성 방면의 동운동, 여수·순천 방면의 문화동, 31사단 방면의 오치, 광주교도소 일대)에서 광주를 타 지역과 차단하여 봉쇄시키는 작전으로 전환하고, 9시부터는 서울발 광주행 하행열차가 장성까지만 운행되었다.

상황이 급속하게 변하면서 정부의 대응도 달라지기 시작했다. 전날 사퇴한 신현확 총리의 후임으로 박충훈 내각이 수립되었고, 계엄사는 광주사태에 관하여 "민간인 1명과 군경 5명이 사망했다. 광주소요는 서울을 이탈한 소요 주동학생과 깡패들이 광주에 내려가 유언비어를 날조해 퍼뜨린 데서 기인되었다"고 처음으로 발표했다. 계엄사는 동시에 김대중 씨에 대한 중간 조사내용을 발표, "학원시위사태의 치밀하고 조직적인 배후조종자"로 규정했다. 이날을 기해 광주 시내에 거주하던 200여 명의 미국인은 송정리 미군비행장을 통해 서울로 빠져나갔다. 송정리 미군비행장에서는 또한 이날 밤 9시부터 자정에 이르기까지 그곳에 착륙 중이던 전투기를 비롯한 모든 비행기들을 다른 기지로 이동시켰다.

우리는 환자들을 보호할 의무가 있다

21일 낮부터 광주기독병원에 환자들이 몰리기 시작했다. 방사선과 기사로 입사한 지 1년밖에 되지 않은 임경찬은 환자의 상태가 쳐다볼 수 없을 정도로 너무 심해 겁이 났다. "교통사고 환자하고도 달랐어요. 이것이 전쟁이구나 하는 생각뿐이고, 그 자체가 공포였어요."계엄군의 총칼에 만신창이가 된 시민들, 병원은 일시에 몰린 응급환자들로 초비상이었다. 일분일초를 다투는 상황에서 두려움도 순간이었다. 정신없이 환자들 사이로 뛰어다니면서 임무를 해냈다. "그때 춘태여상 다니는 여학생이 죽었어요. 병원에 피가 모자란다는 소리를 듣고 헌혈하려고 왔는데, 그 여학생이 헌혈한 지 한 시간도 안 돼서 공수부대한테 총을 맞고 시신으로 병원에 돌아온 거예요." 간호사들이 그 학생을 기억하고 통곡하며 울었다. 임경찬은 싸늘한 주검이 된 여학생을 영안실로 옮겼다. 학생 아버지가 찾아온 것은 하루나 이틀 지나서였다.

영안실 앞으로 시체라도 찾으려는 사람들이 줄줄이 왔다. 그는 병원 차트를 보여 주며 시신을 찾아 주었는데, 그 여학생의 아버지가 왔다. 바로 딸을 알아보고 쓰러져 버렸다. 한참 있다가 그 여학생을 관에 넣는데 발도 붓고 온몸이 부어서 그 작은 몸이 들어가지 않았다.

아버지가 "가거라. 가거라" 울부짖으며 손으로 밀어 넣는데도, 들어가지를 않았다. 그래도 안 되니까 발로 죽은 딸을 누르며 "가거라. 잘 가거라" 하며 울부짖었다. 그 여학생은 17살 소녀 박금희. 기독병원에 자주 헌혈하러 와 간호사들이 그녀를 알았다.

적십자대원 이광영의 증언에 따르면, 박금희는 양림동에서 시민군 차량을 붙잡고 헌혈하려고 기독병원으로 왔다. 헌혈하고 집으로 가는 도중에 계엄군의 총에 맞고 힘없이 쓰러졌다. 임경찬은 이틀 동안 영안실에서 시체를 살피는 일을 담당했다. 가족이 시신을 확인할 수 있는 방법은 얼굴이 아니라 소지품인 경우가 더 많았다. 총상에 맞아 죽은 시체들은 얼굴을 확인할 수 없을 정도로 끔찍해 시체 옆에 신발, 옷가지, 떨어져 나간 이빨, 차고 있던 시계 등을 놔뒀다. 한 꼬마 시체 옆에는 놔둘게 없어서 구두 한 짝만 두었다. 그 당시 병원에는 시체를 보관하는 냉동시설이 없었다. 시신의 부패가 심해 파리약을 분무기로 뿌리며 벌레라도 못 달라붙게 했다. 다른 방법이 없었다.

당시 광주기독병원 진료기록부를 보면, 5월 20일 응급환자 4명이 병원 응급실로 들어온다. 1명은 외상, 3명은 총상 환자다. 21일 오후 1시계 도청에서 계엄군의 집단발포가 있은 후, 병원에 총상 환자가 몰린다. 병실이 가득 차서 복도, 대합실, 휴게실, 분만실까지 매트리스를 깔고 환자를 수용한다. 의료진은 수술 우선순위를 정할 수밖에 없었고, 관통상을 입은 환자를 먼저 수술한다.

당시 외과 과장이던 김성봉 씨는 병원에 실려 온 총상 환자들의 증상을 시간대별로 살피면 계엄군의 발포가 어떻게 진행됐는지 추론할 수 있다고 한다. "처음 도착한 환자들은 총상 부위가 허벅지 아래 하

홍성담, 헌혈구호, 427×400mm, 1984년

체 부분이 대부분이었으나, 시간이 지나면서 점점 위로 올라와 복부와 흉부 등 상체에 총상을 입었다. 이것은 군인들이 정조준해서 사격했으며, 시간이 지남에 따라 상체를 겨냥하여 짐승 사냥하듯이 마구 쏘아 댔던 것이 아닌가 한다." 그의 증언이다.

5개 수술실은 3일 동안 불이 꺼지지 않았다. 외과와 정형외과 의사들이 모두 참여해서 50명이 넘는 총상 환자를 수술했다. 피로가 가눌 수 없을 정도로 밀려왔지만 수술을 중단할 수 없었다. 곳곳에서 신음하는 환자들, 피비린내로 가득 찬 병원, 광주기독병원 사람들은 집에 갈 수 없었다. 간호사들은 4인 1조 3교대 근무였으나 모두 쉬지 않고 1주일 동안 계속 근무했다. 수술과 관련 없는 내과, 치과 등의 의사들과 관리직원들도 환자를 옮기고 약품을 나르는 등 쉬지 않고 일을 도왔다. 병원에서 근무하다 퇴직한 직원들도 찾아와서 각 분야에 배속돼 구호활동을 벌였다. 그 결과 50명이 넘는 총상 환자를 한 명도 죽이지 않고 살려 냈다. 기적이었다. [8]

5월 22일

"도청으로, 도청으로 가자." 이 골목 저 동네에서 몰려나온 사람들이 무리를 이루어서 마치 봇물이 터진 것처럼 금남로로 몰려들었다. 18일부터 21일까지 공수부대의 작전이 치밀하고도 용의주도했던 것과는 달리 시민들의 대응은 즉흥적이고 우발적인 계기의 연속이었다. 그런데 '우발적인 계기의 연속'을 통해 '특정 집단이나 지도자가 존재하지 않지만 민중의 자발적이고 역동적인 힘'이 폭발적으로 분출되어

억압체제를 무너뜨리고 새로운 질서를 만들어 냈다. 9

　시민들은 자발적으로 나서 금남로를 청소하기 시작했다. 지난밤까지 전투용으로 사용하던 군용트럭들을 청소차량으로 사용했다. 차량 운반용 크레인으로는 길거리에 방치되어 있는 훼손된 차량들을 끌어 냈다. 금남로 바닥 여기저기에 굳지 않은 채 선홍빛을 띠고 있는 희생자들의 핏물자국도 물로 씻어 냈다. 시내 곳곳에서 청년들이 차량에 '계엄 철폐', '전두환 처단'이라는 플래카드를 붙이고 노래와 구호를 외치며 시가지를 질주했다. 승리하고 돌아온 개선병사처럼 의기양양했고 시민들의 환호도 열광적이었다. 아낙네들은 시위 차량을 불러 세우고 주먹밥과 김밥을 부지런히 올려 주었다. 어떤 아낙네는 물통을 들고 나와 젊은이들의 얼룩진 얼굴을 닦아 주고 등을 다독여 주었다. 모두 자식이나 동생 같은 사람들이었다.

　이런 가운데 앞으로 어떻게 대처할 것인가에 대해서도 생각하면서 막연하게나마 준비하는 모습도 나타났다. 광주공원에는 날이 밝자 지난밤 외곽지역 전투에 참여했던 무장시위대가 모여들었다. 이들을 대상으로 차량을 통제하고 시민군을 조직하는 일이 김원갑(20, 삼수생)을 중심으로 한 일단의 청년들에 의해 진행되고 있었다. 한편 도청에서는 이른 아침부터 정시채 부지사를 중심으로 광주의 저명인사들이 모여 사태수습 대책과 계엄사에 요구할 협상조건을 토의했다. 몇 시간에 걸친 마라톤 회의 끝에 12시 30분경 목사·신부·학생·변호사·관료·교사 등 광주의 지도급 인사 15인으로 '5·18사태수습대책위원회'를 결성하고, 오후 1시 30분에는 수습위원 중 8명이 상무대로 전남북계엄분소를 찾아 계엄군과 협상했다.

홍성담, 대동세상 1, 555×418mm, 1984년

오후에는 도청 앞에서 시민들의 자발적인 궐기대회가 개최되어 토론을 벌였다. 궐기대회의 연장으로 5시경부터는 수습위원들의 협상 보고대회가 정시채 부지사의 사회로 이어졌다. 이어 도청에 상주하면서 현안들을 처리할 학생수습위원회가 결성되었다. 이렇게 22일 하루 동안 수습대책위원회가 '일반수습대책위원회'와 '학생수습위원회'로 이원화된 조직으로 결성되었고, 시민군도 기동순찰대와 지역 방위대로 이원화된 체계를 갖추었지만 장래에 대한 불안을 떨치지 못한 것은 어쩔 수 없는 현실이었다. 대한민국 건국 이후 처음으로 정부 공권력에서 이탈한 권력공백 상태는 누구도 예상치 못한 미증유의 사건이었기 때문이다.

〈오월의 노래〉

《성경》에는 욥이라는 인물이 등장한다. '동방의 의인'이었던 그는 이유도 없이 찾아온 가혹한 시련을 견뎌 내고 믿음을 굳게 지킨 인물로 묘사되었으며, 이 때문에 '욥의 고난'은 죄 없는 사람이 겪는 고난을 지칭하는 말로 사용된다. 그런 점에서 5·18 당시 '손씨 일가'가 겪은 고난은 욥의 고난에 견줄 만큼 안타깝기 그지없다. "금남로에 뿌려진 너의 붉은 넋, 두부처럼 잘리어진 어여쁜 너의 젖가슴"이라는 가사로 시작되는 〈오월의 노래〉의 주인공 손옥례(19)는 5·18 희생자 가운데서 가장 잔인하게 죽임을 당했으며, 가정도 가장 비극적으로 파괴되었다.

고등학교를 갓 졸업하고 취업을 준비하던 손옥례는 19일 아버지로부터 외출이 잦다는 이유로 심한 꾸지람과 손찌검을 당한 후 친구의 전화를 받고 집을 나갔다. 그날 저녁 동명동에 사는 친구 집에서 자고 온다고 전화한 후에는 다시 돌아오지 않았다.

보름이 넘게 수소문 끝에 찾은 옥례는 이미 망월동에 가매장해 놓은 상태로, 83번이라는 관 번호가 주어져 있었다. 그때가 6월 초쯤인데, 사망진단서에 기록된 부검일은 5월 28일이고 검시일로부터 7일 이전에 사망한 것으로 추정된다는 소견과 함께 사망일은 22일로 기재되었다. 직접 사인은 실혈사이고, 선행 사인은 좌측골반 관통총상, 우측흉배부 관통총창, 하악골 개방골절, 좌흉측부, 좌상박내측부 열창이다. 풀어 말하면 M16 총알 한 발이 왼쪽 엉덩이 쪽에서 앞으로 뚫고 지나갔으며, 또 한 발은 오른쪽 등을 뚫고 오른쪽 앞가슴으로 나갔다는 뜻이다. 이와 함께 왼쪽 젖가슴은 대검에 의한 열창 등으로 심하게 훼손됐다. 이로 미루어 옥례는 공수부대 병사에게 두들겨 맞은 뒤 실신하거나 죽어 있는 상태에서 다시 확인사살을 당한 것이 분명했다.

아버지는 끝내 옥례 묘 앞에서 실신하고 말았다. 작은아들 병섭은 18일 오후 은광교회에 예배하러 가다가 서석병원 앞에서 공수부대 병사에게 곤봉에 머리를 맞아 실신하였고, 깨어난 후에는 군부대에 연행되어 모진 고문을 받은 후유증으로 인해 지금도 정상생활을 하지 못하고 있다. 옥례의 죽음은 가족 모두의 불행으로 이어졌다. 너무나 끔찍한 딸의 사체를 보고 실신한 아버지는 결국 병상에서 일어나지 못하고 이듬해 세상을 떴고, 어머니 역시 딸과 남편의 죽음에 충격을 받아 반신불수로 살다가 1986년 세상을 떴다. 쌀가게를 운영하며 비록 넉넉하지는 않았지만 착하게 살면서 단란한 가정을 꾸려 가던 손 씨 집안은 광주항쟁 이후 풍비박산이 났다. 10

시인 고은은 이 같은 손씨 일가의 고난을 〈두부 젖가슴〉, 〈손병 섭〉, 〈손 씨 일가〉 세 편의 시로 남겼다. 그 가운데 〈손 씨 일가〉를 살펴보자.

〈손씨 일가〉

오롯이 예수 잘도 믿는 구순하디 구순한 집안이었습니다. / … / 밥상 밥 그릇마다/ 주기도문이 넘쳤습니다. / 그것으로 모자라 감사기도 잊은 적 없었습니다. / 이런 예수 집안/ 이런 예장 소망교회 성도 집안에/ 어 찌 이런 저주가 내려왔습니까/ 주여/ 어찌 이런 사탄 참극이 이런 모진 시험이 와버렸습니까/ 주여.

딸 옥례가 계엄군에게 찔려 죽은 뒤/ 실신한 아버님/ 다음 해 눈감으 셨습니다. / 어머님/ 반신불수 되어 울다가 말다가 아멘 아멘 하다가/ 5 년 뒤/ 죽은 딸/ 죽은 남편 따라/ 눈감으셨습니다. / 작은아들 병섭도/ 교회에 가다가/ 공수부대 곤봉에 맞아/ 쓰러진 뒤/ 계엄사 분소 끌려가 / 모진 고문 모진 구타 끝에/ 온몸 너덜너덜해지고 말았습니다. / 반병 신 되고 말았습니다. / 큰아들 근섭이 숫제 말 잃었습니다. / 말문 아예 닫아 버렸습니다. / 망월동 묘지에 갑니다. / 여동생/ 아버님/ 어머님 산 소에 가/ 못다 한 말 묻어 두고 옵니다. 주여. 11

76

5월 23일

항쟁 6일째로 접어든 23일, 광주의 표정은 점차 안정을 찾는 듯했으나, 시 외곽을 포위한 계엄군으로 인해 간헐적으로 들려오는 총성에 긴장감을 떨치지 못하고 있었다. 날이 밝기가 무섭게 새벽 6시부터 남녀 고교생 700여 명이 나와서 시내 전역의 청소작업에 앞장섰다. 이에 수많은 시민이 호응했고 상가들도 띄엄띄엄 문을 열기 시작했다. 시장 주변 길가에서는 아침 일찍부터 아주머니들이 솥을 걸어 놓고 밥을 지었다. 밤새 경계근무를 한 시민군이 차를 타고 시내로 들어와 아무 곳에나 찾아가 주저 없이 앉아서 아침식사를 했다. 식사하는 자리에서는 지난밤 곳곳에서 있었던 야간전투에 관한 소식들을 주고받았다.

도청에서는 집에 들어오지 않은 행방불명자 신고를 접수하는 동시에 각 병원에 입원 중인 환자와 사망자 명단을 입수하여 대조하였다. 확인하러 온 행렬이 길게 늘어섰는데, 주로 아낙네나 노인들이 많았다. 이들은 하나같이 눈물짓고 있거나 수심에 싸인 표정이었다. 도청 정문에서는 수습대책위원회 띠를 비스듬히 두른 청년들이 출입을 통제했다. 그들은 도청에 안치된 시신을 확인하러 온 시민들의 신원을 확인한 후에 직접 안내해서 사망자가 가족인지를 확인시켜 주었다.

도청 오른편의 남도예술회관 벽면과 충장로 방향 YMCA 담장에는 지금까지 확인된 사망자 명단과 함께 참혹하게 죽은 시체나 부상자들, 병원에서 죽어 가는 중환자의 모습을 담은 흑백사진들이 무수히 걸렸다. 도청에서 신원이 확인된 시신은 상무관으로 옮기고 입관 절

홍성담, 밥, 302×411mm, 1987년

차를 진행했다. 학생수습위원회 부위원장 겸 장례담당 김종배는 관이 절대적으로 부족하자 수습대책위원장이 보증한 확인서를 가지고 나중에 모금하면 갚겠다는 조건으로 장의사를 찾아다니며 관을 구하려 해도 시내 전역에 관이 동나 버려 구할 수가 없었다. 이 때문에 전라남도 보사국장에게 외지에서 관을 도입해 주도록 요청했다. 도청 맞은편 상무관에는 많은 시신이 흰 무명천에 덮인 채 전시되었고, 관이 부족하여 입관하지 못한 시신도 수십 구가 넘었는데, 시신을 덮은 흰 무명천이 빨갛게 피로 물들어 있었다. 입구에는 분향대가 설치되어 향을 피워 놓고 시체가 부패하지 않도록 방부제를 뿌렸으며, 시민들은 줄을 이어 분향하면서 오열했다.

민주수호 범시민궐기대회

점심시간이 지나자 도청 앞 광장은 시민들로 가득했는데, 제1차 민주수호 범시민궐기대회가 열린 3시경에는 15만여 명의 시민이 모인 것으로 추산되었다. 대회는 광주민중민주항쟁 기간 중 목숨을 잃은 민주영령에 대한 묵념과 〈애국가〉 제창으로 시작되었다. 노동자, 농민, 학생, 교사, 주부 등 각계각층의 시민들이 분수대에 올라가서 자신의 입장을 말하거나 억울함을 호소했다. 누군가의 제안으로 장례 준비를 위한 즉석 모금을 벌이자 그 자리에서 100만 원이 넘게 걷혀 수습대책위원회에 전달했다. 이날의 연설자 가운데 가장 주목받은 사람은 고등학생 수습대책위원장 최치수(19, 사레지오고 3학년)이다. 그의 연설 내용은 이러했다.

고등학생 여러분. 제가 이 자리에 올라온 것은 고등학생 여러분께 데모를 하자거나 누구를 쳐부수자고 선동하기 위해서가 아닙니다. 이런 일은 어른들에게 맡겨 두고 우리는 거리를 정리하는 등 고등학생들이 할 수 있는 일을 합시다. 제 말에 공감하는 분들은 도청 민원실 앞에 모여 주십시오. 12

최치수의 연설을 듣고 대회를 마친 후 도청 민원실 앞에는 2~300명의 고등학생이 모였다. 이들 중 일부는 식당에서 밥을 짓는 여성들의 일손을 돕고, 일부는 가가호호 방문하여 쌀을 얻어 오는 일을 담당하면서 귀가하지 않고 도청에서 잠을 잤다.

그러나 다른 한편, 이날을 기해 계엄군과 시위대의 전선이 형성된 시 외곽에는 광주 시내를 빠져나가는 행렬이 줄을 이었다. 그런가 하면 광주에서 학교에 다니는 자식의 생사를 확인하기 위해 시골에서는 끊임없이 많은 사람이 올라오고 있었다. 그들은 계엄군과 시위대의 대치 지역을 피해 주로 들판 가운데 난 작은 오솔길이나 소로를 통하여 광주 시내로 들어왔다. 13

광주지역 유지로 구성된 일반수습대책위원회는 수습위원으로 위촉한 15명 중 5명이 사퇴하자 다시금 조직을 개편하여 위원장에 윤공희(천주교 광주교구 대주교), 위원으로 최한영(독립유공자), 이종기(변호사), 조비오(신부), 신승균(목사), 박영봉(목사), 박윤봉(대한적십자사 전남지사장), 장휴동(태평극장 사장), 신영순(교사) 등을 위촉했다. 이들은 학생수습위원회 위원들과 확대수습위원회를 열고 계엄사에 요구할 8개 항의 조건을 확정했다. ① 계엄군, 공수부대의 지나친

과잉진압을 인정할 것, ② 연행자를 석방할 것, ③ 계엄군의 시가지 투입을 금지할 것, ④ 시민, 학생에 대한 처벌 및 보복을 엄금할 것, ⑤ 정부 책임하에 사망자, 부상자의 피해를 보상할 것, ⑥ 방송 재개 및 사실 보도의 촉구, ⑦ 자극적인 어휘 사용을 금지할 것, ⑧ 시외 통로를 열 것 등의 내용이 그것이다.

계엄사와의 협상에는 한완석(목사), 조비오, 명노근(교수), 장휴동, 김창길(대학생) 등 5명이 대표로 참석했다. 이때 김창길은 수습위원회의 의지를 보여 준다는 취지에서 회수된 총기 중에서 카빈 소총 200여 정을 가져갔다. 그러나 계엄사는 수습위원들이 요구한 8개 항에 대해 '무조건 무기 반납'을 주장해서 합의점을 찾을 수가 없었다. 다음 날 오전 10시에 면담을 속개하기로 약속하고, 가져간 무기 반납에 대한 보상으로 계엄사에 연행된 34명이 석방되었다. 이를 계기로 학생수습위원회에서는 위원장 김창길을 중심으로 '무조건 무기 반납'을 주장하는 측과 부위원장 김종배를 중심으로 '조건부 무기 반납'을 주장하는 측의 갈등이 노골화했다. 그러나 전체적으로는 비폭력 투쟁을 주장하는 종교계의 주장이 더해지면서 분위기는 무기를 회수하여 반납하자는 쪽으로 모이고 있었다.

이렇게 협상을 통해서 사태를 수습하려는 현장 분위기와는 달리 군부에서는 강경한 대응을 주문하는 목소리가 커지고 있었다. 오전 9시 육군참모총장실에서 군 수뇌부가 모여 외곽으로 철수한 계엄군의 광주 재진입을 본격 논의했다. 오후에는 전두환, 황영시 등 신군부 실세들이 전남북계엄분소장인 소준열 전교사령관에게 연락하여 조기 수습을 독려하였고, 김재명 육본 작전참모부장은 "왜 전차와 무장 헬기를 동원하여 빨리 광주사태를 진압하지 않고 미온적으로 대처하느냐"고 다그쳤다. 이에 소준열 사령관은 김순현 전투발전부장에게 상무충정작전계획을 수립하도록 지시하는 등 부임하자마자 도청 소탕작전을 서둘렀다.

반면, 궐기대회를 마친 운동권 청년학생들은 YWCA 회관에 모여 평가회를 갖고 고립되어 있는 광주가 더 큰 희생을 막기 위해서는 시급히 타 지역과의 연대를 확보하고 시민군의 조직을 강화해야 하는데, 그러기 위해서는 예비군을 체계적으로 동원하고 효율적인 행정력을 발휘할 수 있는 강력한 지도부가 필요하다는 데 뜻을 모으고 지도부 교체를 준비하기 시작했다.

5월 24일

사태 발생 7일째인 5월 24일 아침 8시 계엄사는 임시 재개된 KBS 라디오 방송을 통해 "24일 정오까지 광주시는 광주국군통합병원에, 기타 지역은 경찰서에 무기를 반납하면 책임을 묻지 않겠다"는 요지의 방송을 했다. 이날 오전 수습대책위원회는 계엄사 측과의 협상 답변 내용 8개 항을 인쇄하여 시내 일원에 배포했다. 내용은 "계엄군이 시내에 한 명도 없고, 과잉진압을 인정하며, 연행자 927명 중에서 79명을 제외하고 모두 석방했으며, 보상계획 수립과 치료대책 완비, 사실보도에 대한 노력, 폭도나 불순분자라는 용어 사용 중지, 비무장 민간인의 시외 통행, 사태 수습 후 보복 금지 등을 약속했다"는 것이었다. 오후 2시 30분 도청 앞 광장에는 분향 냄새와 함께 시신이 부패하는 냄새가 가득했으나 시민들은 떠날 줄을 몰랐다.

이날 오후 도청 상황실에서는 김창길 위원장이 주재하는 학생수습위원회가 두 차례 열렸다. 1시에 열린 1차 회의에서는 김종배, 허규정 등의 강력한 건의에 의해 "이번 사태 관련자들을 폭도로 규정한 점을 사과하라", "사망자들의 장례식을 시민장으로 치를 수 있도록 협조하라", "구속된 학생 시민을 전원 석방하라", "피해보상을 전 시민이 납득할 수 있도록 하라" 등의 4개 항을 계엄 당국에 요구하기로 결의했다.

9시에 열린 2차 회의에서는 '무기 반납'에 대한 토의가 집중적으로 벌어졌다. '무기 회수'는 광주시민에게 '양날의 칼'이었다. 청소년이나 초등학생까지 총을 들고 다니고, 심지어 수류탄의 안전핀을 줄에 매달아 어깨에 두르고 돌아다니는 사람도 있었다. 이 때문에 시민수습위원들인 조비오 신부, 장세균 목사, 이종기 변호사, 남재희 신부 등은 23일과 24일 양일 동안 시민군이 지역방위를 맡은 외곽지역을 돌아다니며 적극적으로 무기 회수에 나섰고, 25일에는 다시 무기 회수에 비협조적인 지역을 집중적으로 찾아다녔다. 그 결과 25일까지 회수된 총기는 약 4,500여 정으로, 90% 정도 회수된 셈이었다. 그러나 무기를 '회수'하는 것과 회수된 무기를 계엄군에게 '반납'하는 것은 또 다른 문제였다. 무기를 반납하는 것은 계엄군에 대한 무조건적인 항복과 패배를 의미하는 것으로 인식했기 때문이었다. 그렇지만 무기 반납을 통해서 사태를 조기에 수습하려는 김창길 위원장과 더 이상의 희생을 막기 위해 비폭력을 주장하는 종교계의 주장이 일치하면서 무기 회수가 급진전되었다. [14]

그러나 반발도 만만치 않아서 회의는 자정을 넘어서까지 계속됐고, 25일 새벽 1시경에는 학생수습대책위원 중 일부가 조직에서 이탈하는 사태가 발생했다. 따라서 이런 엄청난 규모의 사태를 학생들만이 책임지고 수습한다는 건 힘들다고 판단하고 황금선, 박남선, 김화성 등의 일반인도 포함하여 학생수습대책위원회를 개편했다. 이렇게 선정된 위원들은 다음과 같다. [15]

- 위원장 김창길
- 부위원장(총무·대변인) 황금선 • 부위원장(장례담당) 김종배
- 상황실장 박남선 • 경비담당 김화정 • 기획실장 김종필
- 무기담당 강경섭 • 홍보부장 허규정

5월 25일

사태가 발생한 지 8일째, 광주 시내를 시위대가 장악한 지 나흘째에 접어든 25일 아침, 도청 안에서는 독침사건이 발생하여 갑자기 분위기가 어수선해졌다. 오전 8시경 장계범(21, 술집 경영)이 도청 농림국장실로 쓰러지듯 들어오면서 어깨를 움켜쥐고 "독침을 맞았다"고 소리쳤다. 경비 중이던 신만식(방위병)이 어깨를 살펴보려고 하자 장계범은 "너는 필요 없어. 정 형한테 부탁하네" 하면서 옆에 서 있던 정한규(23, 운전사)를 지목했다. 정한규는 장계범의 웃옷을 벗겨 상처 부위를 몇 번 빨아 낸 후 부축하여 대기 중이던 차로 전남대병원으로 급히 실어 갔다.

이 사건으로 도청 내 분위기는 삽시간에 혼란의 도가니로 빠져들고 말았다. '독침사건'에 접한 상당수 시위대는 도청 안에 간첩이 침투한 모양이라면서 불안해서 더 이상 못 있겠다고 하나둘 빠져나가기 시작했다. 학생들은 이 사건이 시위대 교란을 위한 작전이라고 주장했다. 부위원장 김종배는 도청 내 시민들의 동요를 가라앉히고, 순찰대원 윤석두, 이재호, 이재춘 등 6명에게 지시하여 이 사건을 확인토록 하였다. 독침에 찔렸다던 장계범은 전남대병원에서 이미 도망친 지 오래였다. 두 사람은 첩자였다고 수습대책위는 공식 발표했다.

광주시는 며칠째의 평온을 바탕으로 어느 정도 질서가 회복돼 가고 있었다. 시장과 상점들이 상당수 문을 열었고, 시 외곽지역으로부터 경운기에 실려 야채가 시내로 반입되었으며, 고아원, 사회복지단체 등에 대한 식량 공급은 시청 직원들의 지원에 의해 별다른 어려움이 발생하지 않고 있었다. 은행이나 신용금고 등 금융기관에서도 사고가 단 한 건도 발생하지 않았다. 부상자와 사망자가 줄을 이어 혈액공급이 원활치 못하던 병원은 이제 헌혈자들에 의해 피가 남아돌고 있었다. 3~400명에 달하는 도청 내 시민군의 식사는 처음에는 시민들이 밥을 지어 날랐으나 사태가 장기화될 조짐을 보이자 각 동 단위로 식량을 거두어 보내기도 했고, 모금된 돈으로 부식을 사오기도 했다. 24일부터는 시청 당국의 협조로 비축미를 공급받고 있었다.

이날부터 일선에서 잠시 물러났던 대학생들이 활발하게 움직이기 시작했다. 지난밤 편성한 잠정적 지도부의 역할 분담에 따라 자신들이 할 일을 찾아 앞장선 것이다. 때를 같이하여 보성기업에 모여서 사태의 추이를 숙의한 운동권 청년들은 평소 자신들과 민주화운동에 함께 앞장서 온 재야인사들과 YMCA에서 오전 10시에 회합을 갖기로 연락을 취했다. YMCA 2층 총무실에는 홍남순·이기홍 변호사, 이성학·윤영규 장로, 송기숙·명노근 교수, 장두석(신협), YMCA 조아라 회장, 이애신 총무 등 재야인사와 청년대표 정상용·윤상원 등이 참석한 가운데 사태수습 방안에 대한 진지한 토의가 있었다. 재야인사들 중 이성학·윤영규 장로 등 몇몇 인사는 청년들의 강경한 입장을 지지했으나, 대부분은 청년들의 입장을 반대하거나 미온적인 태도로 일관했다. 이 자리에서 청년들은 궐기대회에 함께 참석하여 "어르신들께서 성명서를 발표해 달라"고 요청했으나 거절당했다.

회의를 마친 후 오후 2시 남동성당에서 김성용 신부, 조비오 신부, 오병문 교수 등이 모여 재야인사들의 수습대책위원회 참여 문제를 논의, 합류키로 결론을 얻고 5시 도청에 들어갔다. 이들은 도청 부지사실에서 회의를 속개하여, 김성용 신부가 제의한 4가지 사항을 만장일치로 통과시키고 김 신부를 대변인으로 해서 25명의 광주사태 수습대책위원들이 이에 서명했다.

우리는 왜 총을 들 수밖에 없었는가

23, 24일에 이어 25일에도 민주수호 범시민궐기대회가 오후 3시경에 도청 앞 광장에서 개최되었다. 시민들은 각 동별로 플래카드를 들고 도청 앞 광장으로 집결, 그 숫자가 15만(경찰 추산 5만)을 넘어서고 있었다. 이날 대회에서는 "희생자 가족, 전국 종교인, 전국 민주학생에게 드리는 글" 등이 채택되었고, '한국 정치보복사'에 대해 토론과 성

홍성담, 무기회수거부, 427×303mm, 1985년

토가 있었다. 특히 시위대 대표에 의해 "우리는 왜 총을 들 수밖에 없었는가?"가 낭독되어 주목을 끌었고 이어 "광주시민의 결의문"이 채택되었다.

　이날 궐기대회가 끝난 직후 운동권의 지시를 받는 대학생들이 속속 YMCA로 모여들었다. 오후 7시경에는 그 수가 100여 명에 달했다. 이들은 10명을 한 팀으로 조를 짠 후, 윤상원 등 운동권 주체의 인솔하에 도청에 들어가 수습위와 합류하였다. 이 과정에서 '투항파'로 비난의 대상이었던 김창길, 황금선 등이 조직을 이탈하고 '투쟁파'가 학생수습위원회를 완전 장악하는 변화를 맞았다. 밤 9시경이었다. 이로써 광주 운동권의 중심인물들이 새롭게 참여하고 명칭도 민주투쟁위원회로 변경하였다.

5월 26일

5월 26일, 날이 채 밝기도 전인 새벽 5시 30분경 농성동을 경계 중이던 한 시위대로부터 "계엄군이 탱크를 앞세우고 시내로 진입하고 있다"는 다급한 보고가 무전기를 타고 도청으로 흘러들었다. 도청 안은 벌집을 쑤신 듯 발칵 뒤집혔다. 전 시위대에 초비상령이 하달되었다. 박남선 상황실장은 기동순찰대원들과 함께 무장한 지프차를 타고 현장에 출동했고, 도청에서 밤새워 회의하던 수습위원들도 머리를 맞대고 상의했다. 이때 김성용 신부는 '죽음의 행진'을 제안했다. "우리가 총알받이가 됩시다. 탱크가 있는 곳으로 걸어갑시다. 광주시민들이 다 죽어 가는데, 우리가 먼저 탱크 앞에 가서 죽읍시다." 결연한 분위기에서 행진이 시작되었다.

이날의 긴박했던 분위기를 김 신부는 광주정의평화위원회가 간행한 《광주의거자료집》에서 다음과 같이 소개하였다.

6시 30분이 지나갔다. 센터에 전화해서 대주교에게 보고해 달라고 부탁하고 '죽음의 행진'을 시작했다. 어떻게 알았는지 외신 기자들도 차를 내어서 취재를 계속하며 따라온다. 4킬로미터 정도 행진하자 농촌진흥원 앞 보도를 차단하고 서 있는 전차가 마치 괴물과 같은 포문을 길게 뻗치고 있었다. 한두 사람 따라오기 시작한 시민이 수백 명에 달했다. 2중으로 된 바리케이드로 갔다. 소령 1명이 굳은 표정으로 맞이하면서 부사령관이 곧 올 것이니 기다리라고 한다. 9시경이다. 시민은 점점 증가했다. 인도에는 착검한 계엄군이 실탄을 장전하고 경계태세를 취하고, 양측 빌딩 옥상에도 군인들이 기관총을 내걸고 발포태세를 취한다. 부관을 대동하고 나타난 장군은 계엄사령부에 가서 이야기하자고 한다.

나는 단호히 말했다. "군이 어젯밤 위치로 후퇴하지 않는 한 갈 수 없다." 장군이 명령하자 전차는 소음을 내며 사라졌다. 시민들은 일제히 박수세례를 보냈다. 학생대표를 포함한 11인이 상무대로 갔다. 인사를 교환하고 자리에 앉으니까 10시가 되었다. 대변인으로서 입을 열었다. 약속을 위반하고 전차를 이동케 한 데 대한 항의로부터 시작하여 우리 결의를 말했다. 무엇 때문에 신부가 여기 왔는지, 더 이상 귀중한 피를 흘리지 않고 수습해 줄 것을 요청했다. 그러나 말은 통하지 않았다. 이제까지의 이야기는 없었던 것으로 하자는 것이었다.

오후 5시, 윤상원은 지도부를 대변하는 기자회견을 개최했다. 기자회견은 항쟁 지도부의 결정사항에 대한 대외창구를 일원화하여 시민들로부터 집행부의 공신력을 회복하고, 항쟁의 확산을 꾀하자는 목적이었다. 〈뉴욕타임스〉 동경지국장 헨리 스콧 스토크스와 서울 특파원 심재훈, 〈AP통신〉 테리 앤더슨, 〈볼티모어 선〉 브래들리 마틴, 〈요미우리신문〉 마츠나가 세이타로, 독일 NDR 방송국 위르겐 힌츠페터, 〈쥐트도이체 차이퉁〉 게브하르트 힐셔 등 10여 명이 참석했다. 통역은 미국인이면서 순천에서 태어나고 자란 선교사 집안의 인요한(印耀漢, John Linton, 22세, 연대 의대 1학년)이 맡았다.

그는 '미국대사관 직원'이라고 신분을 속인 채 광주로 들어왔다가 외신 기자회견 통역을 맡게 됐다. 헨리 스콧 스토크스 기자는 이때의 도청 분위기를 다음과 같이 떠올렸다.

대학생 지도자들은 몹시 지치고 대단히 어려 보이는 젊은이들로, 무기를 어떻게 다루어야 좋을지도 모르고 있었다. 우리가 대변인을 만나러 방으로 가보니 그들은 카빈총을 마치 장난감 총이나 되는 듯이 벽에다 기대 놓고 있었다. 과연 안전장치는 제대로 해놓은 것일까?

대변인 윤상원은 새로 구성된 '민주투쟁위원회'의 입장과 계엄분소와의 협상결과, 피해상황 등을 간략히 브리핑한 뒤 외신 기자들로부터 차례로 투쟁의 목적, 현재 상황, 지금까지의 피해상황에 대해 질문을 받고 대답했다. 윤상원은 이날 기자회견 도중에 1주일만 버티면 시민군이 승리한다면서 손가락으로 V자를 만들어 보이기도 했다. 기자회견 후 도청 앞에는 "광주시민 여러분 안심하십시오. 시민군 지도부는 〈뉴욕타임스〉와 회견했는데, 미국이 광주 문제의 원만한 해결을 위해 곧 개입할 것이라는 정보를 확인했습니다"라는 대자보가 붙었다. '지푸라기라도 잡고 싶은 절박한 상황'이었기 때문이다. 16

내일 내가 살아 있을까?

당시 광주에 머무르던 외국인들의 상황은 어떠했을까? 광주기독병원 원목 찰스 베츠 헌틀리(Charles Betts Huntley, 허철선) 목사와 광주에서 침례교 선교사로 활동하던 아놀드 피터슨(Arnold Peterson, 배태선) 목사는 미국 국적의 성직자이었지만, 계엄군의 시민 학살을 목격한 후 시민의 편에서 활동했기 때문에 안전을 보장할 수 없는 상황이었다. 그러나 이들은 광주시민들을 계엄군의 총칼 아래 두고 자신만의 안위를 위해 떠날 수 없다며 끝까지 광주에 남아서 광주시민들과 위험을 함께 경험했다.

대전침례신학대에서 교회사를 가르치는 역사학 교수이기도 했던 아놀드 피터슨 목사는 당시 경험을 역사가의 안목으로 기록한 회고록 *5·18 The Kwangju Incident*를 출간했다. 그의 회고록은 당시 상황과 정치적 배경, 비극적 사건 등을 낱낱이 밝힌 체험기로서 '헬기 사격' 등의 결정적 증언을 담고 있어서, 3·1운동 당시 발생한 제암리 사건의 참상을 국제사회에 알린 스코필드 선교사에 견줄 만한 역할을 감당했다. 그의 회고록 중에서 5월 26일 자 기록이다.

아침에 일어났을 때 광주는 평화스러웠다. 놀라울 정도로 내 마음에는 두려움이 사라지고 없었다. 일단의 군인들이 이날 아침 광주로 들어와서 수피아여고가 있는 지점까지 진입했다가 철수했다는 미확인 소식도 들었다. 미국 CBS방송 기자가 오전 9시 30분쯤 와서 녹화 인터뷰에 응해 줄 것을 요청했다. 나는 이번 사건을 조장한 것은 공산주의자가 아니라 군인들임을 분명하게 밝혔다. 이후 나는 인터뷰가 22시간 후 CBS 저녁뉴스 시간에 방영되었다는 사실을 알게 되었다. 녹화테이프가 인편으로 서울로 보내져 동경까지 전달되고, 동경에서 위성으로 미국에 보내진 것이다. 인터뷰가 끝난 후 집으로 돌아와서 공군기지에 있는 데이

브 힐(미군 하사)과 연락을 취했다. 데이브는 다시 한 번 우리에게 떠날 것을 주장했다. 그는 자신이 알고 있지만 밝힐 수 없는 어떤 사실에 대해 불길한 어조로 말했다. 나중에 나는 그로부터 "한국 공군이 광주에 폭탄을 떨어뜨릴 계획을 했었다"는 얘기를 들었다. 미군은 분명 한국군이 그 계획을 변경하도록 압력을 가한 것 같다.

나는 도청 근처에서 사람들을 만나면서 시간을 보냈다. 서울에서 내려온 신문사의 기자도 만났다. 그는 광주에 숨어들어 올 수는 있었지만 카메라를 가져올 수 없었다고 했다. 필름은 갖고 있기 때문에 내가 카메라를 빌려줬다. 장세균 목사는 학생들과 시민들에게 무기를 넘겨주고 계엄군과 협상할 것을 설득했다. 그러나 일부 사람이 군인을 믿을 수 없다며 거부했다. 그들은 죽기까지 싸우겠다고 했다. 장 목사는 문제가 협상에 의해 풀릴 수 없음을 감지했다. 자신이 할 수 있는 일을 다한 그는 군인들이 다음날 쳐들어오리라는 것을 알고 집으로 갔다.

잠자리에 들면서 나는 생애 처음으로 내가 내일 아침을 맞이하기 전에 죽을지도 모른다고 생각하게 됐다. 군인들이 광주에 들어오면 우리가 살고 있던 선교사 주택단지가 그들의 목표 중 하나가 될 것이다. 선교사 주택단지는 도시 중심가 근처 숲이 우거진 언덕에 있었다. 저항하는 사람들이 숨기 좋은 장소인 것이다. 그래서 군인들이 이곳에 진입할 것이라고 생각했다. 바바라가 떠나기 전날 밤에 우리는 그런 가능성에 대해 얘기를 나눴다. 그녀에게 남길 메모를 써서 침실 장롱 문 뒤에 테이프로 붙여 놓기로 했다. 나는 책상에 앉아서 그녀와 아이들에게 보내는 편지를 썼다. 그들이 결코 읽지 않아도 될 편지가 되기를 기대하면서 편지를 장롱 문 뒤에 붙여 놓은 후 나는 잠자리에 들었다. [17]

죽음의 항전

26일 오후 5시 계엄군의 최후통첩이 전달되었다. 봉기 지도부는 이것을 시민들에게 알리기로 결정하고 궐기대회가 끝날 무렵에 공식적으로 발표했다. 모두가 이길 수 없는 싸움임을 알고 있었다. 죽음의 그늘처럼 어둠이 깔리기 시작했다. 그때 광장 모퉁이에서 여학생의 맑은 노랫소리가 들려오자 하나둘씩 노래를 따라 불렀다. 노랫소리가 광장에 가득 차면서 누가 선두에 섰는지 대열이 꿈틀거리며 금남로 쪽으로 움직였다. 계엄군과 대치해 있는 광주공단 앞에서 사람들은 외치고 또 외쳤다. "계엄군 물러가라!" "우리는 최후까지 싸운다!" "광주를 지키자!" 도청 앞으로 돌아오면서 사람은 자꾸 줄어들었다. 누가 자기를 끌어당기기라도 하듯 사람들은 멈칫거리며 대열을 이탈했다. 도청에 도착했다. 사회자는 굵은 눈물을 뚝뚝 흘리며 외쳤다. "여러분! 조국의 민주화를 위해 죽어도 좋다는 분만 남으시고 나머지는 돌아가십시오. 오늘밤 계엄군이 진격하면 우리는 죽을 때까지 싸울 것입니다. 우리 중 누구도 살아남지 못할 겁니다."

윤상원은 마이크 소리에 창가로 갔다. 어둠 속을 버티고 선 한 무리 사람들은 사회자의 말이 끝나도 움직일 줄을 몰랐다. 미동도 없이 그들은 서 있었다. 상원의 눈가에도 물기가 퍼졌다. 그는 사람들의 타오르는 눈빛을, 그보다 더 뜨겁게 타오르는 가슴을 알 수 있을 것 같았다. 그렇다. 바로 당신들이 다음 세상의 주인이다. 비겁하게 뒤돌아서지 않는 자! 피로 찾은 우리들의 자유를 피로 지키려고 하는 자! 당신들만이 자유를 누릴 권리가 있다. 일반수습위원회와 봉기 지도부의 연석회의가 열렸다. 수습위원회의 대부분은 여전히 지금이라도 늦지 않았으니 무기를 버리고 항복하자고 우겼다. 다들 고개를 들고 마지막 힘을 죄다 짜내 열변을 토했다.

물론 우리는 질 것입니다. 모두 죽을 수도 있겠지요. 그러나 총을 놓을 수는 없습니다. 어떻게 찾은 광주인지 생각해 보십시오. 이 자유는 수많은 사람들의 핏값입니다. 그 피를 저버리다니요? 이 엄청난 무장봉기를 완성하기 위해서는 누군가 이 도청을 지키다 죽어야 합니다! 함께 싸울 수 없다면 남은 우리라도 싸우다 죽겠습니다!

궐기대회에서 같이 죽기로 한 동지들이 어깨를 끼고 전남도청으로 몰려들면서 외치는 구호 소리가 또렷이 들렸다.

5월 27일

26일 오후 4시, 소준열 장군 등 진압군 수뇌부들은 전교사 상황실에서 마지막 작전회의를 열고 27일 새벽 1시를 'H-아워'로 최종 결정했다. 이에 따라 도상훈련을 마친 공수요원들도 위장복을 벗고 일반 군복으로 갈아입은 뒤 헬멧에는 피아를 구분키 위한 하얀 천을 둘렀으며, 기동성 확보를 위해 군화가 아닌 운동화를 신고 출동 명령이 내려지기만을 기다리고 있었다. 27일 새벽 1시, 광주를 재탈환하기 위한 계엄군의 충정작전이 시작됐다. 도청 안에 머무르던 300여 명의 폭도를 소탕한다는 미명하에 12,662명(특전사 3,327명, 20사단 4,637명,

31사단 1,195명, 전교사 3,502명)의 대병력이 일시에 투입됐다.

상무충정작전의 핵심인 전남도청 탈환 임무는 3공수여단에 맡겼다. 새벽 1시 50분, 조선대 뒷산에 도착하여 기다리던 3공수여단 특공대 77명은 3시 30분 도청으로 은밀한 이동을 시작했다. 같은 시각 7공수여단(광주공원)과 11공수여단도 목표물(전일빌딩, 관광호텔)을 향해 움직이기 시작했다. 외곽에서는 보병 20사단이 학동과 서방 쪽에서 들어왔고 31사단과 전교사 병력은 외곽 주요지점의 경비를 맡았다. 계엄군의 움직임을 탐지한 항쟁 지도부는 시민군 2~3명씩 조를 짜서 도청 곳곳에 배치하고 가두방송을 시작했다. "시민 여러분. 지금 계엄군이 쳐들어오고 있습니다. 우리를 도와주십시오. 우리 형제자매들이 계엄군의 총칼에 죽어 가고 있습니다. 우리 모두 일어나 끝까지 싸웁시다."

4시 10분, 3공수여단 특공대가 도청에 도착했다. 계엄군이 서치라이트를 비추면서 시민군에게 "폭도들에게 경고한다. 너희들은 현재 완전히 포위됐다. 무기를 버리고 항복하라"고 최후통첩을 하는 순간, 시민군의 총탄에 서치라이트가 박살났다. 콩 볶는 듯한 총소리와 함께 파상공세가 시작됐다. 카빈 소총으로 무장한 오합지졸 시민군이 M16으로 무장한 최정예부대를 당해 낼 수는 없었다. 5시 30분경 3공수여단 특공대가 도청을 완전 장악할 무렵 서방과 학동 쪽에서 도청을 향해 진격해 온 20사단이 도청 앞에 도착했다. 6시경 도청 앞 금남로에 탱크와 장갑차들이 진주했고, 하늘에는 수십 대의 헬리콥터가 떠서 헬기에 장착된 고성능 확성기를 통해 경고방송을 내보냈다.

오늘 새벽 계엄군은 전남도청에서 끝까지 저항하는 폭도 소탕작전을 벌였다. 폭도들은 진압되었다. 시민들은 위험하니 아직 집 밖으로 나오지 말라. 작전에서 폭도 2명을 사살하고 270명을 체포하였다. 폭도들은 진압되었지만 일부 잔당들이 주택가에 침입하려 한다. 폭도들은 무기를 버리고 투항하면 생명을 보존할 수 있지만 거부하면 사살된다.

이렇게 5·18은 끝났다. 도청에 있던 시신들은 상무관으로 옮겨졌다. 26일까지 상무관에는 60여 구의 시신이 안치되어 있었다. 27일 오후 도청 뒤뜰에서 수습된 시신은 26일 이전에 사망했지만 신원이 확인되지 않아 상무관으로 옮겨지지 않은 시신 14구와 27일 새벽에 사망한 시신 16구로, 모두 30구였다. 광주시청 사회과에는 가매장된 시신들에 대한 제보가 들어왔다. 이날 하루 동안 5구의 시신을 찾았고, 6월 3일까지 일주일 동안 수습된 시신은 총 41구였다. 5·18 기간 중 사망한 민간인의 숫자는 모두 164명이었다. [18]

홍성담, 나의 이름은, 212x248mm, 1981년

5·18을 이끈
청년 지도자들

횃불시위와 박관현

'5·18'을 들여다보면 참으로 아이러니한 것이 한둘이 아니다. 또 하나의 미스터리는 5·18 기간 열흘 동안 광주를 이끈 사람들은 누구였고, 당시 인구 73만 명의 대도시인 광주시의 치안은 어떻게 유지되었으며, 시민들의 일상생활은 어떠했는가 하는 것이다. 5월 16일 광주 시민을 하나로 묶은 '횃불시위'의 주역은 전남대 총학생회장 박관현이다. 그날 밤 3만여 명의 대학생들이 횃불시위를 마친 뒤 전남도청 앞 광장에 다시 모인 것은 밤 9시 30분께. 광장의 한가운데에는 분수대가 있었다. 금남로 지하도 공사로 하마터면 헐릴 뻔했던 분수대는 그대로 훌륭한 연단이 되었다. 어둠을 밝히려는 횃불 같은 다짐을 시위대의 가슴에 뭉클뭉클 만들어 내며 연설은 이어지고 있었다.

그동안 수업을 팽개치고 행했던 학내·외의 집회와 특히 연 3일 동안 진행된 시가지 시위와 도청 앞의 집회에서 우리는 충분히 우리들의 뜻이 전달되었으리라 믿습니다. 우리들의 열화와 같은 요구가 금명간 받아들여져야 할 것입니다. 그러나 이와 같은 우리들의 성스런 요구를 묵살할 때는 또다시 수업을 중단하고 투쟁할 것입니다. 휴교령이 발동되면 즉시 투쟁할 것을 약속합니다.

  학생, 시민 여러분! 민주화를 성취하기까지는 아직도 머나먼 길이 놓여 있습니다. 우리는 이제 겨우 출발선상에 서 있는지도 모릅니다. 여하튼 민주화의 성스런 횃불이 꺼졌다 할지라도 그것은 영원히 꺼진 것이 아니라, 우리 마음속에 활활 타오르고 있어야 할 것입니다. 그동안 함께 수고한 학생 여러분, 그리고 존경하는 교수님, 또 시민 여러분께 다시 한 번 감사드립니다.

  분수대 위의 그는 박관현(27)이었다. 전남대 총학생회장으로 5월 14일부터 16일까지 연 사흘간 도청 앞 광장에서 '광주지역 10개 대학 연합 민족·민주화 대성회'를 주도한 그는 많은 사람들의 가슴속에 '분수대의 영웅'으로, '광주의 넋'으로 남아 있다.1 이때까지는 전남대 총학생회를 비롯한 학생운동권이 광주의 항쟁세력을 대표했다. 그런데 5·17 비상계엄령이 선포되자 이들은 모두 도피해 버렸으며 이로 인해 혼란은 시작되었다. 5월 18일 전남대에서부터 시작된 학생시위가 시내 전역으로 확대되었지만 정작 항쟁을 이끌어 갈 지도부는 존재하지 않았다. 뛰어난 대중 연설과 지도력으로 '광주의 아들'로 불린 박관현은 총학생회 간부 2, 3인과 함께 예비검속을 피해 도피생활을 계속했다.

비록 5·18민주화운동에서는 아무 활약도 없었지만 광주민중항쟁의 불을 댕긴 도화선이었던 박관현은 1953년 6월 10일 전남 영광군 불갑면에서 박정한 씨의 5남 3녀 중 장남으로 출생했다. 불갑국민학교를 거쳐 광주동중학교, 광주고등학교를 졸업한 그는 군복무를 마친 후 1978년 전남대 법대 행정학과에 입학했다. 재학 중에 '광주공단 노동자 실태조사 작업'과 '전남대 사회조사연구회' 창립에 참여하였고, 윤상원이 운영하던 '들불야학'에서 강학(講學, 야학교사)으로 활동했다. 1980년 4월 9일 전남대 총학생회장에 당선되어 5월 16일 햇불시위를 주도했으나, 5·17 비상계엄 조치로 피신하여 여수 돌산을 거쳐 서울 도봉구 삼양동·공릉동에서 생활하다가, 1982년 4월 5일 체포되어 광주교도소에 수감되었다. 다음은 9월 15일의 결심공판에서 그가 한 최후진술이다.

그날 학생들과 온 시민들이 5·17조치에 항거해 진정한 민주주의를 외치며 싸웠던 거리에 있지 못하고, 광주에서 빠져나가 나 혼자만 살고자 했다는 사실을 학생들의 부름을 받은 총학생회장으로 심히 부끄럽게 생각하며, 죽어간 영령들에게, 또 죄 없이 끌려가 고문을 겪은 선배·동료·후배들에게 부끄러운 마음으로 책임을 다하지 못한 총학생회장으로서 참회하는 마음으로 역사와 민족 앞에 진실을 말합니다. … 언젠가 역사는 이 정권을 심판할 것입니다. 우리 시민들이, 아니 항쟁의 거리를 빠져나간 부끄러움을 간직한 제가 시민들과 함께 심판할 것입니다. 구천으로 떠나가 아직도 너무 원통해 두 눈을 감지 못하고 있을 내 동

포, 내 형제들의 영령들에게 부끄럽지 않게 분명히 우리는 정확한 심판을 해야 할 것입니다. 2

광주지방법원에서 '내란중요임무 종사자'로 징역 5년을 선고받고 복역하던 그는 같은 해인 1982년 10월 12일 새벽 2시 10분께 "전체 재소자의 처우가 개선될 수 있다면, 어머니! 나는 죽어도 좋아요"라는 유언을 남기고 숨졌다.

그의 죽음은 또 다른 의문을 낳았다. 그의 사인은 자연사냐, '나팔꽃씨 죽음'이냐, 교도소 측의 폭력으로 인한 것이냐, 세 가지로 요약된다. 전남대생들은 "박관현 열사의 죽음은 광주의 죽음이다"고 외치며 1주일 남짓 '사인 규명' 교내시위를 벌였는데, 이는 5·18 이후 최초, 최대 규모였다. 정부 측의 설명에 따르면 '심근경색증에 의한 순환장애'가 사인이었지만, 〈AP통신〉은 "처우개선과 도서열람을 요구하다가 폭행당한 것이 사망의 간접 원인이 되었다"고 전했고, 〈로이터통신〉은 "40일간 단식하다가 사망했다"고 전했다. 《광주의 넋 박관현》의 저자 임낙평은 이렇게 증언한다.

7월 중의 1차 단식기간은 14일이었습니다. 이 투쟁의 덕택으로 도서열독 금지 규정이 다소 완화되고, 밥 속에 들어 있는 나팔꽃씨를 제거하는 한편 부식도 개선하겠다는 약속도 받아 냈었지요. 재소자 처우개선, 정치범 차별대우 금지, 기정도 사인 규명 등의 요구사항을 내걸고, 9월 2일부터 시작한 2차 단식투쟁으로 관현 형은 건강이 크게 악화됐는데, 교도소 측은 한 번도 검진을 허용하지 않았습니다. 물론 요구사항에 대

한 약속도 지키지 않았고요. **3**

5·18항쟁의 도화선에 불을 댕긴 5·16횃불시위를 주도한 것만으로도 박관현에 대한 추모의 열기는 뜨거웠다. 그의 안타까운 죽음이 '연민의 정'을 더한 때문이기도 할 것이다. 1986년 10월 12일 그의 고향 영광에서는 '박관현 열사 4주기 추모식'을 가졌다. 이날 행사를 주최한 전남 민주회복국민협의회 영광군지부 의장 김희는 "민주화의 화신 박관현 님의 초라한 무덤 앞에 먼저 머리 숙여 심장 깊이 흐르는 붉은 피를 뜨겁게 끈끈하게 의미하며 우리 오늘 여기에 서 있노라"는 소회와 함께 추모시를 남겼다.

〈푸른 넋 붉은 혼〉
호남의 넓은 들에 무등산이 있었노라면
멀지 않은 이곳에 모악산이 있었거늘
소외당한 삼남 땅에 횃불이 있었다면
모악산 아래 반딧불은 없었을 소냐.
이 땅에 피고 져버린 님의 죽음과 침묵이 있었기에
정녕,
님의 혼에 님의 넋에 슬퍼하며 절규하며
몸부림 쳐본다.
결코 민초들은 …
님의 무덤 앞에 초연하리.

（중략）

5월을 노래하며
10월 죽음에 이르니
향기 그윽한 들국화 포기 포기 …
잠든 님 무덤 앞에 쌓이고 또 쌓이네.

민초들 결코 …
님의 죽음을
헛되이 흘려보내지 않으리.

김원갑의 등장과 시민군 편성

21일까지는 전남도청과 광주시청도 정상 업무를 담당하고 있었지만 그날 오후 5시 30분에 계엄군이 전남도청을 비롯한 광주 시내에서 철수하면서 광주의 통치권은 '대한민국 정부'에서 이탈했다. 그렇다고 시위대에게 통치권이 있지도 않았다. 거의 24시간 동안 광주는 사실상 '무정부 상태'가 되었다. 그런 가운데 항쟁 5일째로 접어든 22일 광주시민들의 얼굴에는 두 가지 빛이 나타났다. 계엄군을 외곽으로 쫓아낸 데 대한 일종의 승리감과 함께 다른 한편으로 많은 희생자가 발생한 데 대한 분노가 뒤범벅이었다. 시내 곳곳에서 총구를 창밖으로 내놓은 채 복면을 한 시위대의 차량이 시가지를 누비는 모습이 목격되었다. 날이 밝자 광주공원에는 많은 시민들과 지난밤 외곽지역의 전투에 참여했던 무장시위대가 모여들었다.

계엄군이 철수한 후 오합지졸이던 무장시위대를 시민군으로 전환시키고 가장 먼저 지도자로 등장한 사람은 김원갑이라는 무명의 청년이다. 20세 나이의 삼수생이던 그는 21일 새벽부터 하루 종일 시위대원들이 아시아자동차공장에서 탈취해 온 8톤 트럭을 타고 시 외곽을 돌아다니며 "비상계엄 해제하라", "김대중 석방하라", "전두환 물러가라"고 외치고 다녔다. 그러다가 저녁 8시쯤 공수부대가 철수한 것을 확인한 후에 전남도청에 들어가서 밤을 새우고, 22일 아침 7시경 광주공원 안의 시민회관으로 달려갔다. 그는 이곳을 중심으로 활동하던 무장시위대 500여 명이 우왕좌왕하는 것을 보고 중구난방으로 싸울 것이 아니라 대열을 정비해야 한다고 역설하여 이들을 이끌고 도청으로 들어왔는데, 이때가 8시 30분쯤이었다.

김원갑은 우선 몇 명의 청년들과 함께 시민군을 편성하고, 시위대가 탈취해 온 차량 78대에 일련번호를 붙여 등록하고 구체적인 임무를 부여했다. 하얀 페인트로 차량의 앞뒷면에 일련번호를 큼지막하게 써주며 소형차량은 의료, 연락 등의 임무를 부여하고, 대형차량은 병력 및 시민들의 수송과 보급, 청소 업무를 맡겼으며, 군용 지프는 지휘통제, 순찰, 상황통제와 전달 등 헌병 업무를, 군용트럭은 전투 업무를 맡겼다. 이 가운데 수송차량은 1~10번은 도청에서 백운동, 11~20번은 도청에서 지원동, 21~30번은 도청에서 서방, 31~40번은 도청에서 동운동, 41~50번은 도청에서 화정동까지로 운행구간을 정해 주고, 나머지 소형차량은 업무연락용과 환자수송용으로 역할을 분담시켰다.

이때 무장시위대는 500여 명에 달했는데, 이들을 나름의 조직과 편성에 따라 각 지역에 배치한 후 경계근무에 들어갔다. 시내 요소요소에 바리케이드를 치게 하는 한편, 40여 명의 시민군과 차량 5대씩을 한 개 조로 편성하여 서방사거리·학동·신역로터리·산수동·백운동·화정동·금남로 부근에 배치하고, 남은 200여 명의 병력은 도청 정·후문과 주변 경계에 임하도록 조치했다. 이렇게 일곱 군데에 시민군을 배치한 것은 계엄군의 동태를 조기에 파악하고, 계엄군이 진입해 올 경우에 이를 저지하는 전초기지 역할을 수행하도록 하기 위한 것이었다. 4

계엄군의 갑작스런 철수로 맞은 긴급 상황에서 약관 20세의 김원갑이 취한 일련의 조치는 시의적절한 것이었다. 차량을 통제하고 시민군을 조직하여 요소요소에 투입함으로써 나름대로 질서를 유지하고, 소형차량을 이용하여 시민들에게 안내방송을 전함으로써 사태의 안정화에 기여할 수 있었다. 도청을 장악한 이들은 도청을 본부로 확정하고 1층 서무과를 작전상황실로 사용했다. 처음에는 시민들이 너나없이 들락거리면서 한동안 혼란을 면치 못하였지만 시간이 지나면서 점차 질서와 체계를 갖춰 갔다.

김원갑은 광주 자치기의 첫 번째 지도자이자 시민군 사령관 역할을 감당한 인물이었던 셈이다. 그렇지만 김원갑이 그 위치에서 시민군을 지휘하며 계엄군과 맞섰다는 것은 항쟁 지도부의 취약성을 나타내는 단적인 증거이다. 이 때문에 항쟁 지도부의 지휘권을 둘러싼 갈등은 당연한 일이었다. 첫 번째 갈등의 당사자는 전남대 학생이던 김창길(23)이다. 김창길의 증언을 들어 보자.

22일 아침에는 웬일인지 주위가 조용했다. 더 궁금한 생각이 들어 도청으로 걸어 나갔다. 군인은 한 사람도 보이지 않고 청년 몇 사람이 정문을 지키고 있었다. … 도청에 들어가서는 지휘자부터 찾았다. 청년 한 명이 나왔다. 어느 학교에 다니는 누구냐고 물었더니 처음에는 고려대를 다닌다고 했다가, 전남대를 다닌다고 했다가 말이 횡설수설이었다. 꼬치꼬치 캐물었더니, 그때서야 재수생이라고 고백했다. 그가 바로 김원갑이다. "이 문제는 재수생이 앞장서서 해결될 것이 아니다. 대학생들이 먼저 '민주화 시위'를 했고 지금 상황도 그 연장으로 볼 수 있다. 그런데 재수생인 네가 책임자로 일을 수습할 수 있겠느냐? 그러니 학생 지도부가 정식으로 구성될 때까지는 내가 일을 맡아 보마." 내 신분을 얘기하며 이렇게 설득했지만 김원갑이 끝내 양보하려 들지 않았다. **5**

김원갑은 결국 그날 저녁에 송기숙 교수 주도로 결성된 학생수습위원회 김창길 위원장에게 지휘권을 넘기게 되지만, 한나절 동안 도청 지도부를 지휘한 데 대해 굉장한 자부심을 가지고 있었다. 그는 1980년 10월 24일 보통군법회의에서 '소요 등' 혐의로 단기 3년 6월, 장기 4년을 선고받은 후에 고등군법회의에 제출한 항소장에서 "본인은 광주사태에 도청에서 총지휘한 사람으로서 단기 3년 6월, 장기 4년을 주시다니 어디 창피해서 명함이나 내놓겠습니까? 저에게 형량을 주시려거든 위원장 김종배나 상황실장 박남선같이 사형을 주시던지, 아니면 무죄를 주시기를 간절히 기원하며 법의 현명한 재판을 바랍니다"라고 밝혔다. **6**

김창길과 학생수습위원회

22일 오전 내내 금남로와 도청 주변에는 수많은 군중이 분수대를 중심으로 모여 앉아 도청 안에서 진행되는 지도부 결성에 큰 관심을 가지고 있었다. 그것은 무차별하게 휘둘러진 국가 폭력을 나흘 만에 몰아낸 후 '거대한 민중의 힘을 이끌 지도자'에 대한 기대감과 아직 그런 지도자가 나타나지 않은 데 대한 불안감이 교차했기 때문이다. 그러던 중 학생수습위원회가 조직되어 실질적인 통치행위를 하게 되었고, 새롭게 결성된 시민군까지도 이들의 지휘하에 들어갔기 때문에 '학생수습위원회가 이끄는 자치시대'가 시작되었다. 따라서 이들을 지켜보는 시민들의 기대와 불안은 당연한 것이었다. 7

비상 상황을 수습하려는 노력은 이날 오전부터 시작되었다. 정시채 부지사의 요청으로 모인 광주지역의 유력인사들이 5·18사태수습대책위원회 결성을 논의하고 있었는데, 이때 전남대생 김창길이 도청에 들렀다가 학생대표를 찾는 장휴동의 눈에 띄어 모임에 참석하게 되었다. 그는 학생들의 입장을 묻는 질문에 "더 이상 폭도로 몰지 말라. 구속 학생·시민을 석방하라. 피해를 보상하라. 사후에 사법처리하지 말라" 등의 7가지를 제안했고, 그 자리에 있던 인사들이 "그 정도 내용이면 됐다"고 모두 수긍했다. 수습 방향이 일차적으로 정해진 것이다.

회의 결과 목사·신부·변호사·공무원·교사·학생 등 광주지역 지도급 인사 15인으로 '5·18사태수습대책위원회'(위원장 독립운동가 최한영)를 결성하고, 김창길의 제안을 기초로 ① 사태수습 전에 군을 투입하지 마라, ② 연행자를 석방하라, ③ 군의 과잉진압을 인정하라, ④ 사태수습 후의 보복을 금지하라, ⑤ 책임을 면제하라, ⑥ 사망자에 대해 보상하라, ⑦ 이상의 요구가 관철되면 무장을 해제하겠다는 7개 항의 수습방안을 확정하여 계엄군에 요구하기로 의결했다. 이때가 12시 30분경이었다.

1시 30분경 '5·18사태수습대책위원회' 위원과 김창길 등 8명이 전남북계엄분소를 찾아가서 협상을 시도했다. 이때 김창길은 학생대표로 참석하여 김기석 전교사 부사령관에게 학생들의 입장을 전달하는 역할을 맡았다. 한편 이 시간 도청 앞에서는 자발적인 시민궐기대회가 열려 원하는 사람은 누구나 나와서 의견을 발표하고 이에 대해 토론을 벌이고 있었다. 5시경부터는 궐기대회의 연장으로 수습위원들의 협상보고대회가 정시채 부지사 사회로 이어졌다. 협상대표 8명이 연단에 나와 차례로 협상결과를 보고했는데, 이들의 발언 중에서 '유혈 방지'와 '질서 유지'에 대해서는 다수가 찬동했다. 따라서 김종배 (27, 조선대) 등의 반대에도 불구하고 '무기 회수'에 합의하였고, 그 결과 도청과 공원에서 200여 정의 총기가 회수되었다.

수습위원들의 협상보고대회가 끝난 직후 김창길이 나서 "이번 사태는 대학생이 책임져야 할 성질이므로 우리들이 사태수습에 나서자"고 제안하자 약 50명 정도가 동조했다. 이에 전남대와 조선대에서 각 5명, 전문대 대표로 5명 등 '15인 학생수습위원회'를 구성했다. 학생수습위원회 결성작업은 전남대 송기숙 교수 주도로 진행되었다. 그러나 이 과정에서 이미 김원갑이 확보한 지도력 승계가 순조롭지만은 않았다. 이미 오전에 김창길과 갈등을 빚었던 김원갑은 대학생들의 등장에 "수류탄을 터뜨리겠다"고 협박성 발언을 하며 불만을 토로했다. 송기숙은 당시 상황을 자세하게 증언한다.

서무과 안은 아수라장이었다. … 학생들의 수습위원회가 제 기능을 하려면 그 안에 있는 사람들부터 설득을 시켜야겠기에 사람들을 모아 무슨 이야기를 조금 해보려 하면 느닷없는 사람들이 나타나 어이없는 악다구니를 썼다. 겨우 그들을 달래 놓고 나면 또 느닷없이 나타나 저놈들이 언제 쳐들어올지 모르는데 수습위원회는 무슨 수습위원회냐고 악을 쓰기도 했다. 어떤 젊은이는 이게 누구냐며 내 목에다 카빈을 들이대기도 했다. 곁에서 '전남대 교수'라며 내 과거 경력을 대자, 아니꼬운 듯한 눈초리였으나 총만은 거두어 갔다. 그 젊은이를 설득을 시키고 나니 이번에는 또 한 젊은이가 나타나 수습위원회를 만들기만 하면 수류탄을 터뜨려 버리겠다고 위협했다. "그럼 어쩌자는 것인가?" "학생들 저것들이 뭔데 이제 와서 저것들이 설친단 말이요?" 예상했던 소리였다. 뜨끔했다. "자네 의견을 말해 보게." "수습위원회가 아니라 전투본부를 만들어야 해요." "그래, 전투본부든 수습위원회든 조직을 만들어야 하지 않겠어. 오합지졸로 우왕좌왕하고 있다가 공수단이 다시 쳐들어오면 어쩌자는 것인가? 수습을 하다가 우리 요구를 들어 주지 않으면 항쟁을 하는 수밖에 없겠지. 그렇지 않아?" 나는 타협적으로 나갈 수밖에 없었다.

그는 학생들이 앞장서는 것에는 끝내 반대했다. "자네 말도 맞는데, 누가 누군지 모르는 판에 어떤 사람들이 앞에 설 것인가? 총 들고 싸웠다고 아무나 앞장설 때 당장 같이 싸운 시민군들부터가 그들을 믿지 않을 것인데, 그런 사람들이 어떻게 지도력을 발휘하지? 지금 모든 사람들이 믿을 수 있는 건 학생밖에 없잖아?" 그는 내 말에 반론을 내세우지는 못했으나 납득하는 것 같지는 않았다. 그는 김원갑이란 이로 그때는 그냥 재수생이라 불렸는데 이미 그 안에서 어느 정도 실권을 행사하고 있던 모양이었다. 8

이것은 김원갑만의 입장은 아니었다. 그렇다고 학생수습위원회 결성을 미룰 수도 없었다. 김창길을 비롯한 학생수습위원회 위원들이 각 대학 총학생회 지도부는 아니기 때문에, '임시학생수습위원회'라는 명칭으로 내일 아침까지 활동하는 시한부 조직으로 결성되었다. 위원장 김창길, 부위원장 겸 장례담당 김종배(조선대), 총무 정해민(전남대), 대변인 양원식(조선대), 무기관리담당 허규정(조선대)이 선임되었고, 총기회수반, 차량통제반, 수리보수반, 질서회복반, 의료반 등의 부서를 두었다. 그 결과 사태수습대책위원회는 시민수습위원회와 학생수습위원회로 이원화되었는데, 시민수습위원회는 계엄 당국과 협상하고 시민들을 설득하는 데 중점을 두었고, 학생수습위원회는 청소와 질서 유지 등의 대인업무를 맡아 보기로 하였다.

김창길은 목포 출신으로 전남대 농대 3학년이었다. 서클연합회 행사부장을 맡고 있었지만, 학생회 조직의 일부에 지나지 않아 활동이 거의 없는 편이었다. 고등학교 때 전남 조정 대표선수로 전국체전에 출전하였고, 대학에 진학해서는 '국비 장학생'으로 학업에 열중하던 모범생이었다. 그해 봄 학내·외에서 있었던 시위에도 어떤 조직이나 선후배 관계에 의해 움직인 것이 아니고 개인으로 참여한 정도였다. 9 따라서 학생수습대책위원회는 총학생회 간부들로 정식 지도부가 구성되면 인계하고 해산한다는 조건으로 만들어진 임시수습위원회였다. 그런데 다음 날에도 총학생회 간부들이 나타나지 않자, 송기숙·명노근 교수는 김창길을 비롯한 임시수습위원회 지도부에게 대표성을 부여했다. 이로써 김창길은 5·18항쟁 기간 동안 광주를 이끄는 두 번째 지도자가 되었다. 앞서 김원길이 스스로 창출한 '셀프 권력'이라면, 김창길은 대학사회로부터 위임받은 권력이었다.

김창길은 당시 상황을 이렇게 설명한다.

23일 아침 송 교수님께서 도청으로 나오셨다. 전날 구성된 학생수습위원회는 학생회 간부들로 정식 지도부가 구성되면 자연스레 인계, 해산한다는 조건으로 만들어진 임시수습위원회였다. 그런데 그날도 학생회 간부들이 나타나지 않길래 교수님께 어떻게 해야 좋을지 여쭤 보았다. 조용한 곳을 찾다가 무기가 있는 지하실로 내려가 그곳에서 얘기를 나누었다. 송 교수님께서 '임시'를 떼어 버리고 자네들이 계속해서 일하게 하며 격려해 주셨다.

잠시 후 전남대 총장 비서라는 사람이 찾아와 나를 은밀히 좀 보자고 했다. "총장님께서 무엇이든지 도와주라고 하셨네. 필요한 것이 있거든 말하게." 이에 "물질적인 것이나 정책적인 것은 아무것도 필요 없습니다. 지금 저희에게는 일할 사람이 필요합니다. 함께 일할 사람을 좀 보내 주십시오"하고 답했다. 10

그러나 학생수습위원회는 처음부터 태생적인 한계를 내포하고 있었다. 학생운동권의 대표도 아닌 데다, 그동안 실질적으로 투쟁을 주도하고 무장력을 갖춘 시민군을 대변할 만한 인물의 참여도 없이 급조되었다. 게다가 대중의 폭발적이고 필사적인 행동이 가져다 준 상황 변화의 본질을 제대로 이해하지 못했다. 학생수습위원회에 참가한 사람들은 더 이상 아까운 생명을 희생시킬 수 없다는 차원에서 소박한 정의감으로 나섰을 따름이다. 이날 부위원장으로 선임된 김종배는 먼저 도청에 들어와서 상황실을 운영하던 김원갑 등이 너무 어리고 총기 오발사고 등 위험천만한 상황이어서 학생수습위원회 조직에 참여했다고 한다.[11] 그들이 밤을 새워 가며 지속한 회의의 결론은 각 동별로 학생자치대를 조직하고 시민 불안 줄이기 계몽활동을 하자는 것 등이었다. 그들은 계엄군과 조직되지 않은 시민군 간의 싸움은 애초부터 불가능한 것으로 단정 짓고 출발했다.[12] 이것은 무장봉기를 주장하던 광주 운동권 주력인사들과의 갈등 요인이 될 수밖에 없는 태생적 한계였다.

시민군과 박남선의 부상

확대수습대책위원회 입장과는 별개로 상황실장 박남선(26)은 시민군을 친위적인 지휘체계로 만들었다. 그는 도청 1층의 현관 옆에 자리한 서무과에 상황실을 설치하고 자신이 상황실장을 맡아 조직을 총괄하면서, 평소 친분이 두터운 후배인 양시영을 부실장, 이용숙(24)을 통제관, 오동일은 경비반장으로 임명하여 시민군의 지휘체계를 완전장악했다. 이와 함께 군 통신병 출신인 정향규(32, 운전사), 장계범(23, 요식업) 등 6명으로 정보수집반을 구성하여 도청 3층에 별도 사무실을 두고 계엄군의 통신을 감청했다. 정보수집반의 존재와 사무실은 박남선이 직접 통제하는 일급비밀 사항이었다. 이들은 계엄군으로부터 노획한 무전기를 이용하여 공수부대의 주파수를 알아내고 무전을 도청하여 계엄군의 동태를 실시간으로 파악한 후 보고했다. 이렇게 수집된 정보를 독점한 박남선은 시민군 사이에서 절대적인 존재로 부상했다. 그러나 박남선은 확대수습위원회를 신뢰하지 않고 독자노선을 구상했다. 그는 확대수습위원회가 무기 반납을 결정하더라도 시민군의 핵심 30여 명과 함께 끝까지 항전하기로 결의를 다지고 있었다.[13]

박남선이 지휘하는 시민군은 형식적인 편제는 수습위원회에 속해 있었지만 완전히 독자적인 활동을 전개했다. 따라서 박남선은 어느 누구도 견제하기 어려운 존재로 떠오르고 있었다. 전날 저녁 학생수습위원회 구성에 주도적 역할을 감당한 송기숙 교수의 증언이다.

학생수습위원회 간부들 말이 "그런데 문제가 한 가지 있습니다. 어제 저녁 박남선이라는 사람이 따로 상황실을 설치했는데, 우리 말을 잘 듣지 않으니 그가 우리 밑으로 들어오도록 설득을 좀 해주십시오." 나는 생길 것이 생겼구나 싶었다. 직접 총을 들었던 세력이 부상한 것 같았다. 그 순간 나는 거기까지는 내가 개입할 일이 아니라는 생각이 들었다. "어떤 사람인데?" "꽤 열심히 싸운 사람 같은데 동생이 이번 싸움에 죽었다는 것 같습니다." "직업은 무엇이고?" "그것은 잘 모르겠습니다. 학교는 별로 다니지 않은 것 같은데, 권총을 차고 다니며 설칩니다." "그를 따르는 사람은 몇 명이나 되지?" "확실히 모르겠는데 여러 사람입니다." "한

번 만나 보겠네마는 거기까지는 내가 깊이 관여하기는 곤란할 것 같네. 그러니 충돌은 하지 말고 같이 의논을 해가면서 일을 하는 것이 좋을 것 같구먼."

내가 이렇게 애매하게 말하자 학생들은 기대에 어긋난 것 같았으나 나는 시민군 지도부를 학생들이 맡아야 한다는 점에는 근본적인 회의가 있었으므로, 그들 사이에서 헤게모니가 자연스럽게 조정되기를 바랄 수밖에 없었다. 여기서 다소 충돌이 있더라도 어떻게든 자기들끼리 조정이 되어야 할 것 같았다. 그래야 운동의 기본 흐름에 따라 올바른 지도부가 탄생할 것이라고 생각되었다.[14]

박남선의 등장은 민중운동권의 뒤늦은 참여를 의미했다. '5·18'이 일어나자 광주 민중운동의 원로세대인 빨치산세대와 6·3세대 구성원들은 '운동권의 씨가 마르게 된다'는 이유로 참가를 거부한 반면에 광주 민중운동의 중견 역할을 담당한 민청학련세대는 봉기참여파와 도피파가 첨예하게 대립했다. 그런데 봉기참여파가 계엄군이 퇴각한 다음 날인 23일 박남선의 시민군 결성 소식과 함께 돌아왔다.[15] 시민군을 통해 무장봉기의 가능성을 발견했기 때문이다. 노동자 시인 박노해는 박남선의 등장에 대하여 이렇게 평가했다.

도청 지도부 실세는 무장력을 관장하고 있는 박남선을 중심으로 한 상황실이었다. 박남선은 봉기한 광주 민중의 무장력을 출중한 혁명적 지도력에 의하여 점차 조직적으로 장악해 가고 있었다. 광주 운동권이 잠적해 버린 지도부의 공백을 메우며 피 어린 무장투쟁의 한복판에서 박남선은 찬연하게 떠올랐다. 그는 생면부지 사람들과 봉기의 최전선에서 며칠에 걸쳐 목숨 건 전투를 수행하고, 전투상황에 처하여 고도의 헌신성과 과감한 결단력을 발휘함으로써 무장투사들로부터 깊은 신뢰를 받게 되었다. 무장투쟁 속에서 익힌 '안면'과 역동하는 봉기상황 속에서 발휘한 '단호한 결단력'이 그의 지도력의 핵심이었다.

평범한 삶을 살아오던 26세 청년인 그는 이 며칠의 투쟁 속에서 몇십 년간의 축적으로나 확보할 수 있는 혁명적 권위를 떨치고 있었다. 그 권위는 혁명투쟁의 최전선에서 피를 부어 투쟁하고 있는 민중과 봉기투사들로부터 부여된 그 누구도 부정 못 할 신성한 혁명적 권위였다. 그는 역동하는 혁명적 상황이 배출한 걸출한 지도자이자 생동하는 무장봉기 속에서 떠오른 진정한 민중의 영웅이었다. [16]

그러면 박노해가 이토록 칭송하는 박남선은 누구인가. 그는 당시 송정리 황룡강에서 채취한 골재를 영광원자력발전소 건설현장에 납품하고 있었다. 광주에서 태어나 양동초등학교와 숭일중학교를 다니다가 중2 때 집안의 가세가 기울자 학업을 중단하고 '생업전선'에 뛰어들었다. 어머니를 도와 과일 장수, 책 장수, 화장품 외판원 등을 전전하다가, 1979년부터 외삼촌과 함께 골재를 납품하면서 1년 만에 사업가로 기반을 닦았다. 20대 중반에 덤프트럭 3대와 승용차를 소유할 만큼 성공했다. 스스로의 표현처럼 '천성적으로 노가다사업 체질'이었다. 군대도 안 간 방위병 출신이었지만, 예비군 훈련에서 특유의 친화력과 통솔력을 인정받아 중흥동 동원중대 1소대장 겸 부중대장을 맡았다. [17] 그가 시위에 가담하게 된 것은 5월 18일 동생 남규가 공수부대원에게 폭행을 당한 것이 계기가 되었다. 황룡강 작업현장에서 동생이 전남대병원 응급실로 실려 갔다는 소식을 듣고 광주에 올라온 그는 문병을 마친 후 곧바로 시위에 참여했다.

19일에는 시위현장에서 만난 예비군 동료들을 규합하여 투쟁에 나섰다. 가톨릭센터 주차장에 있던 승용차의 유리창을 돌로 부수고 시트에 휘발유를 부어 불을 붙인 후 공수부대원이 있는 한국은행사거리 쪽으로 밀어붙였다. 차는 불길에 휩싸였고 검은 연기가 봉화처럼 타올랐다. 이후에는 동네 후배 이용숙을 만나 앰뷸런스를 타고 시내를 순회하며 부상자들을 적십자병원, 기독병원, 전대병원으로 실어 날랐다.[18] 그는 21일 아시아자동차의 대형버스 7대를 탈취하여 금남로에서 차량시위를 전개하면서 주목을 받았다. 그러나 공수부대 총격에 무참히 무너지자, 나주경찰서 무기고에서 총기를 탈취해 와서 시위대에 나눠 주고 조작법을 가르쳤다. 그날 저녁 무장시위대 600여 명을 광주천변에 매복시키고 만약의 사태에 대비하다가, 다음 날 해가 뜨자 무장시위대를 인솔하고 도청으로 입성했다. 상황실을 설치하고 차량통행증과 유류보급증 및 출입증을 만들어서 발부했다. 이러는 사이에 그는 무장시위대의 지휘자로 부각되었다.[19]

박남선이 무장시위대 지휘자로 처음 전투에 참가한 것은 21일 오후 늦은 시간이었다. 이때 담양으로 나가는 호남고속도로 톨게이트 부근에서 공수부대와 전투가 벌어졌다는 소식을 듣고 출동했다. 그가 탄 지프차가 선두에 서고, 무장시위대가 탄 트럭 4대와 버스 2대가 뒤따랐다. 담양과 곡성, 순천으로 나가는 길을 트기 위해서 필사적으로 싸웠으나 화력과 전술이 월등한 공수부대에게는 역부족이었다.

시간이 가고 전투가 치열해질수록 사상자의 숫자는 늘어 갔다. 눈물을 머금고 도청으로 돌아온 박남선은 예비군 소대장 경험을 토대로 시민군을 편성했다. 이날 하루 동안에만 광주교도소 외에도 화순 너릿재, 남평 한두재 등에서 교전이 일어나 많은 시민이 전사했다. 그는 벽에 걸린 시내 지도를 내려놓고 붉은 색연필로 막혀 버린 지역에 ×자 표시를 하면서 상황을 통제하고 있었다.[20] 그의 곁에는 이재호(수도경비사령부 출신), 황두일(예비역 대위), 문상우(예비군 중대장) 등의 군 경험자들이 돕고 있었다.

이 같은 박남선의 떠오르는 입지와 시민군의 역할을 주목하고 학생수습위원회를 장악하는 데 활용하려고 한 사람이 윤상원이다. 박노해는 두 사람의 만남을 이렇게 설명한다.

박남선은 항쟁 지도부에서 갑작스럽게 부상했지만 정치의식이 부족하고 조직적으로 훈련이 되지 못한 인물이었다. 그런 한계를 알면서도 며칠간의 혁명적 상황에서 수십 년을 상회하는 정치의식과 지도력을 응축하여 체득한 혁명 지도자의 가능성을 발견하고, 그에게 다가선 사람이 들불야학을 운영하던 윤상원이었다. 당시 박남선은 탁월한 민중봉기의 영웅이자 스타였지만, 그를 이끌어 줄 감독이 필요했는데 이런 상황에서 두 사람의 만남이 이루어진 것이다.[21]

윤상원과 〈투사회보〉

윤상원은 1950년 8월 광주 광산구 임곡동에서 아버지 윤석동과 어머니 김임숙 사이에서 3남 3녀 중 장남으로 태어났다. 임곡초등학교를 마치고 광주로 나와 자취하면서 북성중학교와 살레시오고등학교를 졸업하고 1971년 전남대 문리대 정치외교학과에 입학했다. 1학년을 마치고 군에 입대했다가 1975년에 복학했는데, 이때 그의 삶에 결정적 전환점이 된 사건이 일어났다. 전남대 선배 김상윤 등 민청세대와의 만남이 그것이었다. 이후 그는 '민족', '민중' 문제에 관심을 가지고 활동하게 된다. 1977년 9월 김상윤이 사회과학서적 유통처이자 광주 운동권 인사들의 모임 터인 녹두서점을 계림동에 열자 윤상원은 이 서점을 무대로 운동권 인사들과 두터운 교분을 다졌다.

윤상원은 대학 졸업 후 주택은행에 취업했으나 6개월 만에 사표를 내고 광주로 돌아와서 광천공단 한남플라스틱공장 노동자로 취업했다. 당시 운동권 사람들은 노동자가 되는 것에 대해 얘기는 많았지만, 정작 학력을 속이고 노동자가 된 사람은 거의 없었다. 그런 점에서 그는 특별했다. 윤상원이 노동운동을 선택하게 된 배경에 대하여 이태복은 이렇게 설명한다.

그 이전에는 탈춤 등 민중문화운동에 더 관심이 많았다. 그러나 그는 서울에서 직장생활을 하는 동안 실천적 지식인들이 현장 속에 들어가 헌신하는 모습을 보면서 각성했던 것이다. 안일한 직장인을 박찼을 때 이미 스스로 노동자로 나서 활동가가 될 것을 결심한 뒤다. [22]

그는 노동자로 살면서 전남대 휴학생 박기순이 만든 들불야학에 적극적으로 참여했다. 들불야학과의 만남, 박기순과의 만남은 그의 삶을 변화시킨 전환점이었다. 그는 들불야학을 통해 완숙한 운동가로 성장해 갔다. '노동자의 누이'로 불린 박기순은 1978년 연탄가스 중독 사고로 사망했는데 나중에 윤상원이 사망하자 동료들의 주선으로 영혼결혼식을 올리게 된다. 1979년 새 학기가 되자 들불야학에 대한 탄압이 가중되었으나 10·26이 터진 후 시국이 유화정세로 변화하자 들불야학을 확대했다. 전남대 운동권의 핵심그룹은 들불의 '강학'을 거치며 노동자 계급 속에서 단련되어 갔다.

이렇게 윤상원은 뒤늦게 노동운동을 시작했지만 광주에서 노동운동의 중심에 자리했다. 일신방직·화천기공·아시아자동차 등의 남성 노동자를 조직하는 일에 관여하면서 들불야학 졸업생으로 구성된 소모임을 통해 노동운동가를 육성하는 데도 관심을 기울였다. 이때 김상윤의 추천으로 민주회복통일국민회의 사무국장으로 일하게 되었으며, 1980년 4월에는 전민노련 중앙위원 겸 광주지역 노동운동 총괄책임자로 참여했다.

5·18 기간 동안 수습대책위원회와 시민군의 활동에도 불구하고 시민들은 불안감을 떨쳐 버릴 수가 없었다. 언론이 철저하게 통제되어 정확한 상황을 알지 못하는 시민들은 사태의 실상과 추이에 대해 무척 궁금해 했다. 따라서 이런 일차적인 정보 욕구를 충족시키고 시민을 선무할 매체의 필요성이 제기되었다. 당시 광주 학생운동권을 배후에서 견인하며 민중운동권과의 가교 역할을 담당하던 윤상원은 시민들의 자발적인 무장투쟁 열기를 확대하고 고조시키기 위해서는

정확한 전황 파악에 기초한 구체적인 투쟁지침이 절실하게 필요하다고 판단했다. 이 선전선동 역할을 들불야학이 맡기로 하고 윤상원은 각자의 역할을 부여했다. 들불야학의 학생(노동자)과 강학(대학생)으로 구성된 〈투사회보〉팀은 문안작성조(윤상원, 전용호), 필경조(박용준), 등사조(김성섭, 나명관, 윤순호), 물자조달조(김경국)로 나누어 활동했다.

〈투사회보〉의 탄생에는 들불야학과 함께 '광주 재야의 정신적 메카'이던 녹두서점이 결정적인 역할을 했다. 윤상원은 18일 밤 녹두서점을 찾아서 예비검속으로 검거됐던 김상윤(녹두서점 주인)의 부인 정현애와 광주의 상황을 외부에 알리기 위해 유인물 제작을 논의했다. 외부와의 연결통로였던 녹두서점에는 전국 각지에서 광주 상황을 물어오는 전화가 쇄도했고, 김상윤의 연행에 '염려의 성금'이 답지하자, 정현애는 성금의 대부분을 윤상원에게 쾌척했다. 들불야학 팀은 이 성금을 기반으로 광천동 시민아파트 앞 양철문 가게에서 본격적인 제작에 들어갔다.

〈투사회보〉의 효시가 된 것은 19일 발행된 〈광주시민 민주투쟁회보〉이다. 이 회보 창간호는 "호소문"이라는 이름으로 당시의 절박한 상황을 이렇게 표현하였다.

광주 애국시민 여러분, 이것이 웬 말입니까. 웬 날벼락이란 말입니까. 죄 없는 학생들을 총칼로 찔러 죽이고 몽둥이로 두들겨 트럭에 실어 가며 부녀자를 백주에 발가벗겨 총칼로 찌르는 놈이 도대체 누구란 말입니까. 이제 우리가 살 길은 전 시민이 하나로 뭉쳐 청년학생들을 보호하

고 유신잔당과 극악무도한 공수특전단 놈들을 한 놈도 남김없이 쳐부수
는 길뿐입니다. 광주시민 여러분, 우리가 하나로 단결, 유신잔당과 전
두환 일파를 영원히 추방할 때까지 싸웁시다. 최후의 일각까지 단결하
여 싸웁시다. 그러기 위해 5월 20일 낮 12시부터 계속해 광주 금남로에
총집결합시다. 23

21일 시민들이 총궐기하여 계엄군을 광주 외곽으로 몰아내자 윤상
원은 이날을 '시민 승리의 날'로 정하고, '투사'라는 제호를 붙여 회보
이름을 〈투사회보〉로 변경했다. 22일부터는 전남대의 〈대학의 소
리〉와 극단 '광대'에서 발행하던 유인물을 통합하고 장소를 YWCA로
옮긴 후, 고속복사기를 이용하여 매일 적게는 5~6천 부에서 많게는
4만 부까지 발행했다. 이렇게 만들어진 〈투사회보〉는 노동자들을 통
해 녹두서점과 광주 시내 전 지역으로 배달됐다. 회보 내용은 차량 임
무규정, 투쟁대상을 정한 구호, 보급 문제, 시체 운반 등을 집중적으
로 담았는데, 21일 1호를 시작으로 25일 8호까지 발간하고, 26일부
터 제호를 〈민주시민회보〉로 변경하여 10호까지 발행했다. 그러나
마지막 회보인 10호는 배포되기 전 계엄군에 의해 전량 압수되었다.
이처럼 항쟁 기간 내내 여론전의 선두에서 선전 작업을 벌인 〈투사
회보〉는 지방신문 발행이 완전히 중지된 상태에서 격문이나 가두방
송이 지닌 일시적 성격을 극복한 활자매체로서의 지속성과 논리성,
변두리 지역까지 보급될 수 있었던 전면성의 장점을 충분히 살린 '시
민의 신문'이었다. 24 그러나 권력이란 관점에서 보면 윤상원은 〈투
사회보〉를 통해 여론의 향배를 주도하고 정보를 생산하는 '언론 권력'

홍성담, 투사회보 1, 292×421mm, 1986년

을 완전히 장악한 셈이었다.

5·18 때 윤상원은 22일 도청 장악과 동시에 그곳에 들어가서 녹두서점과 YWCA에 머무르던 운동권과 도청 시민군 사이에서 연결고리가 되어 주었다. 이런 가운데 윤상원은 학생수습위원회 내부에서 무기 반납에 반대하는 김종배를 견인하여 학생수습위원회를 타도하고 항쟁 지도부를 운동권 중심으로 개편하기로 결심했다. 또 항쟁 지도부에서 자생적으로 활동하는 부서들이 중요한 임무를 수행하는 것을 파악하고, 이 부서들을 유기적인 연관성하에 재편하여 통일된 집행력을 확보하는 것이 시급하다고 판단했다. 윤상원은 다음과 같이 나름대로 투쟁 방침을 정리했다.

- 첫째, 이미 시작된 민중봉기는 파쇼권력이 타도될 때까지 계속되어야 한다. 설사 패배하여 죽더라도 다음 혁명의 불씨가 되기 위하여 결사 항전해야 한다.
- 둘째, 고립 포위된 광주 봉기를 전국으로 확산시켜야만 이길 수 있다.
- 셋째, 도청을 중심으로 형성된 혁명군을 통일적인 전투지휘체계로 조직화해야 한다.
- 넷째, 수습위원회의 무기반환으로 침체된 민중의 혁명투쟁 의지를 고양시키고 전 민중의 '적극적 무장화'를 촉진시켜야 한다.
- 다섯째, 혁명적 입장을 견지하고 있는 김종배를 무장력으로 강화시켜 줌으로써 수습위원회의 분열을 견인한 후 투항주의자를 축출한다.

• 여섯째, 복귀한 운동권 인사들을 도청 지도부 내의 간부로 입각시키고 의식 있는 학생들을 주요한 무장부서에 대체시켜 적의 교란작전을 봉쇄한다. 그리하여 혁명적이고 중앙집권화된 실질적 집행력을 갖춘 대체권력으로서의 봉기 지도부를 창출한다.

윤상원은 잠잘 수도 없고 쉴 틈도 없는 정황 속에서 어렴풋하게나마 이와 같은 요지의 전술방침을 마음속으로 정리하면서 하나하나 실행에 들어갔다. **25** 23일 시민궐기대회는 원래 오후 3시로 예정되어 있었는데 오전 10시에 벌써 10만 명이 모였다. 도청 수습대책위원회는 내부 불화로 궐기대회를 예정대로 치를 수 있을 것인지 불투명했다. 이에 녹두서점을 중심으로 한 운동권이 자체적으로 주도하여 11시 30분부터 궐기대회를 진행했다. 이날 집회 열기를 확인한 운동권에서는 24일과 25일에도 궐기대회를 주도하면서 광주항쟁의 커다란 분기점을 만들었다. 궐기대회에서 만들어진 시민의 열기를 도청 수습위원회 조직 속에 진입시켜 운동권 중심으로 재편하려는 계획이었다. 윤상원을 비롯해서 이양현, 윤강옥, 정상용, 박효선, 김영철 등이 세운 치밀한 계획이었다. **26**

그 결과 이들은 25일 저녁에 학생수습위원장을 김종배로 교체한 후 명칭도 민주투쟁위원회로 변경하고 녹두서점 출신의 운동권이 장악하는 데 성공한다. 윤상원은 항쟁 지도부 대변인을 맡게 되었고, 27일 새벽 계엄군의 전남도청 탈환작전 때 최후를 맞이한다. 박관현이 5·18민중항쟁의 도화선에 불을 댕긴 역할을 했다면, 윤상원은 항쟁기간 내내 도청을 지키면서 광주항쟁을 마무리한 인물이었다.

김종배와 민주투쟁위원회

25일 새벽 학생수습위원회는 위원장 김창길에 의해 거의 일방적으로 무기 반납을 결정했다. 회수된 무기를 반납하는 방법은 시민군으로부터 총기를 회수하여 도청 안에다 집결해 놓은 다음 전부 도청에서 빠져나가 버리자는 것이었다. 부위원장 김종배와 상황실장 박남선은 무기 반납을 강력하게 반대하는 입장이었는데, 두 사람을 연결하여 하나로 묶은 것은 윤상원이었다. 윤상원은 먼저 박남선을 찾아가서 대화를 나누었고, 두 사람은 더 이상의 무기 회수를 막고 무장시민을 한군데 집결시켜 전투조직을 강화하자는 데 뜻을 함께했다. 이어 김종배를 찾아간 윤상원은 외부에서 조직된 대학생 병력을 투입하여 분위기를 반전시키기로 합의했다. 27

이날 저녁 7시 윤상원의 안내로 정상용, 이양현, 김영철, 정해직, 윤강옥, 박효선 등이 도청에 들어와서 학생수습위원회 김종배, 허규정 등과 자리를 함께했다. 이들은 도청에 YWCA에서 조직된 대학생 30여 명을 데리고 들어와서 회의장 옆의 식산국장실에 대기시켰다.

윤상원이 김종배의 입장에 동조한다는 의사 표시를 하고 "도와줄 게 없는가?" 하고 물었다. 지도부를 강화하기 위해서는 청년, 학생들을 도청 안의 지도부로 영입해야 한다는 데 의견을 같이했다. 윤상원이 현재 YWCA 안에 상당수 청년·학생들이 도청 안으로 진입을 기다리고 있다고 하자, 김종배는 책임지고 영입해 줄 것을 부탁했다. 25일 궐기대회가 끝난 직후 '끝까지 투쟁' 입장에 동조한 대학생들이 속속 YWCA로 모여들었다. 오후 7시경 그 수는 100여 명에 이르렀다. 이들은 10명씩을 한 조로 해서 3개 조가 윤상원의 안내로 도청에 진입해 수습위와 합류하였다. **28**

새로운 집행부를 결성하기로 사전 합의한 데 따른 만남이었다. 잠시 후에 김창길이 회의장에 들어오자 윤상원, 이양현, 허규정 등의 '항쟁파'는 김창길 측을 '투항파'로 몰아세우며 최후의 담판을 시도했다. 한참 동안 양측 사이에 격렬한 논쟁이 벌어졌는데 결국 9시경 김창길은 수습위원장직을 내려놓았고, 10시에 다음과 같이 새로운 항쟁 지도부가 결성되었다. 정상용의 표현을 빌리면, 도청 안에서 쿠데타가 일어난 것이다. 명칭도 학생수습위원회에서 민주투쟁위원회로 변경하였다. **29**

- 위원장 김종배
- 부위원장 (내무) 허규정 (외무) 정상용
- 대변인 윤상원 ・상황실장 박남선 ・기획실장 김영철
- 기획위원 이양현, 윤강옥 ・홍보부장 박효선 ・민원실장 정해직
- 조사부장 김준봉 ・보급부장 구성주

새로운 항쟁 지도부에서 위원장을 맡은 김종배는 전남 강진에서 태어나서 자란 후 광주로 유학하여 조선대 무역학과 3학년에 재학 중이었다. 할아버지 때부터 기독교를 믿어 할아버지와 아버지는 장로, 형은 목사인 독실한 기독교 가정에서 성장했다. 한국기독교 가운데서

도 가장 보수적인 교단인 예수교 장로회에서 신앙생활을 한 탓에 사회 참여에는 관심이 없고, 사회봉사에는 열심이었던 그는 조선대에 라이온스클럽을 조직하고 봉사활동에 앞장섰다. 라이온스 윤리강령에는 "정치적인 중립을 지킨다"는 문구가 있었기 때문에, 그는 반정부 시위는 물론 학내 시위에도 일체 참여하지 않았다. 이 때문에 5·18이 발발했을 때도 21일까지는 시위현장에 접근조차 하지 않았던 그는 22일 오후 도청 앞에 나갔다가 그곳에 놓인 시신들을 관이 없어서 수습하지 못한다는 얘길 듣고 안타까운 마음에 나서게 되었다. 30

학생수습위원회에 참여할 때도 송기숙 교수가 김창길을 위원장으로 지명한 후에 "위원장은 전남대에서 나왔으니까 부위원장은 조선대에서 나왔으면 좋겠는데"라고 묻자, 그 자리에 있던 조선대 학생이 김종배를 추천한 것이 이유였다. 이때 그는 부위원장 대신 장례 일을 맡겠다고 자원했다. 평소 병원들을 다니면서 장례 봉사를 많이 치러봤다는 이유에서였다. "그럼, 자네는 부위원장하고 장례위원장을 겸하게." 그렇게 해서 학생수습위원회 부위원장을 맡게 되었다. 31

김종배는 장례 일을 담당하면서 유족들과 접촉하는 가운데 그들의 형편을 이해하고 대변하게 되었으며, 점점 강경파의 입장에 서게 되었다. 나중에는 항쟁 지도부에서 '강경파'를 상징하는 인물이 되었지만, 그는 정치적 야망을 가졌거나 혁명을 하겠다고 나선 인물은 더더욱 아니었다. 고은 시인은 《만인보》 27권에서 그를 다룬 시를 썼다. 제목은 사람 이름과 같은 〈김종배〉. 5·18 이후에 겪은 일에 관한 내용이다.

나는 스물여섯 살 사내여요/ 광주민중항쟁/ 학생수습대책위원회를 별수 없이 아귀차게 이끌었어요/ 죽어간 시민/ 죽어간 학생 장례위원장이었어요/ 아니/ 온건파 수습위원회와 맞서/ 시민학생투쟁위원회 위원장이었어요/ 전남도청/ 시민군 무기반납/ 끝까지 반대했어요/ 도청 최후의 새벽 네 시/ 쓰러진 벗들의 주검과 주검 사이/ 나는 마지막까지 별수없이 총 들고 있었어요/ 등 뒤에서 덮쳐/ 나는 체포되었어요/ 광주공동체 그 멋진 열흘이 끝장났어요 … 또 5·18 행동대장이라는 이름이 만들어졌다/ 1심 사형/ 2심 무기/ 북괴도 김대중도/ 정동년도 모르는데/ 별수 없이 그들의 하수인이 되고 말았다.

새로운 항쟁 지도부에서 윤상원은 대변인을 맡았다. 그것은 그가 지도부 내에서도 가장 상황판단이 정확하고 집행부 내부의 모든 일을 전체적으로 꿰뚫고 있는 사람이라는 의견에 따라 맡겨진 직책이었다. 윤상원은 26일 오후 5시 민주투쟁위원회가 주최하는 내·외신 기자회견을 가졌다. 이날 미국 〈볼티모어 선〉의 기자 브래들리 마틴이 송고한 5월 28일 자 1면 머리기사 제목은 "항쟁자의 눈빛은 차분했다. 그러나 죽음을 예고하고 있었다"였다.

마틴은 1994년 월간 〈샘이 깊은 물〉에 윤상원의 그때 모습을 이렇게 기고했다.

나는 이미 그가 죽을 것임을 예감했다. 그 자신도 그것을 알고 있는 듯했다. 표정에는 부드러움과 친절함이 배어 있었지만, 시시각각 다가오는 죽음의 그림자를 읽을 수 있었다. 지적인 눈매와 강한 광대뼈가 인상적인 그는 "최후의 한 사람까지 싸울 것입니다"(We will fight until the last man) 라고 했다.

민주투쟁위원회는 김종배·박남선·윤상원 삼각체제로 출범했다. 위원장 김종배는 정치적 지도자로, 상황실장 박남선은 시민군 지휘관으로 각각 역할 분담이 이루어졌지만, 실질적으로 위원회를 이끈 세력은 윤상원·정상용으로 대표되는 운동권이었다. 그러나 이처럼 호기롭게 출범한 민주투쟁위원회는 30시간 만에 계엄군의 상무충정 작전으로 무너지고, 실질적인 리더 윤상원은 공수부대원에 의해 피살당했다. 그러나 그의 드라마틱한 삶과 장렬한 죽음은 5·18의 정신을 되살리는 데 좋은 소재가 되었다. 이후 5·18의 상징이 된 〈임을 위한 행진곡〉은 1981년 윤상원과 박기순의 영혼결혼식을 위해서 작곡되었고, 문병란 시인이 1982년에 지은 〈부활의 노래〉는 두 사람의 영혼결혼식에 바쳐진 장시(長詩)이다.

돌아오는구나/ 돌아오는구나/ 그대들의 꽃다운 혼/ 못다 한 사랑 못다 한 꿈을 안고/ 죽음을 넘어 시대의 어둠을 넘어/ 부활의 노래로/ 맑은 사랑의 노래로

이렇게 시작되는 〈부활의 노래〉에서 "죽음을 넘어 시대의 어둠을 넘어"라는 구절은 5·18을 다룬 최초의 역사책 《죽음을 넘어 시대의 어둠을 넘어》의 제목으로서 5·18의 진상을 알리는 도구로 사용되었다. 윤상원은 광주민중항쟁의 '전남대 3총사'로 불리는 박관현·윤한

봉·윤상원, 세 사람 가운데 가장 돋보이는 인물이다. 5·18 현장을 끝까지 지킨 유일한 사람이면서, 사후 5·18의 정신을 우리 사회에 부활시킨 사람이기 때문이다.

이상에서 5·18을 이끈 청년 지도자들의 활약상과 권력 이동상황을 살펴보면서 5·18의 다양한 성격을 추출할 수 있었다. 이들의 성향을 분석해 보면, 강경파는 대부분 18일부터 21일까지의 투쟁에 적극 참여한 사람들이었다. 반대로 온건파는 대부분 활동이 없거나 소극적으로 참여한 사람들이었다. 사실 대중이 무기를 들고 국가의 군대와 대결하겠다는 것은 통상적 감각으로는 결코 이해할 수 없는 무모한 짓이다. 18일부터 21일까지 진행된 투쟁의 흐름 속에서 형성된 감응 없이는 이해할 수 없는 행동이었다. [32]

항쟁 지도부라고 할 김창길(23), 김종배(26), 박관현(27), 김원갑 (19), 박남선(26), 윤상원(30) 6인의 평균 연령은 25세로 갑신정변을 일으킨 김옥균(33), 박영효(23), 홍영식(29), 서재필(29), 윤치호 (18), 서광범(25) 6인의 25세와 동일하다. 또한 윤상원과 김종배는 정상용, 박호순 등과 항쟁 이전부터 YWCA에서 모인 '파리코뮌 스터디그룹' 멤버였다는[33] 증언을 감안할 때, '철없고 생각 없는 젊은이들의 부나비 같은 행동'이라는 일부 평가와는 달리, 이들의 행적 이면에는 1세기 전 봉건사회로부터의 탈출을 위해 갑신정변을 일으킨 같은 또래 개화파처럼 새로운 사회건설의 열망이 강하게 자리해 있었음을 발견할 수 있다.

항쟁 지도부의 권력 이동

5·18항쟁 지도부는 불과 5일이라는 짧은 기간에 네 차례나 지도자가 교체되면서 격동의 시간을 보냈다. 그렇지만 그것이 주는 의미는 결코 간과할 수 없다. '5·18'의 역사적 성격을 규명하는 중요한 요인이기 때문이다. 이정로는 5·18항쟁에 참여한 세력을 세 개의 집단으로 설명한다. 22일 계엄군이 퇴각하고 일시적인 권력의 진공상태(무정부상태)가 발생하자 각각의 영역에서 새로운 권력체가 등장했다.

첫째 그룹은 반동 권력에게 광주의 권력을 넘기려는 5·18수습대책위원회와 남동성당수습대책위원회로서, 반동부르주아지의 임시적 권력보조기관이다. 5·18수습대책위원회는 정시채 부지사를 중심으로 목사, 신부, 변호사, 기업인이 모여 '더 이상의 사태 악화 방지'를 목표로 군과 협상하고 시민을 설득했다. 남동성당수습대책위원회는 김성용 신부, 홍남순 변호사, 조아라·이신애 여사, 명노근·송기숙 교수 등으로, 이들의 결성 목적 역시 '더 이상의 사태 악화를 막는다'는 패배주의적인 것이었다.

둘째 그룹은 학생수습대책위원회로서, 파쇼적 세력에게 권력을 그대로 맡길 것인가, 아니면 혁명적인 새 권력을 창출하는 순간까지 계속 투쟁할 것인가를 분명히 하지 못한 동요하는 쁘띠부르주아지의 연합기관이다.

셋째 그룹은 시민군과 광주 민중운동권의 봉기참여파가 힘을 합친 무장혁명군이다.

그런데 23일 첫째 그룹에서 둘째 그룹으로 권력이 이동하였고, 다

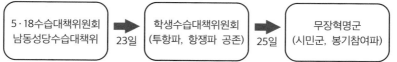

〈표 1〉 5·18기간 중 권력 이동

5·18수습대책위원회 남동성당수습대책위	→23일	학생수습대책위원회 (투항파, 항쟁파 공존)	→25일	무장혁명군 (시민군, 봉기참여파)

시 25일 둘째 그룹에서 셋째 그룹으로 권력 이동이 일어났다. 세 그룹 간의 권력 투쟁에서 최종 승자는 노동자 계급이 중심이 되고 운동권이 합세한 민중권력이었다. **34** 이러한 이정로의 주장을 도표로 설명하면 〈표 1〉과 같다.

그러나 그의 주장은 '사회주의적 민중혁명'에 초점을 맞추고 '권력투쟁'이라는 측면에서 5·18을 바라본 극소수의 생각일 뿐이다. 5·18의 보편적인 성격을 이해하려면 항쟁 지도부의 다양한 주장과 광주시민들의 의식에서 공통분모를 찾아내야 한다. 윤상원을 제외하면 당시 5·18항쟁 지도부 안에 시국 상황을 분석하고 방향성을 설정할 만한 인물은 없었다. 이런 점에서 이들은 73만 광주시민을 통치하거나 새로운 세계로 인도할 준비가 되지 않은 채, 갑작스럽게 닥쳐온 위기상황을 수습하기 위한 임시방편적인 대책본부 관리자에 불과했다. 그들의 말처럼 스스로 해결할 수 있는 것은 아무것도 없는 게 현실이었다.

그럼에도 불구하고 20대의 젊은 혈기로 사회변혁을 꿈꾸던 그들을 이해하고 따라가며, 열흘간의 권력 공백상태에서 광주를 안전하고 더불어 살아가는 도시로 만들면서 '피'(헌혈) 와 '쌀'(식량) 을 나누는 대동세상을 꿈꾼 것은 광주시민의 성숙된 시민정신과 애향심이었다. 이런 관점에서 5·18항쟁 지도부의 성향을 분석해 보면 〈표 2〉와 같다.

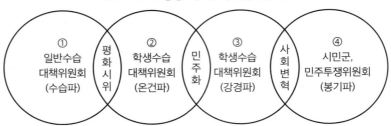

〈표 2〉 5·18항쟁 지도부의 성향 분석도

| ① 일반수습 대책위원회 (수습파) | 평화시위 | ② 학생수습 대책위원회 (온건파) | 민주화 | ③ 학생수습 대책위원회 (강경파) | 사회변혁 | ④ 시민군, 민주투쟁위원회 (봉기파) |

〈표 2〉에서 보는 네 개의 집단은 좌측으로 갈수록 보수 성향이고, 우측으로 갈수록 진보 성향이다.

집단 ①은 종교계와 일반수습대책위원회를 가리키며, 광주시 종교·시민사회의 지도자들이다. 윤공희 대주교와 한완석 목사를 비롯한 성직자들과 최한영 옹(독립운동가)으로 대표되는 지역사회의 원로들로서, 국가주의가 강하고 인간생명의 가치를 중요시했다.

집단 ②는 김창길을 비롯한 비운동권 출신의 대학생들로, 학생수습대책위원회의 지도력도 교수들의 영향력에 의해 부여받았다. 이 때문에 송기숙·명노근 교수가 포함된 ①의 입장에 순응하려는 성향을 보여 준다. ①과 ②의 공통점은 비폭력 평화주의를 지향한다는 점이다.

집단 ③은 김종배로 대표되는 운동권 출신 대학생들로, 무기 회수를 반대하고 무력항쟁을 통한 새로운 사회 건설을 지향했다. '민주화'를 추구한다는 점에서 온건파와 상통하지만, 기성체제를 부정하고 사회변혁을 추구한다는 점에서는 ④의 민중운동권과 뜻을 같이했다.

집단 ④는 시민군의 주류를 이루던 노동자 계층과 학생운동권 출신의 무장봉기파들이 모인 세력으로, 윤상원과 박남선이 대표적이지만 배후에는 광주 민중운동권이 자리하고 있었다.

이들 4개 집단 중에서 일반수습대책위원회를 제외한 3개 집단이 항쟁 지도부의 지휘권을 놓고 갈등했다. 논쟁의 대상이 '무기 반납'이라는 점에서 보면, 평화적인 시위와 사태 수습을 주장하던 ①, ②의 입장과 무기 반납을 거부하고 무장투쟁을 주장하던 ③, ④의 입장으로 구별할 수 있다. 이러한 생각의 차이가 양측을 대립하고 반목하게 만들었다. 그런 점에서 당시 윤상원과 함께 강경파의 입장을 대변한 정상용의 인식은 매우 주목할 만하다.

나는 그때 당시 무기 반납에 반대했지만 어느 한쪽의 주장이 절대적으로 옳았다고는 보지 않는다. 무기 반납을 주장했던 사람들이 계엄사의 앞잡이도 아니었고, 평범한 사람들의 경우 충분히 그와 같은 입장을 취할 수가 있었다. 교수, 신부 등 수습위원들이 무기를 회수하고 다닌 것도 희생을 줄이기 위한 순수한 행위였고 그분들은 나이도 더 들었으므로 매사에 조심스러운 행동의 결과였다고 본다. 우리는 평소 사회변혁을 추구한 사람들이었기 때문에 항쟁 자체를 바라보는 입장이 달랐던 것이다. 그런데 많은 시간이 흐른 지금에 와서까지 끝까지 싸우자고 했던 사람들만이 절대적으로 옳고 영웅적이었으며, 수습을 주장했던 사람들은 투항주의였다고 몰아붙이는 것은 큰 잘못이다. 서로 입장의 차이였음을 인정해야 한다. 어떻게 보면 평범한 삶을 살던 사람들이 항쟁에 뛰어들어 열성적으로 활동했던 그 점을 더욱 높이 평가해야 될 것이다.[35]

5·18 때 무기 반납을 두고서 치열하게 싸웠던 '강경파'(항쟁파)와 '온건파'(수습파)가 서로의 입장 차이를 이해하고 인정해야 한다는 정상용의 주장에서 '5·18의 화해 정신'을 발견할 수 있다. 상대방의 입장을 이해하고 배려할 줄 아는 화해정신이야말로 5·18민주항쟁을 3·1운동과 같은 역사적 사건의 반열에 올려놓을 수 있다.

제2부

5·18의
미스터리와 진실

5·18은 대한민국이 건국된 후 한 번도 경험하지 못한 미증유의 사건이다. 용맹스럽기로 소문난 국군 공수부대가 민간인 시위대에게 밀려 외곽으로 쫓겨나고, 이로 인해 닷새간이나 광주시가 대한민국의 공권력으로부터 이탈하는 도저히 이해할 수 없는 상황이 벌어졌다. 이 때문에 많은 의혹이 제기되고, 그 의혹이 정치적·이념적 논쟁과 맞물리면서 미스터리를 낳게 되었다. 5·18의 5가지 미스터리는 '전남도청 지하실의 폭약은 누가 설치했는가?', '광주교도소 공격은 사실인가, 조작인가?', '20사단장 지휘차량은 어떻게 피탈되었나?', '아시아자동차공장의 군용차량은 어떻게 피탈되었나?', '전남도내 38개 무기고는 어떻게 피탈되었나?' 하는 것이다.

이 5가지 의혹은 모두 일반인의 상식을 뛰어넘는 것이기에 일부 국민들 사이에는 북한의 특수부대가 광주에 내려와서 저지른 사건이라는 '북한군 개입설'이 설득력을 얻고 있다. 북한군 개입설은 처음에는 소수 연구자에 의한 '의혹 제기' 차원에 머물렀으나 탈북자들의 증언이 가세하면서 '진실 공방'으로 발전하였고, 《전두환 회고록》이 출간되면서 '법정 공방'으로 변질되었다. 이에 2018년 3월 국회에서도 '5·18 진상규명 및 왜곡행위 근절을 위한 특별법'이 통과되었고, 앞으로 본격적인 조사활동이 진행될 것으로 예상된다.

그러나 학문성에 기초한 객관적 검증이 이루어지지 못하면 또다시 소모적인 '정치 공방'으로 비화될 우려가 제기되는 것도 사실이다. 이와 함께 개정될 헌법 전문에 '3·1정신'과 더불어 '5·18정신'을 담자는 의견도 대두되고 있다. 이런 일련의 과정에서 정치적 시빗거리를 없애고 국민적 합의를 이루어 내기 위해서는 5·18을 둘러싼 5가지 미스터리에 관한 진실 규명이 반드시 필요하다. 2부에서는 오직 '실증적 역사연구 방법론'에 의거하여 역사적 진실을 규명하려고 한다.

도청 지하실의 폭약은
누가 설치했는가?

5·18의 첫 번째 미스터리는 전남도청 지하실에 설치되었던 폭약에 관한 의혹이다. 세간의 풍문은 물론 군과 정부 자료에도 나오는 것처럼, 당시 도청 지하실에는 광주 시가지의 절반을 폭파시킬 수 있다는 8톤 분량의 다이너마이트(TNT)가 뇌관이 결합된 채로 보관되어 있었다. 따라서 누가, 언제, 어디서, 어떻게, 왜 이것을 도청에 가져다가 설치했는가 하는 것은 분명 미스터리다. 이 사건이 세상에 알려진 것은 1996년 〈광주일보〉를 통해서였다. 〈광주일보〉는 "실록 5·18 광주항쟁사"를 100회에 걸쳐 연재하면서 5·18을 집중 분석했는데, 그중에서 79회 "도청 폭탄뇌관 제거" 기사가 20년이 지난 지금까지도 논쟁의 중심에 서 있다. 그 기사 내용 중 문제의 부분을 소개한다.

79회 도청 폭탄뇌관 제거 중무장한 계엄군에게 대항하기 위해 시민군들이 광주 인근지역을 돌며 무기 확보에 나선 결과 상당수의 무기와 폭약을 확보하게 된다. 당시 도청 시민군 화력은 기관총, 카빈 소총, M1 소총 등 총기류 2,500여 종, 수만 발의 실탄, 다이너마이트 등 폭약류, 이 중에서 가장 강력한 무기는 다이너마이트. 특히 대한석탄공사의 화순광업소 광부들이 8톤 트럭 분량의 다이너마이트와 도축선(콤포지션)을 싣고 광주에 와 전남도청 안에 다이너마이트를 설치한 것은 계엄군의 간담을 서늘케 하기에 충분했다. 광주와 인근지역에서 구한 모든 총기와 탄약류는 일단 도청 2층 식당에 모아졌고, 그중에서 폭약류는 다시 지하실로 옮겨졌다. 이를 관리했던 팀은 폭약류 관리반. 1

이 기사가 논란이 된 것은 육사를 졸업한 영관장교 출신으로 미국 해군사관학교에 유학하여 시스템공학을 전공했다는 지만원 박사가 "전남도청 지하실에 보관된 폭탄의 해체자는 있는데 조립자가 없다. 이것이 북한군이 광주에 내려온 증거이다"라고 문제를 제기했기 때문이다. 2

그뿐 아니라 전남북계엄사령관이던 소준열 장군은 전남도청 민원실 지하에는 화순광업소에서 탈취한 다이너마이트, TNT 폭약과 수류탄 등 트럭 4대 분의 폭발물이 쌓였고, 강경파들은 이를 폭파하겠다고 계속 위협하는 심각한 분위기였기 때문에, 상무충정작전을 서둘러 강행할 수밖에 없었다고 주장한다. 3 이를 무자비했던 도청 탈환작전의 명분으로 삼은 셈이다.

두 사람의 말을 들어 보면 궁금증은 더 커진다. 도청 지하실의 폭약은 화순광업소 광부들이 설치했을까, 아니면 북한군이 설치했을까? 그들은 왜 폭약을 설치했으며, 어떻게 사용하려고 했을까? 모든 것이 수수께끼고 미스터리다. 도대체 누구의 말이 옳은 것일까? 궁금증을 따라 하나하나 추적을 시작해 보자.

폭약은 어디에서 온 것인가?

사건의 발단은 이러하다. 22일 날이 밝자 밤사이 계엄군이 도청에서 철수한 사실을 알게 된 시민들은 자진하여 무기를 반납하러 왔다. 이렇게 해서 도청 마당에는 시민들이 가져온 각종 무기와 폭탄이 쌓였지만 그것을 관리할 수 있는 사람이나 조직이 없었다. 아무렇게나 널려 있는 것을 정리하던 몇 명의 청년들이 자원하여 총기류와 폭약을 지하실로 옮긴 후에 이를 안전하게 관리하기 위해 폭약관리반원으로 나섰다. 당시 폭약관리반원으로 참여한 조선대 학생 이경식은 이렇게 증언한다.

> 도청 안에는 질서도 안 잡히고, 뭐 하라고 말해 주는 사람도 없어서 뭘 해야 할지를 모르겠더라고요. 도청 입구에 수위실이 있는데 거기서 사람들이 무기를 걸고 있어서 나도 거기에 끼어서 같이 일했어요. 며칠간 시내에 온통 돌아다니던 총을 다 도청으로 걸어 놓으니까 좁디좁은 수위실이 금방 총으로 가득 차버렸어요. 그래서 내가 도청 지하실을 한번 둘러보니까 거기가 그래도 괜찮겠다 싶어서 무기를 지하실로 옮기자고 제안해서 우리가 무기를 전부 지하실로 다시 옮겼어요. 그때는 누가 책임자인지도 모르고 근께 우리끼리 서로 논의하고 이야기해 갖고 지하실을 무기고로 쓰게 된 거예요. 지하실로 무기를 옮기고 인제 쫌 있으니깐

화순탄광에서 실어 왔다고 폭약이 트럭으로 한, 두 대 정도 되는 것이 도청으로 들어왔어요. 그래서 폭약도 지하 있는 데로 옮겨 갖고 다른 무기들하고 같이 뒀어요.[4]

한편 군에서 전투공병대 하사관으로 복무하면서 폭약을 전문적으로 취급한 적이 있던 또 다른 폭약관리반원 김영복의 증언은 보다 구체적이다.

5월 21일 계엄군이 전남도청에서 철수한 뒤 22일 낮 도청 수위실과 주변 화단 쪽엔 수많은 소총과 탄약 등이 무질서하게 널려 있었고 심지어 밟고 다니는 자들도 있었으며 무기는 계속 회수되고 있었다. 위험한 상황임을 직감한 나는 관리의 필요성을 느껴 진열된 총열을 따라가니 도청 지하에 총기류 등이 창문 쪽으로 진열되어 있었고 다이너마이트 등 폭약 상자들도 쌓여 있었다. 군 무기고를 연상할 정도의 엄청난 물량이었다. 만약 이 탄약과 폭약류가 일시에 폭발한다면 광주는 잿더미가 되겠다는 생각을 하니 갑자기 겁이 나기조차 하였다. 나는 입영 후 육군하사로 임용되어 전투공병대에서 근무했으며 지뢰 매설 및 제거 작업, 수류탄 공이 조작법, 다이너마이트 뇌관과 도화선 점화 방법 등을 사병들에게 교육시킨 경험이 있어서 그 위력을 실감하고 자진하여 관리에 나선 것이다. 총기류와 탄약 등은 연일 밤늦게까지 회수되었으며, 그날부터 나는 27일 새벽 진압군의 포로가 될 때까지 지하 무기고에 머물렀다.[5]

두 사람의 증언을 통해 22일 각종 총기와 폭약이 회수된 경위와 그것을 지하실에 보관하게 된 사정을 정확하게 알 수 있다.

도청 폭약관리반은 어떻게 결성되었나?

그러면 도청 폭약관리반은 어떻게 결성되었을까? 폭약관리반의 결성과 활동 내용에 관해서는 그동안 구체적으로 알려진 바가 없었다. 다행스럽게도 대부분의 당사자가 생존한 덕분에 그들의 증언을 참고할 수 있는데, 현재 확인된 것은 양홍범, 이경식, 김영복 등 3인의 증언이 있다. 따라서 이들 3인의 증언을 비교, 분석하여 당시 상황을 재현해 보려고 한다.

먼저 전남대 5·18연구소 '자료실'에 게재된 "양홍범의 증언" 중에서 해당 부분을 인용하여 살펴보자.

나를 포함하여 폭약담당 9명은 처음으로 회의를 하기 위하여 지하실에 모였다. 지휘자는 없고 2명 (문용동, 김영복)이 주도적으로 이끌어 갔다. 회의 내용은 이러했다. "이곳에는 자율적으로 모인 사람들끼리 폭약을 담당하기로 하였기 때문에 무엇보다 안전하게 관리하는 것이 우리 임무다. 이것 역시 국가 재산이므로 철저하게 지켜야 한다. 그래서 사명감이 없이는 이 일을 할 수 없다. 2시간의 여유를 줄 테니 나갈 사람은 나가라."

2시간 정도 지난 뒤에 9명에서 2명이 빠져나가고 7명이 남았다. 또한 차례 회의를 가졌다. 그 회의 내용 역시 폭약을 안전하게 지키는 것,

사명감 없이는 이곳에서 나가야 한다는 것이었다. 다시 7명에서 2명이 빠져나가고 최종적으로 남은 사람은 5명이었다. 우리는 서로 어렵게 만났으니, 또 어떤 어려움이 닥칠지 모르니 이름이나 알고 지내자고 각자 소개했다. 나를 포함한 문용동, 김영복, 박선재, 이○○(인천에서 온 대학생) 등 5명이었다. 모두들 끝까지 안전하게 폭약을 지켜야 한다고 결의했다. 6

이상에서 양홍범은 폭약관리반의 결성 경위를 설명한다. 폭약관리반은 자율적으로 결성된 모임으로 처음에는 9명이었던 것이 5명으로 줄었는데, 명단은 문용동, 김영복, 박선재, 양홍범, 이모 씨(인천에서 온 대학생) 등이다. 그런데 이것과 다소 차이나는 증언이 있다. "이경식의 증언"을 소개한다.

중간 중간에 사람들이 바뀌기도 했는데 내 기억에는 6명 정도 있었던 것 같아. 호남신학교 다니다 군대에서 막 나와 갖고 남동제일교회 전도사로 청년회를 지도하고 있던 문용동, 택시 운전기사 김영복, 인천교대 출신의 그 이름은 잘 기억이 안 나는데 암튼 이모 씨, 조선대 기계과의 역시 이름이 기억나지 않는 이모 씨, 그리고 수문장 역할을 했던 권투선수 지망생 양홍범, 이런 사람들하고 나하고 이렇게 모두 여섯 명이 무기고를 거의 고정적으로 담당해서 지켰어.

이경식과 양홍범의 증언을 비교하면 등장인물부터 다르다. 이렇게 당사자 증언으로 해결할 수 없는 데다, 적잖은 시간이 경과한 후 채록

〈표 1〉 전남도청 폭약관리반원 명단

출처	명단
양홍범의 증언 (1989.5)	문용동, 김영복, 양홍범, 박선재, 이○○(인천교대) / 강남열(현사연 증언)
이경식의 증언 (1998.6)	문용동, 김영복, 양홍범, 이경식, 이○○(인천교대), 이○○(조선대 기계과)
양홍범 진술서 (1980.6)	문용동, 김영복, 양홍범, 박선재, 정남균, 정곤석
박선재 진술서 (1980.6)	문용동, 김영복, 양홍범, 박선재, 이 혁, 이경식, 정남균, 정곤석, '안경 쓴 사람'
정곤석 진술서 (1980.6)	문용동, 김영복, 양홍범, 박선재, 이경식, 정남균, 정곤석

된 증언이어서 신뢰성에도 문제가 있다. 문용동은 남동제일교회 청
년부 전도사가 아니라 상무대교회 전도사였으며, 김영복은 군 제대
후 친척의 농장 일을 돕고 있었다. 그러던 중에 1980년에 작성된 양
홍범, 박선재, 정곤석의 진술서(조서)를 발견하게 되었다. 7 따라서
두 사람의 증언과 세 사람의 진술서(조서) 내용을 비교 정리하면 〈표
1〉과 같다.

이 자료에서 5번 모두 등장한 사람은 문용동, 김영복, 양홍범 3명
이며, 박선재가 4번, 이경식, 정남균, 정곤석이 3번씩 나온다. 그리
고 이혁, 강남열, 이모 씨(인천교대), 이모 씨(조선대)가 등장한다.
여기서 우선 주목되는 사람이 인천교대 이모 씨다. 인천교대 학생이
왜 '5·18'에 참여하였고, 어떻게 전남도청 폭약관리반원으로 참여하
게 되었을까? 도대체 본명은 무엇일까? 이런 궁금증으로 고심하다
가, 이경식의 증언에서 그 단서를 발견했다.

80년 9월 하순경 목포 사는 친구가 군대 입대하게 되어 전송차 기차역에 들렀다가 기차가 출발하기 5분 전쯤에야 우연히 우리 무기고 담당대원이었던 조선대 기계과 이모 씨를 만나게 됐는데, 5월 27일 도청에서 연행돼서 여태껏 상무대 영창에서 조사받고 갇혀 있다가 오늘 군에 입대되어 가는 중이더라고. 이 씨가 문용동 형의 죽음과 김영복 형, 그리고 인천교대 출신 이모 씨의 소식과 주소를 알려 주더라고. 인천교대 출신 이모 씨는 연행 당시 심한 구타로 정신이상자로 분류되어 국군통합병원에 입원 중이라고 했어. 6개월 후쯤에 이 씨의 소식이 궁금해서 "이 씨가 단골이었고 그 후에도 연락이 계속 가능하다"는 말에 충장로3가 벨기에당구장을 들렀더니, 주인이 하는 말이 이 씨가 전방에서 사고사로 죽었다는 거야. 내 생각에는 사고사가 아니라 아마 5·18 관련자라고 괴롭혀서 자살했거나 아니면 죽여 버린 후 사고사로 위장한 것이 아니었을까 생각해. **8**

이 증언에 의하면 인천교대생 이모 씨는 연행 당시 심한 구타로 인해 정신이상자로 분류되어 통합병원에 입원했다가, 현역 병사로 징집되어 전방부대에서 복무하던 중에 사고사로 죽임을 당했다는 것이다. 과연 이경식의 증언은 얼마만큼 진실일지 궁금증이 더해졌다. 그런데 폭약관리반원들을 추적하다가 이혁에게서 이 증언과 관련성 있는 단서를 발견했다. 이혁에 관한 자료는 "국군광주병원 진료부상자 진료부"에 유일하게 나오는데, 나이는 19세, 병명은 간질, 기간은 4주, 주소지는 서울시라고 나온다. **9** 도대체 '5·18'과 '간질'은 무슨 상관이 있을까? 왜 진료기간이 4주일까? 어째서 서울시에 주소지를 둔

19세 청년이 '5·18'에 합류했을까?

　나의 추론은 이혁이 바로 인천교대 이모 씨라는 것이다. 그가 연행 당시에 당한 심한 구타로 인해서 정신질환 증세를 보이자 간질로 분류해 놓고 4주간의 관찰기간 동안 간질 여부를 판단한 것이다. 관찰 결과 간질이 아니었고, 그는 현역으로 징집되어 전방부대에서 근무 중에 사망한 것이다. 물론 이경식의 증언이 진실이라면 이혁의 사인(死因)에 대해서는 앞으로 밝혀야 할 것이다.

　그런데 그가 왜, 어떻게 5·18에 참여하고 도청 폭약관리반원이 되었을까? 이 물음에 대해서는 어떤 증거도 찾을 수 없었다. 한 가지 단서는 폭약관리반원 중에 정남균의 주소가 인천이어서 두 사람의 연관성을 짓고 추적한 결과 인천교대 동급생이었다는 사실을 확인했지만,10 두 사람 모두 현재로서는 행방을 찾을 수 없다.

　그러면 조선대 기계과 이모 씨는 누구인가? 〈표 1〉에 의하면 양홍범의 또 다른 증언에는 강남열이 등장하고, 이경식의 증언에는 조선대 기계과 이모 씨가 등장하며, 박선재의 진술서에는 '안경 쓴 사람'이 등장한다. 필자의 추측으로는 이경식이 강남열의 성을 이 씨로 착각한 것이 아닐까? 그리고 강남열이 박선재가 진술한 '안경 쓴 사람'은 아닐까? 만약 이들이 동일인이 아니면 최소 1명 이상의 폭약관리반원이 더 존재할 수 있다.

　이렇게 정리된 폭약관리반원 9인의 신상은 〈표 2〉와 같다.

<표 2> 전남도청 폭약관리반원 9인

성명	연령	주소	직업(소속)	활동기간	결과	사후조치, 특기사항
문용동	27	광주	호남신학대 학생, 전도사	5.22~27	사망	국립 5·18민주묘지 안장
김영복	26	광주	무직(친척 농장 일 도움)	5.22~27	체포	조사 후 훈방
박선재	22	나주	숭일공고 실기교사	5.22~27	체포	훈방 후 입대
정남균	21	인천	인천교대 학생	5.22~27	체포	조사 후 행적 불명
양홍범	20	무안	권투선수(화장품 외판)	5.23~27	체포	조사 후 훈방
이 혁	19	서울	인천교대 학생	5.23~27	체포	입원 후 입대(사고사 ?)
이경식	23	광주	조선대 학생	5.22~26	도피	수배→자수, 훈방
강남열	?	광주	조선대(기계과) 학생(?)	5.22~27	체포	조사 후 입대
정곤석	20	광주	광주일고 중퇴, 무직	5.22, 26	체포	불구속 입건

폭약관리반은 어떻게 운영되었는가?

〈표 2〉의 9인 가운데 고정적으로 무기고를 지킨 사람은 문용동, 김영복, 박선재, 정남균, 양홍범, 이경식이다. 이들 6인의 역할을 살펴보면, 가장 연장자이던 문용동이 리더로서 김영복과 주로 상의했다. 현역으로 군복무한 두 사람은 다른 사람들에 비해 나이도 많고 상황에 대한 이해도 남달랐다. 문용동은 대한민국 최정예 부대인 수도경비사령부 헌병으로 복무하며 총기류와 폭약류에 대한 교육을 철저히 받았고, 김영복은 전투공병대 하사 출신으로 폭약 사용법을 가르치는 조교였기 때문에 누구보다 폭발물 관리에 철저했다. 문용동은 김영복의 판단과 의견을 존중했다. 권투선수 출신으로 책임감이 강한 양홍범에게는 무기고의 경비책 업무, 성격이 활동적이고 학생수습위원들과 교감할 수 있는 이경식에게는 학생수습위원회 업무를 맡겼다. 이들은 수시로 회의를 갖고 의견을 나누었는데, 문용동은 "데

모는 맨손으로 해야 한다. 모든 물건은 국가재산이니 철저하게 지켜야 한다"고 강조했다. 이렇게 해서 이들은 비록 짧은 기간이지만 긴밀한 공감대를 형성하게 되었다. 다시 양홍범의 증언을 살펴보자.

문용동 형은 천사 같은 사람이여. 천사가 있다면 그 사람이여. 그 사람과 우리 5명이 폭약을 관리했을 적에 똑같은 생각을 했기에 우리가 남은 거예요. 그래서 "상무관(상무대교회) 전도사라는 이유로 정부하고 프락치로 내통을 했다"(라고 말하면) 정말 좋게 말해서 듣기 싫은 소리여. … 순수한 마음이었다. 상무관(상무대교회) 전도사지만 천사가 있다면 천사라니깐요. 나는 스포츠맨 정신으로 한 것이고 다른 사람들은 뜻이 맞아서 한 거요. 목숨 걸고 했는데, 과연 뭐 했냐 이거요. 나는 직접 본 당사자이고, 말을 부드럽게 잘 엮을 수는 없어도 그 당시를 가지고 이야기를 한다는 거야.

이들은 이런 신뢰감 속에 맏형인 문용동을 중심으로 애향심과 정의감으로 뭉친 하나의 작은 공동체를 형성했다. 부모의 강권으로 중도 귀가한 이경식과 정곤석도 마지막까지 생사고락을 함께하려고 애를 썼다. 이어지는 이경식의 증언이다.

26일 어머니가 오후 6시쯤 맨발로 도청까지 뛰어온 거야. 정문 앞에서 겉옷을 벗고 대자로 누워 갖고 "우리 아들 경식이 내놓기 전에는 이 자리에서 한 발짝도 못 움직인다"고 해서 한바탕 소란이 났더라고. 마침 그걸 본 문용동 형이 지하실에서 잠자고 있던 나를 깨웠어.

나를 보자 어머님은 울면서 "제발 오늘 밤 하루라도 집에 가서 자고 오자"고 사정을 하는 거야. 그래도 나는 "무기고 열쇠랑 모든 것을 내가 가지고 있어서 갈 수가 없다"고 난색을 표명했어. 당시는 7시가 통행금지 시간이었기 때문에 마침 약혼자가 면회를 와서 함께 귀가하려던 문용동 형이 어머니가 애절하게 우시는 모습을 보고 오늘은 자기가 지키겠으니 나보고 들어가라고 하더라구요. 나는 문용동 형에게 열쇠랑 모든 것을 건네주고 어머니하고 집으로 가기로 했어요. 문용동 형은 지프차로 우리 모자를 내려 준 다음 약혼녀를 내려 주고 다시 도청 무기고로 돌아갔어요. 11

문용동은 어머니가 데리러 온 이경식을 귀가시키고 대신 도청 무기고로 돌아왔다가 다음 날 새벽에 죽임을 당했다. 최후의 순간까지 자기 소임을 다했다. 다음 날 새벽이면 계엄군이 도청을 공격할 것이라는 분위기가 지배적이었지만 사랑하는 연인을 집에 바래다주고 죽음의 현장으로 기꺼이 돌아오는 책임감을 보여 준 것이다.

전교사와 협상은 어떻게 진행되었나?

무기고를 관리하는 일은 무척 힘들고 위험했다. 도청 수비대란 사람들은 수시로 찾아와서 총과 실탄을 달라고 거칠게 협박했다. 특히 밤이 되면 무기를 달라고 협박하며 총구를 가슴에 들이대고 위협을 가하는 자가 많았다. 만약 사소한 부주의로 인해 총기 오발사고라도 나거나 담뱃불이라도 떨어진다면 개인의 목숨은 고사하고 도청과 주변

시가지가 잿더미가 될 정도의 엄청난 폭약이 보관되어 있어 항상 불안하고 잠시도 긴장을 늦출 수 없었다. 폭약의 위험과 환경의 열악함이라는 이중고를 겪으면서 점차 지치기 시작했으며 대항하는 것도 한계가 있다는 것을 절감했다. 특히 군에서 폭약 폭발사고를 경험한 트라우마가 있었던 김영복은 도저히 견딜 수가 없어서 문용동과 심각하게 고민을 나누었다. 두 사람은 대안으로 전투교육사령부(이하 전교사)를 찾아가서 수류탄 공이와 다이너마이트 뇌관(분리) 작업의 도움을 청하기로 비밀리에 결의하고12 전교사 방문을 추진했다. 문용동이 상무대교회 전도사로 시무했기 때문에 전교사와의 소통이 비교적 용이했다. 13

〈광주일보〉"실록 5·18광주항쟁사"는 이 사건을 이렇게 보도했다. 그 내용을 살펴보자.

25일 오전 10시께, 폭약관리반 문용동, 김영복 씨 등 3명이 지프를 타고 상무대로 들어갔다. 문 씨 등은 전교사에서 김기석 부사령관을 만나 "우리는 도청에서 폭약을 관리하고 있는 사람들"이라고 신분을 밝힌 뒤 "폭약이 너무 위험하기 때문에 뇌관을 분리할 수 있도록 해달라"고 요청했다. 문 씨 등은 오후 2시께 도청으로 돌아와 동료들에게 이 같은 사실을 알리고 전교사에서 문관이 파견될 것이라고 말했다. 한마디의 상의도 없이 문관 파견을 요청한 문 씨에게 비난의 화살이 집중되기도 하였으나, 폭발 위험을 사전에 방지하기 위해서는 뇌관을 제거해야 한다는데 폭약반 모두가 암묵적 동의를 하고 있었기 때문에 별다른 충돌은 없었다. 14

이상의 내용을 정리해 보면, ① 25일 오전 10시 문용동, 김영복이 전교사를 방문하여 김기석 부사령관에게 뇌관분리 협조를 요청했다. ② 오후 2시경 도청으로 돌아와 폭약관리반원들에게 이런 사실을 알렸다. ③ 문용동의 독단적인 행동이어서 동료들에게서 비난을 받았으나, 모두가 암묵적으로 동의하고 있었기 때문에 충돌은 없었다. 그러나 앞의 취재는 제한된 사료 수집으로 인한 한계를 지닌다. 문용동이 전교사를 방문하기 전 폭약관리반원들과 상의했다는 진술이 있기 때문이다. 15 이날의 상황에 대해서는 이경식이 보다 구체적 증언을 들려준다.

24일인가 25일인가 문용동 형이 나한테 제안을 하나 하더라고. 그때 남동제일교회 부목이 상무대 군목을 같이 하고 있었는데 그 군목이 문용동 형하고 아주 친한 선후배 사이인데 나를 좀 보고 싶다는 거야. 뭔 일인가 했더니 무기를 어떻게든 처리해 버리자 하더라고. 문용동 형이 상무대 군목과 미리 약속해서 우리는 상무대 쪽으로 출발을 했어. 상무대 가는 큰 도로가 막혀 버려서 서석고등학교 앞을 지나는 우회도로로 가서 흰색 러닝셔츠를 흔들면 통합병원 쪽에서 계엄군이 백기를 흔들고 그걸 신호로 우리가 차로 들어가기로 했어. 김영복 형이 택시기사였기 때문에 운전하고 나하고 문용동 형, 그리고 인천교대 이모 씨와 기억이 나지 않는 한 명, 그렇게 5명이 갔을 거야. 약속대로 내 러닝셔츠로 신호를 하니까 거기서도 백기를 흔들어 갖고 우리는 인제 안심하고 거기로 들어갔는데, 그때 지휘관은 김백환 작전참모(육군 중령, 육사 18기)였는데 작전참모 차로 다시 옮겨 타갖고 상무대로 들어갔어.

상무대 연병장에는 헬리콥터가 여러 대 대기하고 있고 완전군장을 꾸린 공수들이 우리들 보란 듯이 도열 중에 있더라고. 그래도 나는 죽음을 각오하고 왔기 때문에 그때는 조금도 겁이 안 났는데 2층으로 안내되어 가니까 장사복 작전사령관(육군 준장)과 문용동 형이 말한 군목이 같이 회의장에서 기다리고 있더라고. 거기서 두 시간 동안이나 협상했는데, 장 사령관은 말도 잘 못하고 자기는 우리 요구 조건을 들어 줄 만한 재량도 없다고 그러면서 막무가내로 무기만 내달라고 계속 우기는 거야. 옆에 있던 군목은 더 이상 시민들의 희생이 없게 무기를 반납하라고 인도적인 차원에서 설득을 계속했어요. [16]

이 증언은 매우 구체적이지만 사건이 일어난 지 18년이나 지난 후의 증언이어서 내용상 몇 가지의 오류도 발견된다. "남동제일교회 부목이 상무대 군목을 같이 하고 있었다"는 것은 전혀 사실이 아니며,[17] 방문자 명단도 정확하지가 않다.[18] 장사복 장군의 직함도 참모장이다. 그렇지만 폭약관리반원 4명이 전교사를 방문하여 장사복 등과 협상을 벌였다는 사실만으로도 전교사 측과의 접촉은 공개적으로 이루어진 일이며, 결코 한두 사람의 자의적인 판단이나 계엄군의 공작에 의한 행위가 아니었음을 알게 한다. 이어지는 이경식의 증언이다.

나는 당시 전권을 위임받고 갔기 때문에 이런 요구조건들을 내걸었어. 첫째는 최규하 대통령이 공개사과를 할 것과, 둘째, 시민 피해자들에게 위로금을 지급하고, 셋째, 국가유공자로 지정해 주라고 그랬어. 두 시간 정도 협의해도 결론이 안 나서 "인제 우리들은 결렬된 것으로 알고 가겠다"고 했는데 옆방에서 중장이 나타나서 자기하고 원점으로 돌아가서 협상하자고 그러더라고. 그 사람은 상무대 부사령관인 거 같은데, 무기를 내놓지 못하겠으면 뇌관만이라도 제거하는 것이 어떠냐고 제안을 하더라고.

그러면서 넌지시 이렇게 두 가지 협박을 하는 거야. 첫째, 무기고에 탱크 한 방만 쏘아 버리면 도청은 쑥대밭이 돼 버리고, 둘째는 도청 내에 잠입해 있는 요원을 통해서 수류탄 한 방만 까버리면 마찬가지로 도청은 쑥대밭이 되어 버리고 만다, 이런 내용이었어. 그러면서 결국 요구조건은 화순에서 들어온 폭약을 제거해 주고 수류탄의 뇌관을 제거해 달라는 것이었어. 나는 거절해 버렸어.

그렇게 강경하게 나가니까 문용동, 김영복 형이 나를 잠시 보자면서 밖으로 불러내 갖고 "제발 수류탄 뇌관만이라도 제거하는 데 동의해라"고 설득하기 시작했고, "네가 마지막으로 그 말마저도 듣지 않으면 우리는 인자 도청을 떠나겠다. 무서워서 더 이상 무기고에 있을 수가 없고 목숨 걸고 싸울 이유도 없다" 그렇게 주장하드라고. 그러니까 나도 난처해져 갖고 그러면 수류탄 뇌관만이라도 제거하기로 동의하고 말았어. 우리가 동의하니까 사령관이 문관 1명을 파견해 준다고 그러더라고. 누구를 파견할 것인가 결정됐는데 그 사람도 겁을 집어먹고 안 갈려고 그러더라고. 그래서 문관에 대한 신변안전보장각서를 써달라고 요구해서 내 주소와 성명, 전화번호 등을 적고 5명의 이름으로 서명을 해갖고 각서를 써줬거든. [19]

이경식의 증언은 구체적이고 논리적이어서 일부 오류에도 불구하

<표 3> 김기석의 폭약관리반 면담 일지

구분	일시	면담자	배석자
1차	5월 23일 17:00~18:00	문용동, 김영복(2명)	기록 없음
2차	5월 24일 17:00~20:00	문용동, 김영복, 이경식, 정남균(4명)	장사복, 최병주, 기타 참모

고 전반적인 내용은 사실일 가능성이 매우 높다. 협상 과정과 내용도 상세하게 밝히고 있어서 중요한 자료이다. 이 내용에 따르면 군목의 역할이 상당히 중요했는데, 정황상 배야섭 군종참모로 여겨진다.

그렇지만 이들 자료는 모두 폭약관리반원들의 일방적 증언이고, 이를 입증할 군의 자료가 없기 때문에 객관성을 담보하기가 어렵다. 그러던 중 발견한 〈김기석 노트〉는 사건 진상을 확인할 수 있는 소중한 자료이다. [20] 이 자료에 의하면, 김기석은 23일 오후 5시부터 6시까지 문영동과 김영복을 면담한다. 이때 이들은 도청 내의 무기 현황과 관리의 어려움을 설명하고 협조를 요청했다. [21] 1차 면담 결과 다음 날 다시 만나 구체적 방안을 논의하기로 약속했다. 이에 따라 24일 2차 면담에는 폭약관리반원 중 이경식, 정남균이 참석하고, 군에서는 장사복(참모장), 최병주(병기근무대장)와 기타 참모들이 배석했다. 토의 결과 수류탄 뇌관을 분리하고, 이후 도청 내 정황을 상호 연락하면서 경찰이 진입하면 폭약을 인계인수하기로 약속했다. 〈표 3〉은 〈김기석 노트〉에 근거하여 작성한 면담 기록이다.

이경식의 증언은 〈김기석 노트〉에 나온 2차 면담 내용과 거의 일치한다. 그러나 일부 내용은 다른 증언 및 진술과 차이도 있기 때문에, 정확한 내용 파악을 위해서는 생존해 있는 배석자들 — 폭약관리반

(김영복, 이경식, 정남균)과 군 관계자(장사복, 김백환, 배야섭 군종참모) 등 — 의 증언을 통해 검증해야 할 필요성이 제기된다.

도청 무기고의 폭탄뇌관 분리사건

전교사와 폭약관리반 간의 협상에 따라 그날 저녁부터 도청 지하실에서 폭탄뇌관 분리작업이 시작되었다. "실록 5·18광주항쟁사"는 그날의 상황을 이렇게 정리했다.

이날 밤 9시께 폭약 제거를 위해 문관 1명이 들어왔다. 문관은 사복을 입었고 멍키스패너 2~3개와 작업도구를 가져왔다. 그 문관은 촛불을 켜고 반원들이 지켜보는 가운데서 신형 수류탄과 이미 조립해 놓았던 다이너마이트의 뇌관 분리작업을 했다. 새벽 1시까지 일했으나 폭약이 워낙 많아 그날 밤 일을 다 마치지 못했다. 일을 끝내지 못한 문관은 내일 다시 오기로 하고 김영복 씨 안내로 도청을 빠져나갔다. 문관은 다음날인 26일 오전 다시 도청에 들어와서 폭약반과 함께 뇌관 분리작업을 완전히 끝내고 오후 1시께 상무대로 복귀했다.

이 기사에 의해 그날 저녁 9시경 문관 1명이 나와 뇌관 분리작업을 진행하고 다음날 오후 1시경 복귀했음을 알 수 있다. 이렇게 문용동은 전교사 문관의 도움을 받아 도청 지하실에 쌓였던 폭약과 폭탄의 뇌관 분리작업을 진행했다. 그 문관은 전교사 병기근무대에 소속된 배승일 탄약검사사였다. 배승일과 문용동, 김영복, 정남균, 이경식

등 5명이 촛불을 켜고 밤을 새면서 수류탄과 다이너마이트의 뇌관 분리작업을 감당하고, 밖에서는 양홍범이 출입문을 통제한 채 경비를 섰다. 여러 정황상 목숨을 건 절체절명의 작업이었다. 김영복의 증언이다.

> 약속대로 저녁 9시경 문관이 우리 보호 아래 무기고에 잠입하게 되어 TNT 두 상자와 수류탄 공이 제거작업을 마친 후 자정이 지나서 문관은 맨몸으로 무기고를 빠져나갔다. 문관은 호랑이굴에 들어와서 자기 목숨의 위태로움에 떨었으나, 우리는 작업 중 만약 외부 출입자에 의해 발각된다면 당시 강경파인 도청 사수대에 목숨을 잃을 수도 있는 위험한 상황이었으므로 이중고의 어려움에 처한 것이다. 우리는 비밀리에 진행되고 있는 제거작업의 성공을 위해 출입구 경계를 더욱 철저히 강화했으며 무사히 작업이 종료된 후 분리된 뇌관과 도화선 등 발화물질은 몰래 식량창고인 쌀통 깊숙이 숨겨 놓았다. 우리 5명은 한마음이 되어 이 작업을 완료했으며 비로소 안도의 한숨을 내쉬었다. 22

이렇게 "실록 5·18광주항쟁사"와 당사자들의 증언까지 폭약관리반의 활동에 관한 진술은 일치한다. 이들의 행동은 광주시민의 안전을 최우선으로 한 판단이고, 문용동 개인의 의사가 아니라 폭탄관리반원의 공통된 생각이었다. 이런 사실은 도청에 파견되어 폭탄뇌관 분리작업을 담당한 문관 배승일의 증언을 통해 보다 구체적인 사실을 확인할 수 있다.

051탄약창 광주분창에서 근무하던 중에 5월 24일 12:00부터 19:00까지 전남북계엄분소에서 지휘관 회의를 거쳐 19시 30분경 기밀실에서 중령 최병주 병기근무대장님께 "수류탄을 분해할 수 있느냐?"는 전화를 받고 "할 수 있다"고 대답하자, "참모장실로 오라"는 명을 받았다. 20시 30분경에 도청 출입문을 무사히 통과하여 일명 탄약고(도청 지하실 식당)의 출입문을 통과하려고 하였으나, 경계를 철통같이 하고 있어서 같이 갔던 온건파 학생 문용동이 경계 근무를 하겠다고 같이 왔던 한 사람과 같이 경계 근무자를 무기고로 보냈다. 도청 내 다이너마이트에 뇌관과 손가락 길이 정도 도화선으로 장치한 폭약뭉치 2,100개를 제거 후 인마 살상용 세열수류탄 450여 발의 신관 제거를 마친 다음, 최루탄 신관을 제거하려 하였으나 잘못하다가는 탄로가 날까봐 그만두고 다량의 전기 뇌관, 비전기뇌관, 다이너마이트, 도화선, 도폭선을 비롯하여 소구경 탄약인 칼빈탄, M1탄, 30LMG탄, 50MG탄을 분류하였다.

25일 05시경 최루탄 500여 발의 신관을 제거하여 찾지 못할 곳에 신관과 폭약을 감추어 놓았다. 계속 들어오는 수류탄 및 최루탄 신관 제거 및 소구경 탄약 분류 작업을 마쳤으며, 13시경 도청 출입문을 빠져나와 우산도 없이 비를 맞으며 상무대까지 걸어와 복귀하였다. [23]

배승일이 후일 보안대에서 증언한 바에 의하면, 24일 전교사에서는 12시부터 오후 7시까지 7시간 동안 지휘관 회의를 개최했다. 그리고 후속조치로 배승일의 도청 파견을 결정했다. 그만큼 중대한 사안이었다. 이때 병기근무대장이 그에게 확인한 내용은 "수류탄을 분해할 수 있느냐?"는 것이었다. 그의 주된 임무가 수류탄 뇌관 분리에 있

〈표 4〉 배승일의 작업일지 [24]

1980. 5. 24	19:00	병기근무대 대장(최병주 중령) 전화
	20:30	전남도청 정문 출입
	23:00	수류탄 450여 발 신관 제거, M591에 M670과 M131 설치 제거 2,400여 개, M130, M131, M591, M456, M670 분류, A181, A216, A218, A533, G963 분류
1980. 5. 25	02:00	G963 작업 불(不)
	05:00	G963 1개 시험(신관 제거), 500개 제거
	09:00	1명 독침(실장실)
		그 이후 G880, G963의 1~2개 적신관 제거
	13:00	전남도청 퇴근

었음을 알 수 있는 대목이다. 또 다이너마이트에 뇌관과 손가락 길이 정도 도화선으로 장치한 폭약 뭉치 2,100개와 수류탄 신관 450여 발을 제거했다는 데서 당시의 위급한 상황을 알 수 있다. 이렇게 배승일은 소임을 마치고 16시간 30분이 경과한 25일 오후 1시에 철수한 후 부대까지 걸어가 2시 30분경 복귀했다. 그리고 배승일은 그때의 작업 일지를 〈표 4〉와 같이 수첩에 명확하게 기록해 두었다.

그런데 여기에서 새로운 사실을 발견하게 된다. 이제까지는 폭탄 뇌관 분리작업일이 25일로 알려졌는데, 배승일은 24일이라고 밝히고 있다. 왜 그럴까? 그간의 기록은 양홍범의 증언을 인용했다. 그의 증언에는 '25일경'이라고 적혀 있다. 이에 비해 배승일은 일정뿐 아니라 작업내용을 시간대별로 기록하여서 신뢰성을 더해 준다. 배승일이 도청에 파견된 일정이 24일이라는 사실은 필자가 입수한 국방부 문서[25]와 〈박선재 진술서〉를 통해서도 입증된다.

도청 지하실의 폭약은 누가 설치했는가?

그러면 이 폭약은 도대체 누가, 어떻게, 왜 조립했을까 하는 의문이 제기된다. 이런 의문을 처음 제기한 사람은 지만원이다. 그는 2015년 〈뉴스타운〉에 "광주 5·18, 전남도청의 TNT: TNT는 광주 사람이 조립해 놓았는가, 아니면 북한 특수군이 조립해 놓았는가?"란 글을 기고했다.

> 5·18 민주화 유공자들이 갑자기 벙어리 되는 전남도청에 조립된 TNT 폭탄의 존재. 5월 21일, 오후 5시 계엄군은 세계 최고 수준의 게릴라 작전에 밀려 간신히 포위망을 뚫고 시 외곽으로 도망을 갔다. 계엄군이 도망을 가자 싸울 상대를 잃어버린 북한 특수군도 잠적했다. 무기는 산더미처럼 쌓여 있었다.
>
> 계엄군이 버리고 간 전남도청. 지난 4일 동안(18~21) 숨죽이고 숨어 있던 광주 유지들과 교수들이 속속 도청으로 들어왔다. 가장 먼저 쌓여 있는 무기가 부담스러웠다. 무기를 반납하고 사태를 수습하려고 했다. 이것이 수습위원회였다. 수습위원회는 이 엄청난 무기를 탈취한 날랜 학생집단을 찾았다. 널리 그리고 애타게 찾았지만 아무도 나타나지 않았다. 대학생을 찾는다는 소문을 듣고 가장 먼저 나타난 학생이 겨우 21세 된 전남대 김창길이었다.
>
> 김창길은 착한 학생이었다. 그는 도청 지하실에 TNT 폭탄이 산더미처럼 조립돼 있다는 사실을 알고 소스라치게 놀랐다. 그리고 아무도 몰래 전투교육사령부인 전라도 계엄사령부를 찾아가 조립된 폭탄을 해체

해 달라고 간청했다. 계엄사령부는 폭탄해체 기술을 가진 기술자를 찾았다. 그리고 배승일이라는 5급갑의 문관을 찾아냈다. 그 한 사람 말고는 그런 능력을 가진 사람이 그 엄청난 부대에서도 찾을 수 없었다.

배승일은 김창길이 이끄는 학생들의 보호를 받으면서 5월 25일과 26일 이틀 동안 목숨을 걸고 해체작업을 했다. TNT 폭탄 2,100발, 수류탄 450발, 최루탄 500발로부터 뇌관(신관)을 제거했다. 그는 이 공로로 당시 보국훈장 광복장을 받았다. …

그러면 이 TNT는 광주 사람이 조립해 놓았는가 아니면 북한 특수군이 조립해 놓았는가? 광주시민이 80만 인구의 당시 광주를 날려 버리기 위해 이 위험한 폭탄을 조립했는가? 광주에는 이런 폭탄을 조립해서 5·18 유공자 된 사람 없다. 광주 사람들은 여기에 대해 말문이 막혀 있다. 2,100발의 TNT 폭탄 광주시민이 조립했는가. [26]

이 글은 5·18 때 북한 특수군이 광주에 내려왔다는 충격적인 주장을 한다. 대한민국 현대사를 다시 써야 할 정도로 엄청난 도발이다. 얼핏 보기에는 매우 논리적이고 호소력 있는 문장처럼 보일 뿐 아니라, 구체적인 사실 전개까지 적시하여서 설득력 있게 들리기도 한다. 그런데 차분히 읽어 보면 문장의 핵심 단어인 '북한 특수군'과 '학생 집단' 간의 관계성이나 역할에 대한 아무런 설명이 없어서 의구심이 든다. 이 때문에 과연 얼마나 정확한 사실이며, 논리적으로 타당성이 있는지 살펴보기 위해 몇 개의 단락으로 나누어 분석하였다.

① 5·18 민주화 유공자들이 갑자기 벙어리 되는 전남도청에 조립된

TNT 폭탄의 존재. 5월 21일, 오후 5시 계엄군은 세계 최고 수준의 게릴라 작전에 밀려 간신히 포위망을 뚫고 시 외곽으로 도망을 갔다. 계엄군이 도망을 가자 싸울 상대를 잃어버린 북한 특수군도 잠적했다. 무기는 산더미처럼 쌓여 있었다.

5월 21일 오후 5시 30분경 계엄군이 도청에서 철수하여 시 외곽으로 후퇴한 것은 엄연한 사실이다. 그런데 지만원은 난데없이 "계엄군이 도망을 가자 싸울 상대를 잃어버린 북한 특수군도 잠적했다"고 주장한다. 북한 특수군은 도대체 언제, 어디서, 어떻게 나타났는지에 대한 아무런 설명도 없이 다짜고짜 등장한다. 게다가 "산더미처럼 쌓여 있었다"고 주장하는 무기는 도대체 누구의 것이란 말인가? TNT 폭탄이 계엄군이 철수한 도청 지하실에 쌓여 있었다면 당연히 계엄군의 것이다. 그런데 무슨 근거로 북한군이 설치했다고 주장하는가? 이것은 다음 문장에서 더욱 분명해진다.

② 계엄군이 버리고 간 전남도청. 지난 4일 동안(18~21) 숨죽이고 숨어 있던 광주 유지들과 교수들이 속속 도청으로 들어왔다. 가장 먼저 쌓여 있는 무기가 부담스러웠다. 무기를 반납하고 사태를 수습하려고 했다. 이것이 수습위원회였다. 수습위원회는 이 엄청난 무기를 탈취한 날랜 학생집단을 찾았다. 널리 그리고 애타게 찾았지만 아무도 나타나지 않았다. 대학생을 찾는다는 소문을 듣고 가장 먼저 나타난 학생이 겨우 21세 된 전남대 김창길이었다.

김창길은 착한 학생이었다. 그는 도청 지하실에 TNT 폭탄이 산더미처럼 조립돼 있다는 사실을 알고 소스라치게 놀랬다. 그리고 아무도 몰래 전투교육사령부인 전라도 계엄사령부를 찾아가 조립된 폭탄을 해체해 달라고 간청했다.

'계엄군이 철수한 도청에 광주 지역 유지들과 전남대 교수들이 들어 온 것은 22일 오전이다. 그들이 우선 해결할 과제는 엄청난 분량의 TNT와 각종 무기류였다. 그들은 이 무기를 탈취한 학생들을 찾았고, 전남대생 김창길을 통해서 계엄사령부에 조립된 폭탄의 해체를 간청했다'는 것이 지만원의 설명이다. 그러나 이런 설명은 실제 상황과는 사뭇 다르다. 도청 마당에 쌓인 폭약과 무기는 전부터 쌓여 있었던 것이 아니라 22일 시위대가 도청을 장악한 후에 들어왔다. 이날 오전부터 계엄군이 도청에서 철수한 것을 알게 된 시민들은 자진하여 무기를 반납하려고 도청으로 왔다. 그가 TNT라고 주장하는 폭탄 역시 22일 오전에 들어온 것임을 앞서 소개한 이경식의 증언을 통해 확인할 수 있다. 이렇게 해서 도청에는 각종 무기와 폭탄이 들어왔지만 그것을 관리할 수 있는 조직이 없었다. 아무렇게나 널려 있던 것을 몇 명의 청년들이 자원봉사하며 지하실로 옮긴 후 안전한 무기 관리를 위해 나섰다.

김창길이 전교사를 방문하여 TNT의 뇌관 분리를 간청했다는 것도 사실이 아니다. 앞서 살펴본 대로 문용동을 비롯한 폭약관리반에서 자의적으로 행한 일이다. 그런데 한 가지 주목할 사실이 있다. 도청 지하실에 쌓인 폭약에 대해 "실록 5·18광주항쟁사"는 화순광업소 다이너마이트라고 주장하고, 지만원은 TNT 폭탄이라고 주장한다. 일반인들은 다이너마이트와 TNT의 차이점을 잘 모르지만, 다이너마이트는 산업용으로 사용하는 폭약이고, TNT는 주로 군에서 사용하는 폭탄이다.[27] 도청 지하실에는 다이너마이트가 대부분이었고, TNT는 소량이 보관되어 있었다.

③ 계엄사령부는 폭탄해체 기술을 가진 기술자를 찾았다. 그리고 배승일이라는 5급갑의 문관[군무원]을 찾아냈다. 그 한 사람 말고는 그런 능력을 가진 사람이 그 엄청난 부대에서도 찾을 수 없었다.

'계엄사령부 전남북분소(전교사)에서 최고의 폭탄 기술자'라는 배승일에 관한 평가는 지만원이 "12년에 걸친 5·18 역사연구에 커다란 종지부를 찍었다"고 주장하는 《5·18 분석 최종보고서》를 비롯하여 그가 북한군 개입설을 주장할 때마다 빠짐없이 등장한다.

이런 조립, 해체 능력을 가진 사람은 당시 전라도 계엄분소 전체에 오직 한 사람 5급 문관인 배승일뿐이었습니다. 현역 군인들에게는 장교든 병사든 이런 능력 없습니다. 5월 26일부터 구성된 항쟁본부에는 이런 사람이 없었다고 그들 스스로 증언하였습니다.[28]

그런데 육군 초급장교 출신인 나의 상식으로도 이런 설명이 이해되지 않았다. 다이너마이트 조립과 해체는 그렇게까지 난해한 기술이 아니기 때문이다. 따라서 나는 궁금증을 해결하기 위해 당사자인 배승일을 만나서 인터뷰를 진행했는데, 그의 말은 너무 뜻밖이었다.

전교사 병기근무부대에는 3명의 탄약검사사가 있었습니다. 그중에서 내가 선발된 것은 대학생이었기 때문입니다. 당시 나는 방송통신대학 학생이었습니다. 병기부대 군인들은 머리가 짧아서 금방 발각되기 때문에 보낼 수가 없고, 탄약검사반에 근무한 3명의 문관 가운데 두 사람은 나이가 많고 내가 가장 어린 데다가 너무나도 위험한 일이어서 모두 가기를 꺼려했습니다. 그래서 내가 선발된 것입니다. **29**

배승일의 증언에 의하면 지만원의 주장은 전혀 근거 없는 허구이다. 배승일은 문관으로 임용된 지 3년밖에 되지 않은 신참 탄약검사사였다. 만약 고도의 전문성이 판단 기준이라면 경험 많은 고참 문관 중에서 가야 했다. 그런데 전교사는 전문성보다는 안전성을 판단 기준으로 삼았다. 군인 대신 문관을 선택한 것도 군인의 짧은 머리 때문이었다. 이 점에서 전남 무안 출신으로 전라도 말씨에 시위대와 나이도 비슷한 26세의 방송통신대생 배승일만 한 적임자가 없었다.

당시 상황은 다이너마이트보다 수류탄을 분해할 수 있는 전문가가 필요했다. 도청에 보관된 수백 발의 수류탄이 폭발할 경우 다이너마이트도 함께 폭발하여 엄청난 피해를 초래할 것이었기 때문이다. 따라서 최병주 병기근무대장이 배승일을 찾을 때도 "수류탄을 분해할 수 있느냐?"고 확인한 것이다. 그의 임무는 수류탄 뇌관을 분리하는 데 있었다. 폭약관리반은 엄청나게 쌓인 다이너마이트 곁에서 수백 발의 수류탄 뇌관을 안전하게 분해할 수 있는 전문가의 도움이 필요했던 것이지, 다이너마이트의 조립과 해체에 고도의 기술이 필요한 것은 아니었다.

④ 배승일은 김창길이 이끄는 학생들의 보호를 받으면서 5월 25일과 26일 이틀 동안 목숨을 걸고 해체작업을 했다. TNT 폭탄 2,100발, 수류탄 450발, 최루탄 500발로부터 뇌관(신관)을 제거했다. …

그러면 이 TNT는 광주 사람이 조립해 놓았는가 아니면 북한 특수군이 조립해 놓았는가? 광주시민이 80만 인구의 당시 광주를 날려 버리기 위해 이 위험한 폭탄을 조립했는가? 광주에는 이런 폭탄을 조립해서 5·18 유공자 된 사람 없다. 광주 사람들은 여기에 대해 말문이 막혀 있다. 2,100발의 TNT 폭탄 광주시민이 조립했는가.

이 주장 역시 많은 오류가 있다. 결정적인 것은 배승일의 진술서에 나온 "다이너마이트에 뇌관과 손가락 길이 정도 도화선으로 장치한 폭약 뭉치 2,100개"가 지만원에 의해 "TNT 폭탄 2,100발"로 바뀐 것이다. **30** "김창길이 이끄는 학생들의 보호를 받으며 …"라는 표현도 틀린 말이다. 당시 도청 주변에서 일어나는 조직은 모두 자생적이었으며, 누가 간여하거나 보호할 수 있는 입장이 아니었다. 이 일은 전적으로 폭약관리반에서 자체적으로 판단하고 자의적으로 수행한 것으로, 김창길을 비롯한 수습위원회와는 아무런 상관이 없었다. **31** 마지막 단락에서도 알 수 있듯이 결국은 북한 특수군 조립설을 주장하기 위한 억지 논리다. 글의 첫머리에 "세계 최고 수준의 게릴라 작전"에 이어 "북한 특수군도 잠적했다"는 표현에서 출발하여, "2,100발의 TNT 폭탄 광주시민이 조립했는가"로 마무리하는 일련의 과정이 바로 '북한 특수군 소행'이라는 가설을 내세우기 위한 억지 논리다.

팩트 체크를 통해서 그가 인용한 사례들이 억측과 과장이 어우러진 오류로 점철되어 있음을 확인할 수 있었다. 이렇게 북한 특수군의 폭약 조립설이 허구라면 화순광업소 광부들이 도청에 다이너마이트를 가져다 놓았다는 "실록 5·18광주항쟁사"의 주장은 사실일까? 이 기사보다 1년 먼저 5·18을 기획 취재한 〈광주매일신문〉의 《正史 5·18》은 보다 자세한 내용을 기술하였다.

가공할 만한 살상능력을 지닌 다이너마이트를 입수한 시위대는 환호한다. 다이너마이트를 처음 본 순간 효율적으로 활용하면 광란 상태에 빠져 있는 계엄군들과의 거리를 최소한이나마 유지할 수 있다고 생각한 것이다. 다이너마이트는 계엄군을 가까이 오지 못하게 하는 수단이었지 공격용 무기는 아니다. 5·18 기간 동안 엄청난 양의 다이너마이트가 유출됐지만 계엄군 공격을 위해 사용된 적이 한 번도 없었다는 사실이 이를 증명한다. 다이너마이트가 시위대에게 전달된 21일 밤 9시께 시위 차량에 타고 있던 사람은 이성전 씨와 당시 호남탄좌 화순광업소에 근무하던 김영봉 씨 등 모두 13명. 이들은 신운마을 인근 가정집으로 들어가서 다이너마이트 결합작업에 들어간다. 이 다이너마이트가 계엄군들의 광기에 위협받고 있는 광주시민들을 구한다는 일념 하나로 13명 모두가 숨을 죽인다. 김영봉 씨 주도 아래 뇌관과 떡밥을 연결하고 20~30센티미터 길이로 자른 도화선을 연결한다. (22일 오전) 조립된 다이너마이트를 싣고 광주로 향한다. [32]

이 기사에 의하면 21일 화순광업소에서 유출된 다이너마이트는 저녁 9시경 신운마을에서 광부인 김영봉 등에 의해 조립되어, 22일 오전 광주로 옮겨졌다. 이 기사 내용은 22일 도청에 화순탄광에서 실어 온 폭약이 두 트럭 정도 들어왔다는 이경식의 증언과도 일치한다. 그런데 이 기사에는 또 다른 폭약의 출처가 등장한다.

이성전 등이 심혈을 기울여 다이너마이트를 조립하고 있던 시각 도청에서도 다이너마이트 조립작업이 진행된다. 이날 밤 도청 지하실로 옮겨진 다이너마이트는 무려 8톤 트럭 1대분. 전남도청은 물론 광주 시내 중심가를 쑥대밭으로 만들 수 있는 엄청난 양이다. 다이너마이트의 출처는 역시 화순. 이날 오후 3시께 무기를 구하기 위해 화순광업소에 들렀던 시위대가 입수한 것이다. … 문제는 다이너마이트 조립작업. 가공할 양의 다이너마이트와 뇌관, 도화선을 연결하는 작업이 시작된다. 도화선은 길게 연결하여 도청을 둘러싸고 있는 담장에 설치한다. 계엄군이 무리하게 도청 진입을 시도할 경우 함께 죽을 수밖에 없다는 결의가 함께한다. 화순광업소 다이너마이트 유출작업에 참여한 신만식은 "떡밥과 뇌관의 결합작업을 벌인 것은 사실이지만 도화선을 연결하지는 않았다. 형식적으로 다이너마이트에 연결된 것처럼 보이게 했을 뿐이다. 만약 담뱃불이라도 떨어지는 날이면 광주 시내가 온통 불바다가 될 게 뻔한데 그런 위험한 일은 할 수가 없었다. 애초부터 다이너마이트는 위협용이었고 사용돼서는 안 된다는 사실을 시민군 모두 알고 있었다"고 말한다. 이처럼 다이너마이트는 단순한 위협용이었다. 의도적으로 도청을 폭파할 의도가 있었다면 도화선을 연결했을 텐데 시민군은 그렇게 하지 않았다. **33**

170

《正史 5・18》에는 다이너마이트 조립에 관해 "21일 저녁 9시경 화순에서 김영봉의 주도로 뇌관과 떡밥을 연결하고 20~30센티미터 길이로 자른 도화선까지 연결했다"라는 기사와 "거의 같은 시각에 도청 지하실에서 8톤 트럭 한 대분의 다이너마이트를 조립했다"는 또 다른 기사가 함께 소개되었다.

첫 번째 기사와 관련해서는 육군고등군법회의 판결문에서 구체적인 사실이 확인된다. 참여한 13명의 명단은 임태남(30, 운전사), 이성전(39, 무직), 차영철(28, 광부), 김영봉(26, 광부), 박홍철(25, 광부), 김정곤(32, 광부), 김성진(23, 농업), 박태조(32, 농업), 배봉현(23, 노동), 김종삼(24, 목공), 오동찬(26, 버스개찰원), 천주열(25, 운전사), 이두영(25, 무직) 등이다. [34] 그러나 두 번째 기사는 오보이다. 이 작업과 관련한 내용을 어디에서도 찾을 수 없을 뿐 아니라, 유일하게 군법회의에 출두한 방위병 신만식(24)도 '포고령 위반, 소요, 군무이탈' 혐의로 3년형을 선고받았을 뿐, 폭약 설치와 관련한 부분은 전혀 나타나지 않는다. [35] 이에 폭약관리반원으로 활동한 김영복에게 확인한 결과, 도청에서 다이너마이트를 조립하고 담벼락에 설치한 적이 전혀 없다고 한다. 이렇게 나온 오보는 이후 지만원, 김동일 등이 수차례에 걸쳐 북한군 개입설을 주장하는 근거로 활용되었다.

한편 화순광업소 폭약 유출사고는 〈계엄사 상황일지〉와 〈전교사 작전일지〉에도 자세히 기록되었다. 이 같은 군 자료와 비교할 때, 화순광업소에서 탈취된 다이너마이트는 광부들의 도움으로 폭약과 뇌관이 결합된 채 여러 경로를 통해 광주로 반입되었다가 도청으로 모인 것으로 판명할 수 있다.

배승일은 경계인인가, 이방인인가

도청 지하실의 폭약뇌관 분리사건을 얘기할 때 빼놓을 수 없는 사람이 군무원 배승일이다. 배승일은 1954년 전남 무안에서 태어나 고향에서 중학교까지 마친 후 목포 문태고등학교를 졸업했다. 전투경찰로 군복무를 마치고 '5급 을' 군무원 시험에 합격하여 1977년 7월 1일부로 전투교육사령부 군무원으로 임용되었다. 1979년 6월 25일부터 군수지원단 병기근무대 소속인 051탄약창 광주분창에서 탄약검사사로 근무하던 중, 1980년 5월 24일 병기근무대장으로부터 "전남도청에 가서 수류탄과 다이너마이트 등을 분해하고 오라"는 명을 받았다.

그는 결혼하여 1남 1녀의 두 자녀를 둔 가장으로 단란한 가정을 꾸리고 있었으며, 방송통신대에 진학하여 행정학과 4학년에 재학 중이었다. 이런 그에게 사실상의 적진이나 다름없는 전남도청으로 잠입하는 것은 생명을 담보로 하는 위험한 행위였다. 그는 완강하게 거부 입장을 밝혔으나 만약 명령을 불복하면 군사재판에 회부할 수 있다는 압박을 받았다.

한참을 고심하던 그의 마음을 움직인 것은 1977년 11월 11일 이리역 폭발사고가 발생했을 때 폭발물 처리반으로 참여하여 목격한 비참한 모습이었다. 만약 도청 지하실에 쌓인 폭약이 폭발하면 도청으로부터 반경 4킬로미터 이내의 시가지가 파괴되어 광주 시내가 반파될 것이라 생각하니 견딜 수가 없었다. 결국 그는 24일 저녁 8시부터 다음 날 오후 1시까지 17시간을 도청에 머무르면서 무사히 작업을 마치고 귀대하였다. 그리고 그는 이런 공로를 인정받아 6월 25일 '보국훈장 광복장'을 받아, 국군 창건 이래 군무원으로서는 최초의 훈장 수훈자가 되었다.

그런데 2006년 6월 12일 '민주화운동 관련자 명예회복 및 보상 등에 관한 법률'이 제정되자 행정자치부는 상무충정작전과 관련하여 훈장을 받은 68명의 서훈을 취소했고, 이때 배승일도 '보국훈장 광복장' 서훈을 취소당했다. 그러자 배승일은 서훈 취소자 68명 중에 유일하게 행정자치부 장관을 상대로 '서훈취소철회 청구소송'을 제기했다. 그가 훈장을 서훈한 것은 24일 전남도청에서 폭약의 신관을 제거하여 많은 시민의 생명을 구하였기 때문이지, 27일 새벽에 진행된 도청진압작전에 대한 공로 때문이 아니라는 요지였다.

주목할 사실은 이때 '5·18' 관련 단체들이 배승일의 명예회복에 뜻을 함께 모아 준 것이다. (사)5·18민주유공자유족회, (사)5·18민주화운동부상자회, (재)5·18기념재단 등이 공동으로 작성한 탄원서는 폭약뇌관 분리작업의 필요성과 그로 인한 성과를 논리정연하게 설명하였다.

80년 5월 24일 시민군과 계엄군의 피해가 엄청나고 상황이 긴박하여 시민군이 폭약을 제거할 수 없게 되자 시민군 2명이 전남북계엄분소를 방문하여 기술진 협조를 요청하였고, 이에 상기자(당시 방송통신대 대학생 배승일 군속)를 협조받아 그 많은 폭약을 제거하였습니다.

이와 같이 상기자는 엄청난 폭약과 수류탄 및 최루탄의 뇌관과 신관을 제거함으로써 무엇보다도 수천 명의 시민군과 광주시민의 생명 및 재산을 보호하였습니다. 전남도청 건물을 비롯하여 전남도내 일원의 건물 파괴 및 기밀행정서류의 파괴를 막았으며 비록 상기자가 계엄군의 명을 받아 폭약을 제거하였지만 폭약의 뇌관과 신관을 제거하여 광주시민의 생명 및 재산 피해를 막았는바, 이는 국가 재산을 보호하였다고 할 수 있습니다. 상기자는 1977년 11월 11일 밤 11시에 발생한 이리역 폭발사고의 폭발물 처리반 요원이었습니다. 그때 당시의 경험을 통해 상기자는 폭발물의 위험성이 얼마나 큰 것인지를 알고 있었기 때문에, 젊은 나이에도 불구하고 위협을 무릅쓰며 폭약의 뇌관과 신관을 제거하여 많은 피해를 줄였기 때문에, 상기자의 서훈을 취소하는 것은 합당치 않기에 이 탄원서를 제출합니다. **36**

이것이 5·18의 화해정신이다. 그 결과 서울행정법원은 배승일이 참여한 폭탄뇌관 분리작업을 상무충정작전과 별개 사건으로 판단하고 '원고 승소' 판결을 내렸다. 그 내용을 살펴보자.

비록 5·18광주민주항쟁을 야기한 전두환 등이 무장하고 있는 시위대를 무력으로 진압할 목적으로 광주재진입작전(이른바 상무충정작전)을 실시하였고, 원고와 함께 훈장을 받은 자들 중에 대부분이 시위대를 무력으로 진압한 공로로 훈장을 받았다고 할지라도, 원고의 경우는 1980. 5. 24. 전남도청 내에서 폭약의 신관 제거를 함으로써 많은 시민의 생명과 신체, 재산상 피해를 방지하였고, 위와 같은 공적으로 인하여 이 사건 훈장을 수여받았다고 할 것이다. 따라서 원고가 오로지 광주민주화운동을 진압한 것이 공로로 인정되어 이 사건 훈장을 수여받았다고 할 수 없으므로, 이 사건 처분을 한 것은 위법하다. **37**

이 판결은 배승일의 '훈장 서훈 취소 건'뿐 아니라, 도청 지하실 폭탄해체에 관한 성격을 규명하는 결정적 단서가 된다. 만약 폭탄해체작업이 계엄사 발표대로 충정작전을 수행하기 위해 계엄사가 벌인 공작이었다면 충정작전의 일환으로 판단해 훈장을 취소하는 것이 타당하지만, 재판부는 이를 충정작전과는 완전히 별개 사건으로 보고 정부의 '서훈 취소'를 부당한 것으로 판결했다. 오랜 기간 신군부가 도청 지하실의 폭탄해체작업을 상무충정작전의 일환으로 내세우면서 문용동을 프락치로 내몬 잘못된 사실을 사법부가 법적 잣대로 바로잡은 것이다. 법원의 판결처럼 폭약관리반원들의 의로운 행위는 계엄군의 공작과는 상관없는 애향심에서 비롯된 것이었다.

배승일은 광주시민인 동시에 전교사에 근무하는 군무원이었다. 그런 그는 광주시민들과 군이 대치하자 경계에 선 경계인이 되었다. 게다가 군무원이라는 신분도 군과 민간인 사이의 경계에 놓여 있었다. 그러나 현실은 경계인을 용납하지 않았다. 그는 지역사회에서 철저한 이방인이 되어 있었다. 그런 그에게 5·18 단체들은 탄원서를 통해 화해의 손길을 내밀었다. 그뿐 아니라 탄원서에는 1980년 5월 24일 생사를 건 수고로 광주를 안전하게 지켜 준 데 대한 보은의 의미도 있었다. 지금 배승일은 충북 영동의 아주 작은 아파트 관리소장으로 성실하게 살아가고 있다. 군에서 당한 교통사고로 인해 심한 언어장애를 앓고 18년 만에 퇴직할 수밖에 없었다. 그래서 20년 이상의 장기 복무자들이 들어갈 수 있는 국립현충원에 안장되는 것이 그의 가장 큰 소망이다.

1980년 5월 광주의 비극은 곳곳에 도사리고 있다.

광주교도소
습격사건

교도소 습격, 사실일까? 조작일까?

'5·18'의 두 번째 미스터리는 '교도소 습격사건'이다. 1988년 11월 국회 광주특위 청문회가 개최되었을 때, 가장 뜨거운 논쟁거리가 바로 교도소 습격사건이었다. 당시 여당인 민정당 의원들과 계엄군 측에서는 폭도들에 의한 광주교도소 습격은 '분명한 사실'이었다고 주장하고, 야당 의원들과 광주시민들은 '없는 사실'을 조작한다고 맞섰다. 적어도 이 부분만큼은 공수가 뒤바뀐 모양이었다. 5·18이 발발한 지 8년밖에 되지 않고, 관련자들이 거의 다 생존해 있는데도 불구하고 어떻게 이런 일이 벌어질 수 있었을까? 그 이유는 5·18 당시 시위대가 광주교도소를 공격했다는 정황 증거들이 있었고, 이 사건이 갖는 의미가 바로 5·18의 성격이 '국가내란죄에 해당하는가' 여부를 판가름하는 잣대이기 때문이었다. 그런 점에서 신군부의 입장에서는 교

도소 습격사건이 '도청 지하실에 쌓여 있던 폭약 건', '도내 38개 무기
고 습격 건'과 더불어 폭력적 진압을 정당화하는 명분과 합법성을 제
공해 줄 수 있는 정치적 무기였던 셈이다.

　왜, 그들은 교도소로 달려갔을까? 정말, 교도소를 습격하기 위해
서였을까? 1985년 국방부가 발간한 《광주사태의 실상》에서는 그 이
유를 이렇게 설명한다.

　무장폭도들의 가장 위험하고 대담한 시도는 광주교도소에 대한 공격이
었다. 간첩과 좌익수 170여 명을 포함한 2,700여 명의 복역수가 수용되
어 있던 광주교도소는 (21일) 낮 12시 20분 폭도들의 습격을 받기 시작
했다. 여기에 가담한 폭도의 대부분은 과거 이 교도소에 복역했던 전과
자, 당시 수용 중인 복역수의 가족 및 이들을 탈옥시키려 했던 극렬시위
자 등이다. 처음에는 폭도들 및 시위차량이 교도소 주변으로 몰려들더
니, 오후 3시경 무장폭도들이 차량 3대에 탑승하고 교도소를 향해 진출
하면서 함성을 지르며 기습을 시도했다. 7시 30분경부터는 무장한 폭도
들이 장갑차 2대 등 차량 9대와 많은 화기를 동원하여 총격을 가하며 교
도소를 공격하자 경비 중이던 계엄군과 일대 접전이 벌어졌다. 그 후로
도 무장폭도들은 22일 새벽까지 5차례에 걸친 공격을 감행했으나 8명의
사망자와 70여 명의 부상자를 내고 퇴각하였다. 만일 2,700여 명의 복
역수들이 무정부 상태의 광주시로 풀려나왔다면 사태가 어떻게 되었겠
는가? 생각할수록 소름이 끼치는 사건이었다.[1]

　이 책을 생각 없이 읽다 보면 마치 프랑스대혁명이 일어난 1789년

7월 14일 1만여 명의 파리시민들이 바스티유감옥을 공격한 사건이 연상된다. "바스티유로! 바스티유로!"라고 외치며 거대한 군중이 바스티유감옥으로 향한 것처럼, 5·18 때도 무장한 광주시민(폭도)들이 장갑차와 차량, 각종 화기를 동원하여 간첩과 사상범 170명을 포함한 2,700명이 수용되었던 광주교도소를 공격하여 죄수를 탈옥시키려 한 것처럼 묘사되었기 때문이다. 만약 이 주장이 사실이라면 광주교도소 습격은 혁명을 도모하기 위한 내란사건이다. 혹시 "프랑스대혁명에도 바스티유감옥 습격이 있었는데, 5·18 때 광주교도소 습격이 왜 잘못되었는가?"라고 반문하는 사람이 있다면 바스티유감옥 습격사건의 진상을 잘 모르는 사람들의 한심한 생각일 따름이다.

그나마 다행스러운 것은 《광주사태의 실상》을 펴낸 목적이 국군홍보관리소가 전두환 군사정권의 정당성을 홍보하기 위한 것이라는 점에서 신뢰성이 크게 떨어진다는 사실이다. 그러나 사법부가, 그것도 대한민국 법질서의 보루인 대법원이 시위대의 광주교도소 공격을 불법적인 사실로 인정했다면 이야기가 완전히 달라진다. 1997년 대법원은 '내란 및 내란목적 살인죄' 등으로 기소된 전두환·노태우 전 대통령을 비롯한 신군부 인사들에게 유죄를 확정하면서도, 광주교도소 방어와 관련한 부분은 정당방위로 인정하고 무죄로 판단했다. 광주교도소 습격은 불법행위이며 거기에 가담한 시민들은 유죄라는 의미이다. 대법원의 판결문을 살펴보자.

'광주교도소의 방어 부분과 관련한 내란 및 내란목적 살인의 점'에 대하여 원심은 제 3공수여단 11대대 병력이 1980. 5. 21부터 같은 달 23까지 광주교도소의 방어 임무를 수행하던 중 무장시위대로부터 전후 5차례에 걸쳐 공격을 받았는데, 같은 달 22. 00:40경에는 차량 6대에 분승하여 광주교도소로 접근하여 오는 무장시위대와 교전하고, 같은 날 09:00경에는 2.5톤 군용트럭에 LMG 기관총을 탑재한 상태에서 광주교도소 정문 방향으로 접근하면서 총격을 가해 오는 무장시위대에 응사하는 등 2차례의 교전과정에서 서종덕, 이명진, 이용충을 각 사망하게 한 사실, 당시 광주교도소는 간첩을 포함한 재소자 약 2,700명이 수용된 주요 국가보안시설이었던 사실 등을 인정한 다음, 다수의 재소자를 수용하고 있는 광주교도소에 무장한 시위대들이 접근하여 그곳을 방어하는 계엄군을 공격한 행위는 불법한 공격행위라 할 것이다. [2]

계엄군이 광주교도소 방어 임무를 수행하던 중 5월 21일부터 23일까지 무장시위대로부터 5차례 공격을 받고 방어하는 과정에서 교전이 벌어져 3명을 사살한 것에 대해서는, 교도소에 시위대가 접근하여 그곳을 방어하는 계엄군을 공격한 행위가 불법이기 때문에 이에 대한 정당방위이고 무죄라는 판단이다.

그렇지만 대법원의 최종 판결에도 불구하고 논란은 계속되었다. 대법원이 최종 판결할 당시에는 검찰이 1988년 국방부 산하 '5·11연구위원회'가 국회 청문회를 앞두고 군 기록을 조작한 사실을 알지 못했기 때문에, 공소장에도 조작된 내용이 반영되었고 이 공소장을 토대로 판결한 대법원 판결 역시 잘못될 수밖에 없었다는 주장이다.

이에 따라 이후 정부 차원에서 조사를 진행한 국방부 과거사진상규명위원회의 〈12·12, 5·17, 5·18사건 조사결과보고서〉(2007) 와 전남경찰청의 〈5·18민주화운동과정 전남경찰의 역할〉(2017) 은 "시민들이 교도소를 습격해서 군이 발포했다는 신군부의 주장은 조작되었다"고 결론 내렸다. 그러나 신군부의 조작설을 주장하면서도 '무엇이, 어떻게' 조작되었는지에 대해서는 구체적인 증거를 제시하지 못하고 있다. 이로 인해 우리 사회에는 대법원 판결과 그 이후 정부 차원에서 행한 '조사 결과'를 놓고 치열한 논쟁이 벌어지고 있다. 2017년 4월 《전두환 회고록》이 출간되자 5·18 단체와 유가족들은 "5·18민주화운동을 왜곡, 비하했다"면서 '《전두환 회고록》의 출판·배포금지 소송'을 제기했다. 그 핵심이 '교도소 습격사건'으로, 삭제 대상 34군데 중에서 절반에 가까운 15군데나 해당된다.

그러면 5·18 때 교도소 습격사건은 정말 있었는가? 아니면 조작된 것인가? 이제부터 역사적 고증을 통해 그 실체를 살펴보자.

교도소 습격사건의 실체

지금까지도 풀리지 않는 미스터리를 규명하기 위해 우선 광주교도소 습격사건을 1995년 서울지검과 국방부 검찰부가 합동 수사한 〈5·18 관련사건 수사결과〉를 통해 재구성해 보면 이러하다.

광주교도소는 담양 방면 국도와 순천 방면 호남고속도로가 교차하는 길목에 자리했다. 담양행 국도에서 왼쪽 방향으로 160미터쯤 들어간 곳에 위치했고, 정문은 교도소 남쪽과 동쪽이 만나는 모퉁이에 있다. '가급' 국가보안시설로서 평소에도 옥상에 기관총을 장치해 놓고 엄중한 경비를 펼치는 곳이다. 따라서 전남북계엄분소인 전투교육사령부도 방어에 각별한 주의를 기울였다. 5월 15일 '주요 목표 점령지역'으로 지정하였고, 21일에는 시위대의 광주교도소 습격 첩보에 따라 01시 45분에 31사단을 교도소 방어에 투입했다. 그날 14시 정각경부터 무장시위대가 등장하자 광주교도소 방어를 강화하는 차원에서 3공수여단으로 교체하여 호남고속도로 차단과 교도소 방어의 이중임무를 수행하도록 조치했다. 그러다가 공수부대의 상무충정작전 준비를 위해서 24일 12시 30분을 기해 다시 20사단으로 교체했다.

따라서 5월 21일은 17시 30분에 31사단과 3공수여단이 '임무교대'한 날이다. 이날 낮에는 31사단과 시위대가 몇 차례 조우했지만 별다른 충돌은 없었다. 08시 50분에 500여 명의 시위대가 교도소에 접근했으나 지휘관이 설득하여 철수시켰고, 10시 22분에 교도소 전방 500미터에 위치한 주유소에 차량 5대에 타고 온 150여 명의 시위대가 주유 후 주위를 선회하다가 지휘관의 해산 권유를 받고 서방 쪽으로 사라졌다. 이렇게 31사단은 무사히 임무를 마쳤다.

그런데 17시 30분 3공수여단이 교도소에 도착할 무렵 시위대로부터 총격이 가해져 병사 1명이 부상당하는 사건이 발생했다. 이에 '3공수'는 19시 30분부터 '교도소 방호작전'을 펼쳤다. 이 과정에서 차를 타고 귀가하던 담양 주민 고규석, 임은택 등이 호남고속도로에서 피격당해 사망하는 사건이 발생했다. 22일 0시 40분에는 차량 6대에 나눠 타고 교도소로 접근하는 시위대를 격퇴시켰으며, 09시 00분에는 2.5톤 트럭에 거치한 기관총을 쏘며 접근하는 시위대 3명을 사살하고 수 명을 부상시켰다. 시위대의 습격은 23일도 계속되어 3일간 7회에 걸친 공격이 있었다. [3]

이상이 〈5·18관련사건 수사결과〉에 등장하는 광주교도소 습격사건의 진상이다. 대법원에서 5차례의 교도소 습격을 인정한 데 비해, 검찰의 수사결과에는 7차례의 습격사건이 등장한다. 그렇지만 《광주사태의 실상》에서 "무장한 폭도들이 장갑차 2대 등 차량 9대와 많은 화기를 동원하여 총격을 가하며 교도소를 공격하자 경비 중이던 계엄군과 일대 접전이 벌어졌다"라고 주장한 것과는 전혀 다른 내용이다. 장갑차가 등장하고 무장폭도와 계엄군 간에 일대 접전이 벌어졌다는 국방부 주장과는 달리, 민간인의 '억울한 죽음'과 함께 시위대와 군 지휘관 사이의 설득을 통한 '자진 철수' 같은 새로운 사실이 등장한다. 이런 점에 주목하여 검찰 수사결과를 구체적으로 분석해 볼 필요성이 제기된다.

검찰의 수사에 나타난 7차례의 교도소 습격사건을 도표로 정리하면 〈표 1〉과 같다.

당시 3공수여단은 담양 방면 국도와 가까운 동쪽은 13대대, 호남고속도로와 인접한 서쪽은 15대대, 교도소 정문이 자리한 남쪽은 12대대, 북쪽은 16대대가 경계를 맡았으며, 11대대는 예비대로 체력단련장에 배치했다. 그러나 검찰 수사기록에는 "××대대 광주교도소 부근"으로만 표기되어 있어서 시위대와 교전한 예하 대대에 대해서는 구체적으로 파악하기가 어렵다. 한편 대법원은 7차례 교도소 습격이 있었다는 검찰 공소장에 대해서, 5차례만 습격으로 인정했다. 그러면 대법원에서 습격으로 인정하지 않은 2차례는 어떤 사건이며, 왜 그렇게 판단했을까 하는 의문이 제기된다. 이러한 의문에 대해 우리는 검찰의 발표와 3공수여단의 기록(특전사 〈전투상보〉)을 비교하면

<표 1> <5·18관련사건 수사결과>에 나타난 광주교도소 습격일지

일시	검찰 수사결과보고서 내용
1차 5월 21일 17:30	광주교도소에 도착한 15대대가 교도소 앞 주유소에서 31사단과 임무 교대하던 중에 고속버스 2대에 타고 온 시위대의 기습사격으로 공수부대원 1명이 부상함.
2차 5월 21일 19:30	외곽봉쇄작전을 수행하던 3공수여단과 교도소에 접근한 시위대 간에 간헐적인 총격전 발생. 이 와중에 차를 타고 교도소 앞을 지나던 담양 주민 4명이 총격을 받아 고규석(남, 37)과 임은택(남, 35) 등 2명이 사망함.
3차 5월 22일 00:40	시위대가 고속버스 2대, 픽업 1대, 1/4톤 트럭 3대 등 차량 6대에 분승하고 광주교도소에 접근하여 ○○대대 병력과 교전이 벌어짐.
4차 5월 22일 09:00	시위대 6명이 2.5톤 트럭에 탑승하여 기관총 사격을 하면서 광주교도소에 접근, 경계근무 중이던 11지역대 병력과 총격전이 벌어져 시위대 3명[서종덕(남, 17), 이명진(남, 36), 이용충(남, 35 추정)]이 사망하고, 수 명이 부상을 입고 도주함.
5차 5월 23일 08:25	광주교도소 부근에서 3공수여단 병력의 총격을 받아 안병섭(남, 22)이 좌대퇴부 관통 총상을 입고 사망함.
6차 5월 23일 10:20	소방차에 탑승한 무장시위대 수 명이 광주교도소 부근에서 3공수여단 ○○대대와 교전 끝에 시위대 4명(심영의, 한기원, 이덕호, 양승팔)이 체포됨.
7차 5월 23일 19:00	2.5톤 트럭 1대에 탑승한 무장시위대 40여 명이 광주교도소 부근에서 ○○대대와 교전을 벌여 시위대 1명이 사망하고, 계엄군 1명이 부상을 입음.

서 나름대로 그 이유를 추리해 볼 수 있다. 특전사 〈전투상보〉에 기록된 광주교도소 습격일지는 〈표 2〉와 같다.

조작된 특전사 〈전투상보〉: 무엇이 조작되었나?

〈표 2〉를 〈표 1〉과 대조하면 2차 습격사건의 내용이 크게 다름을 알수 있다. 당시 3공수여단은 전교사 예하로 파견된 상황이어서, 전교사와 특전사 양측에 작전상황을 보고했는데, 2차 습격이 〈전교사 작

〈표 2〉 특전사 〈전투상보〉에 나타난 광주교도소 습격 일지 [4] [5]

일시	특전사 〈전투상보〉 내용
1차 5월 21일 17:25	전남대에서 광주교도소로 이동 중 폭도의 저격으로 3공수 15대대 병사 1명 부상.
2차 5월 21일 19:30	무장폭도 교도소 기습, 장갑차 등 차량 9대로 와서 총격, 수비병력 교전 끝에 격퇴. 군인 4명 부상, 차량 1/4 1대, 1/2 5대, 장갑차 1대, 1/2 소방차 1대, M1 3정, 실탄 112발, 카빈 28정, 탄창 4개, LMG 실탄 39발, 사살 1, 생포 1, 부상 8명.
3차 5월 22일 00:40	교도소 피습, 교전. 전과: 사살 1명, 생포 1명. 노획: 1/4톤 3대, 고속버스 2대, 픽업 1대, M1 4정, 카빈 3정, 실탄 LMG 39발, M1 74발, 카빈 25발.
4차 5월 22일 09:20	광주교도소 총격전. 성과: 사살 1명, LMG 1정, M1 1정, 실탄 250발 노획.
5차 5월 23일 08:00	2.5톤 탑승한 폭도 6명이 기관총을 난사하면서 교도소로 접근. 50미터 전방에서 바리케이드에 봉착, 11대대에서 응사, 2명 사살, 4명이 부상을 입고 도주.
6차 5월 23일 10:20	소방차 1대에 폭도 탑승, 사격하며 돌진. 4명 생포. 카빈 1정, 실탄 20발 노획.
7차 5월 23일 19:00	철수작전 중 교전. 교도소 앞 주유소 삼거리. 2.5톤 트럭 1대에 폭도 43명 탑승, 카빈 난사하며 접근, 1명 사살, 2명 생포, 트럭 1대, 카빈 1정(실탄 14발), LMG 실탄 13발 노획.

전일지〉에만 나타나고, 〈특전사 전투상보〉에는 누락되어 있어서 더욱 의심이 간다. 그런데 그동안 감추어졌던 이 내용이 1988년 국회 광주특위 청문회에서 안영기 의원의 질문을 통해 공개되었다.

오후 7시 30분경에 무력시위대가 교도소 부근 고지대에서 교도소 방어를 위해서 주변도로에 차단물을 설치 중이던 계엄군에게 기관총을 난사하여 공격하는 과정에서 무장시위대의 총격에 주변 민간인 2명이 부상당하는 피해가 있었고 계엄군이 출동하자 이들이 달아나면서 버리고 간 M1 소총을 민간인의 제보로 회수했다는 사실을 알고 있습니까?[6]

5월 21일 담양 주민 고규석과 임은택이 교도소 뒤 호남고속도로에서 피격당한 '2차 교도소 습격사건'의 가해자가 그때까지 알려진 계엄군(3공수여단)에서 무장시위대로 바뀐 것이다. 안영기 의원의 "이런 사실을 알고 있느냐?"는 질문에 대하여 정웅 31사단장은 자료의 출처가 3공수여단 〈전투상보〉임을 확인한 후 즉석에서 그 내용이 조작되었음을 지적하였다.

그 자체가 3공수 〈전투상보〉에 있단 말씀입니까? 그 3공수 〈전투상보〉가 조작된 것입니다. 왜 조작이라고 명확하게 말할 수 있냐면, 그와 같은 것은 실질적으로 2군이나 그 위에 있는 육군본부나 계엄사령부나 상황일지에 나타나 있는 상황과는 현격하게 차이가 있기 때문에 그런 것입니다. [7]

이와 같이 2차 습격사건의 진상을 두고 청문회에서 벌어진 조작 공방은 쉽게 정리되었다. 한편 1차 습격사건을 두고서도 목격자의 구체적인 증언이 등장했다. 광주교도소 교도관이던 홍인표의 증언이다.

31사단 소속 계엄군이 오후 5시경 공수부대로 교체되었다. 그때가 마침 쉬는 시간이라 나는 옥상에 올라가 있었는데 총소리가 들렸다. 오치 쪽에서 공수부대가 다가오자 주변의 논에 엎드려 있던 청년 2명이 그들을 향해 총을 쏜 것이다. 순간적으로 공수들이 땅바닥에 엎드리면서 총을 갈겨 댔다. 그때 청년들이 쏜 총에 공수부대 중위가 부상을 당했고, 총을 쏜 청년 한 명은 죽고 한 명은 도망갔다. [8]

그것은 교도소에 대한 습격이 아니라 공수부대에 대한 습격이었다. 이렇게 잘못된 정황이 드러난 것처럼 대법원에서도 습격사건으로 보기에는 내용상 문제점이 뚜렷이 발견되는 1, 2차 습격을 제외하고, 3차부터 7차까지의 습격사건만을 '교도소 습격'으로 인정한 것으로 보인다.

그런데 교도소 습격은 주로 낮이나 초저녁에 발생한 데다가 목격자들이 당시 상황을 증언하고 있어서 사태 파악이 용이하지만, 3차 습격은 심야에 이루어진 탓에 온갖 억측과 유언비어성 소문이 무성했다. 이로 인해 "북한 특수군 600명이 6회에 걸쳐 교도소를 공격할 때, 호를 파고 대기하던 공수부대와 고지쟁탈전을 벌여 많은 북한 특수군이 사살됐을 것이다"는9 지만원의 주장이나, "500여 명의 무장시민군은 도청을 점령하기 무섭게 한 패는 교도소를 습격하러 가고, 다른 한 패는 철수하는 계엄군을 추격하러 갔다"는10 재미 사학자 김대령의 주장이 설득력을 얻고 있었다. 그런데 3공수여단 11대대장으로 현장 지휘관이던 임수원 중령의 증언을 들어 보면 이러한 주장이 얼마나 허황된 추리인지를 금방 알게 된다.

그날 밤 자정, 그러니까 22일 새벽입니다. 그때는 저희가 좀 자기 위해서 보초를 강화해 놓고 좀 눈을 붙이려고 하는데, 사격소리가 요란해 가지고 불을 전원 끄고 긴장한 상태로 보니까 새벽에 나와서 상황 확인을 위해 수색해 보니까, 차량을 6대나 버리고 도망을 갔고 거기서 사상자도 1명이 생겼습니다. 11

11대대장 임수원의 증언을 특전사 〈전투상보〉와 비교해서 정리해 보면 당시 상황을 정확하게 구성할 수 있다. 22일 0시 40분부터 50분까지 무장시위대가 광주교도소를 습격하여 교전이 벌어졌는데, 새벽에 확인해 보니 차량 6대(1/4톤 3대, 고속버스 2대, 픽업 1대)와 총기를 버리고 달아났으며, 1명이 죽어 있었다는 것이다. 그뿐 아니라 당시 12대대 작전병으로 참가한 김치년도 그와 동일하게 증언한다.12 심야에 교도소로 몰려온 시위대를 향해 참호 속에서 총격을 가한 것이 전부이다. 이와 같이 북한 특수군 600명이 공수부대와 고지쟁탈전을 벌이거나, 500여 명의 무장시민군 절반이 조직적으로 교도소를 습격한 흔적은 찾아볼 수 없다.

31사단과 3공수여단: 왜, 그들은 공수부대만 공격했을까?

그럼에도 불구하고 풀리지 않는 의문이 있다. 왜 시위대는 공수부대가 방어할 때만 습격했을까 하는 점이다. 국방부의 《광주사태의 실상》에서는 "광주교도소는 낮 12시 20분부터 폭도들의 습격을 받기 시작했으며, 오후 3시경에 무장폭도들이 차량 3대에 탑승하고 2차 기습을 시도했다"고 주장한다. 이 말이 사실이면 "보병 31사단과 20사단이 방어할 때는 교도소 습격이 없었다"는 검찰의 공소장과 정웅(31사단장), 박준병(20사단장)의 청문회 증언은 모두 다 거짓말이 된다. 그런데 '5·18' 상황을 기술한 국가안전기획부, 광주시, 전남경찰청의 어떤 자료에서도 국방부가 말하는 두 사건에 관한 기록은 발견할 수 없다. 광주교도소 습격사건과 관련한 주요 자료는 어떻게 기록했는가? 〈표 3〉을 통해 비교하여 살펴보자.

〈표 3〉에 근거하면 결국 공수부대가 지키고 있을 때만 시위대의 공격이 있었던 셈이다. 만약 국방부의 주장대로 시위대의 목적이 복역수들을 구출하는 것이었다면 특수부대인 공수부대보다 전투력이 가장 약한 향토사단(31사단)이 방어하고 있을 때 공격하는 것이 당연하

<table>
<tr><td colspan="3" align="center">〈표 3〉 광주교도소 습격사건 관련 주요 자료</td></tr>
<tr><td>출처</td><td colspan="2">관련 기록</td></tr>
<tr><td rowspan="3">안기부
상황일지[13]</td><td>21일 14:00</td><td>폭도 차량이 광주교도소 입구 진출.</td></tr>
<tr><td>17:00~
20:00</td><td>무장폭도, 장갑차로 광주교도소를 습격 기도 및 전남지역 선동.
(장갑차 등 차량 9대로 광주교도소 총격 난사, 기습 기도
― 주동자 1명 검거)</td></tr>
<tr><td>22일 08:45</td><td>차량에 LMG 장치, 교도소 기습, 계엄군과 총격전 전개.
(폭도들로부터 장비 회수 ― 차량 1대, 카빈 1/230,
M1 1/16, LMG 1/100)</td></tr>
<tr><td rowspan="4">전남경찰
보고서[14]</td><td>20일 01:25</td><td>차량 2대가 담양으로 출발한 것을 보고 "교도소로 향해
간다"고 통보.</td></tr>
<tr><td>21일 오후</td><td>교도소 앞 주유소에서 시위대 기습사격으로 공수부대원 1명 부상.</td></tr>
<tr><td>19:30</td><td>차를 타고 교도소 앞을 지나던 담양 주민 4명이 총격을 받아
2명 사망.</td></tr>
<tr><td>22일 00:40
10:00</td><td>시위대가 차량 6대에 분승, 군과의 교전으로 시위대원 3명 사망.
교도소 옆 진입로에서 트럭을 타고 가던 3명이 총격을 받아
1명 사망.</td></tr>
<tr><td rowspan="2">광주시
상황일지[15]</td><td>21일 18:00</td><td>무장군인 500명이 교도소에 들어감.</td></tr>
<tr><td>22일 08:55</td><td>교도소 부근에서 계엄군과 데모대 간에 교전 중, 인명 피해 3명.</td></tr>
<tr><td rowspan="7">31사단
작전일지[16]</td><td>21일 01:30</td><td>교도소 점령, 출동 준비.</td></tr>
<tr><td>08:50</td><td>교도소 500미터 전방 폭도 500명이 몰려오고 있음.</td></tr>
<tr><td>08:58</td><td>지프차 2대, 트럭 1대, 고속버스 2대 400명이 탑승,
교도소 뒷산 이동.</td></tr>
<tr><td>09:05</td><td>뒷산 정상에서 1대는 교도소 쪽으로 이동, 2대는 정상에서 대기.</td></tr>
<tr><td>09:07</td><td>정상에 있던 트럭 1대, 고속버스 1대 서방으로 이동,
2대는 정상 대기.</td></tr>
<tr><td>09:12</td><td>일부 교도소 뒷산 하차, 고속버스 1대, 지프차 1대
오치 쪽으로 이동.</td></tr>
<tr><td>09:40</td><td>10여 명의 폭도를 실은 시외버스 1대 담양 쪽으로 이동 중.</td></tr>
</table>

다. 그런데 왜 31사단이 방어할 때는 없던 교도소 습격사건이 공수부대가 방어하던 기간에만 일어났을까?

그에 대한 대답은 두 부대의 성격과 지휘관의 판단력을 비교하면 찾을 수 있다. 31사단은 예비사단으로 실탄을 소지하지도 않았으며 주 임무도 교도소 경계였기 때문에 과격하게 대응하지 않았다. 이런 사실은 31사단 〈작전 상황일지〉에서도 잘 나타난다. 31사단은 21일 8시 50분 시위대의 접근 첩보를 접한 후부터 섣부르게 대응하지 않고 침착하게 상황을 주시했다. 그런 다음 시간을 갖고 동태를 파악한 후 지휘관이 직접 나서서 시위대에게 해산을 권유하여 철수시켰다. 향토사단으로서 평소 예비군훈련 등을 통해 지역민의 정서를 알고 현장 상황에 대한 이해가 있었기에 가능한 일이었다.

당시 31사단에 근무했던 안문영의 증언이다.

(21일) 오전부터 시위대가 교도소 쪽으로 몰려오기 시작했다. 오후가 되니까 규모가 커지기 시작했다. 포클레인, 트럭, 버스를 몰고 몽둥이로 차체를 두드리면서 수천 명이 몰려와 우리 앞에서 휙 돌아가곤 했다. 우리는 오금이 저려서 꽁무니를 빼고 싶었으나 중대장이 뒤에서 꼼짝 말고 서 있으라고 독려했다. 시위대는 학생들이 아니고 거의가 무직자들 같거나, 노동자들이었다. 시위대는 우리에게 김밥 등 먹을 것을 던져 주었고 직접적인 공격은 하지 않았다. 어떤 시민들은 차를 세워 놓고 내려와 우리에게 "고향이 어디냐?", "경상도 군인들이 우리 씨를 말리려고 왔다"고 말을 걸기도 했다. 오후 5시쯤에 우리는 3공수여단과 교대하게 되었다. 17

이렇게 이들은 실탄 한 발도 소지하지 않은 채 무장한 시위대를 설득하여 돌려보냈다. 마치 고려시대 서희 장군이 거란 장군 소손녕과 싸우지도 않고 담판으로 거란군을 물리친 것처럼, 31사단은 한 건의 사고도 없이 광주교도소 방어 임무를 완벽하게 수행하고 교대했다.

당시 31사단장 정웅이 청문회에서 한 증언이다.

수많은 인원 400명, 500명의 인원이 대대에 나타나 가지고서 실질적으로 현역 군인과 대치해 가지고 총을 내놓으라고 할 때, 저희들 대대장은 권총 풀고 직접 나가서 시위 군중과 대화하고 설득시켜서 해산시킨 경우가 많습니다. 그와 같은 사명의식을 가지고 모든 부대가 근무해 주었다면 그렇게 되지요. 18

그의 말처럼 사단장의 정확한 상황 판단과 현장 지휘관들의 투철한 사명감, 그리고 긴박한 상황에서도 지휘관의 명령에 따라 버텨 준 병사들이 혼연일체가 되어서 이룬 최상의 결과이다.

부마사태와 광주사태

3공수여단의 대응은 전혀 달랐다. 공수부대는 전투 시 적진에 침투하여 선무공작을 수행할 목적으로 훈련된 부대로서 방어 작전에는 적합하지 않은 부대이다. 더욱이 이들은 사흘간의 시위 진압과정에서 시위대와의 유혈 충돌로 부대원들의 심기가 극도로 흥분된 상태에서 교도소 방어와 고속도로 차단 임무를 맡았다. 이때는 시위대가 무기를 탈취하기 위해서 도내 각지로 진출하던 시점이어서 3공수여단과는 유독 충돌이 많았다. 당시 시위대에 의한 무기 탈취는 나주와 화순지역의 피해가 컸던 데 비해 담양지역은 21일 15시 30분경 한 차례 피습당했을 뿐이고 거의 피해가 발생하지 않았는데, 담양으로 가는 시위대를 광주교도소 부근 톨게이트에서 철저히 차단했기 때문이었다. **19** 15시 30분경의 피습은 3공수여단이 배치되기 이전이었고, 이후 시간부터는 완벽하게 차단되었다는 점에서 3공수여단의 대응이 얼마나 철저했는지 알 수가 있다.

이런 사실은 수습대책위원회 상황실장으로 시민군을 지휘한 박남선의 증언을 통해서도 확인할 수 있다.

광주교도소 쪽에서 총격이 일어났다는 이야기를 듣고 갔더니 아마 계엄군들이 광주교도소 인근에서 광주의 참상을 알리러 나가는 사람들을 못나가도록 저지하면서, 그쪽을 뚫고 나가려는 저희 시민들을 향해서 무차별 총격을 가한 것 같아요. 도로변에 군데군데 시체가 널려 있는데 계속 사격을 하기 때문에 시체를 가져올 수 없었어요. **20**

이처럼 3공수여단은 처음부터 강경하게 대처했다. 21일 18시 49분 전교사는 '수하 불응' 시에만 사격하라는 '확인사격 지시'를 하달했지만, 3공수여단은 검문자에게 수하도 없이 발포를 감행하고 '폭동진압 규범'도 따르지 않았다. **21** 그러나 3공수여단 12대대 작전병으로 부마사태와 광주사태 진압작전에 모두 참가했던 김치년은 3공수여단도 부마사태 때는 그렇게 대응하지 않았는데 광주사태는 처음 투입된 7

공수여단이 주간작전을 수행하면서 과잉 진압한 탓으로 공수부대에 대한 시민들의 반감이 악화되어 그럴 수밖에 없었다고 주장한다.

〈월간조선〉에 기고한 김치년의 증언이다.

부마사태의 경우 투석하는 시위대에게 절대로 대응하지 않고 정면만 응시한 채 차량 시위를 하면서 위압감만 인식시켰다. 또 낮에는 절대로 작전을 수행하지 않아서 시민들과의 충돌이 적었다. 주로 밤에 이루어졌던 주동자급 데모대에 대한 진압은 시위대의 주력 시위인원이 줄어든 상태여서 신속한 작전이 가능했다. 비록 진압봉으로 타격을 받아서 유혈이 낭자했어도 광주에서처럼 대낮에 구경하던 사람들을 흥분시킬 정도가 아니어서 부산의 경우 시위대가 급속히 붕괴됐다는 점이다. 광주의 경우 대낮에 유혈진압을 실시했다. 이것은 광주 전 시민의 공분을 야기한 행위였다. 어찌 자기 자식이나 친구가 눈앞에서 피를 흘리는데 분노하지 않겠는가?22

이 때문에 광주교도소 부근에서 민간인 사망자가 빈번하게 발생했지만 불순분자의 선동에 따른 폭도들의 습격을 격퇴한 것으로 보고되었다. 그 결과 3공수여단이 방어하던 55시간 동안 7차례 습격사건이 발생했는데, 이때 희생당한 사람들은 대부분 무장시위와는 무관한 이들이었다. 첫 희생자는 담양군 대덕면 매산리 주민인 고규석(37), 임은택(35), 박만천(21), 이승을(40)이다. 이들은 광주에서 일을 보고 함께 귀가하던 중 오후 8시경 광주교도소 부근 호남고속도로에서 계엄군의 집중사격으로 고규석, 임은택은 사망하고, 박만천, 이승을

은 부상을 당했다. **23**

　고은은 《만인보》에서 고규석의 안타까운 사연을 시로 표현했다.

하필이면/ 5월 21일/ 광주에 볼일 보러 가/ 영 돌아올 줄 몰랐지/ 마누라 이숙자가/ 아들딸 다섯 놔두고/ 찾으러 나섰지/ 전남대병원/ 조선대병원 … 그렇게 열흘을/ 넋 나간 채/ 넋 잃은 채/ 헤집고 다녔지/ 이윽고/ 광주교도소 암매장터/ 그 흙구덩이 속에서/ 짓이겨진 남편의 썩은 얼굴 나왔지 … 다섯 아이 어쩌라고/ 이렇게 누워만 있소. 속없는 양반**24**

　매산리 마을 이장이자 새마을지도자 고규석은 1988년 방콕아시안게임 펜싱 금메달리스트로, 후일 최순실 사건에 등장하는 고영태의 아버지이다. 그와 함께 사망한 임은택은 축산업자로, 소를 판 외상값을 받으러 광주에 나갔다가 돌아오던 길이었다. 한편 김성수(51)는 22일 오전 10시경에 가족을 데리고 고향인 진도로 가기 위해 광주교도소 부근의 동광주 IC까지 갔으나 그곳에 바리케이드를 치고 있던 공수부대가 통과시켜 주지를 않아서 소형화물차를 몰고 되돌아 나오는 순간 공수부대에 의해 일가족이 총탄 세례를 받은 비극적인 사건이 발생했다. 김성수와 5세 된 딸 래향이는 부상을 입고 장애인이 되었고, 처 김춘아(43)는 후유증으로 사망했다. **25**

　이런 안타까운 사연들이 시민들의 입에서 입으로 전해지면서 사태는 점점 악화되어 갔다.

현장의 증인들: 한도희 교도소장의 증언

만약 앞의 사건처럼 단순히 광주교도소 부근을 통과하려던 무고한 사람에게 총격을 가하고 '교도소 습격'으로 발표했다면 중대한 문제이다. 국가 공권력을 폭력적으로 동원한 신군부가 '폭도와 간첩의 배후 조종을 받은 불순세력이 저지른 광주사태'로 규정지으려는 의도가 너무나 뚜렷하기 때문이다.[26] 그러면 당시 상황을 가장 잘 아는 현장의 당사자들은 어떻게 생각할까? 1988년 2월 광주교도소 소장이었던 한도희는 민족화합수습위원회에서 이렇게 증언했다.

22일 수차례나 교도소 300미터 전방까지 시위대가 나타나 침입을 시도했으나 계엄군과 시민군 간의 총격전으로 인해 결국 들어오지 못했다. 당시 교도소 수감자는 2,647명이었는데, 기결수가 1,616명이고 사상범이 180명이었다. 교도소 관리인원은 교도관 242명을 포함하여 322명이 주야 4교대로 근무했으며, 사태가 일어나자 직원들은 귀가하지 않았다. 21일 새벽 2시 20분께 31사단 지원 병력이 도착 배치됐다. 교도소 내부는 우리가 맡겠으니 외부를 맡아 달라고 했다. 20일 직원 가족들로부터 습격 정보가 있었다. 교도소 앞이 삼거리인데 그들이 들어오려는 것을 무기가 등장하기 전까지는 우리가 막았다. 21일 오후 무기가 등장했다. 22일에도 수차례나 교도소 앞 300미터 전방까지 시위대가 나타나 침입을 시도했으나 결국은 못 들어왔다. 교도소 앞에서 총격전이 있었다. 계엄군과 시민군의 총격전으로 생각했었다.[27]

이 증언에는 실제 교도소가 습격당한 상황이 없다. 다만 "교도소 습격에 대한 정보를 직원 가족으로부터 들었고, 교도소 앞에서의 총격전을 시위대의 공격으로 생각했다"고 증언했다. "교도소 전방 300미터까지 시위대가 진출했다"는 사실만으로 교도소를 습격하려 한 것이라고 단정하는 것은 논리의 비약이다. 전방 300미터는 담양행 국도이므로 이곳을 통과하려는 것이 반드시 교도소 습격을 기도한 것이라고는 볼 수 없기 때문이다. "20일 직원 가족들로부터 교도소 습격 정보를 들었다"는 것과 관련해서도 "20일 01시 25분 차량 2대가 담양 쪽으로 사람을 싣고 간다는 것을 교도소로 향해 간다고 교도소 이○○에게 연락했다"는 아주 구체적인 진술이 등장한다. **28**

"그들이 들어오려는 것을 무기가 등장하기 전까지는 우리가 막았다"라는 부분도 이해가 되지 않는다. 왜, 시위대는 무기도 없는 상태에서 중화기로 무장한 교도소를 들어가려고 했을까? 이런 점들로 미루어 한도희의 증언은 신뢰성이 상당히 결여되었다.

그런 가운데 1995년 12월 14일 한도희는 〈광주일보〉와의 회견에서 새로운 증언을 한다.

5·18 당시 광주교도소 소장이던 한도희(70) 씨는 14일 "시민군이 80년 당시 광주교도소를 습격했다는 계엄사의 발표는 사실이 아니다"고 주장했다. 한 씨는 이날 지방일간지(〈광주일보〉)와의 인터뷰에서 이같이 주장하고, 당시 자신의 사무실 옆방을 최세창 3공수여단장과 20사단 62연대 이병년 대령이 지휘본부로 사용했으며 정호용 특전사령관도 자주 교도소를 오갔다고 말했다. 한 씨는 "5월 22일 밤 갑자기 교도소 인근에

서 총소리가 들려 다음 날 아침 확인해 보고 공수대원과 시민군 간에 교전이 있었던 것을 알았으며 공수대원의 총에 맞아 숨진 희생자의 시신과 부상자 모두 담양으로 가는 도로에 널려 있었다"고 당시 상황을 밝혔다. 한 씨는 "시민군이 교도소를 습격했다면 교도소 주변에 시체가 있어야지, 어떻게 도로에 있을 수 있겠느냐"며, "당시 교도소에는 3공수여단 병력이 중무장하고 있어서 교도소 습격이란 상상할 수 없었고, 계엄군이 시 인근 지역의 시위 확산을 막기 위해 무차별 발포한 것으로 알고 있다"고 말했다. 29

한도희는 7년 전 증언에 대해 군사정권하에서 그럴 수밖에 없었던 딱한 사정을 설명하고 군부의 실세들이 광주교도소 습격사건과 무관하지 않음을 밝혔다. 이처럼 한도희 교도소장이 이전의 교도소 습격 발언을 번복한 데 이어, 광주교도소 교무과장이던 김근재(46)도 시위대의 교도소 공격이 없었음을 증언했다. 30 이들의 증언을 대하는 시민들의 심정은 착잡하다. 5·18 이후에도 계속된 군사정권 아래서 진실을 밝힐 수 없었던 현실을 이해하고 뒤늦게라도 진실이 밝혀진 데 대해 공감을 나타내기도 하지만, 평생을 교정공무원으로 근무하면서 체제순응적인 삶을 살던 그들이 '양심의 소리'와 냉혹한 정치권력 사이에서 겪었을 내면의 갈등을 생각하면 가슴 아픈 일이 아닐 수 없다.

광주교도소 수송작전

광주교도소 습격사건을 둘러싼 현장의 목소리는 또 있다. 5월 20일 공수부대에 붙잡혀 있던 시위대원들이 다음 날 광주교도소로 이송되는 과정에서 겪었던 가슴 아픈 사연이다.

전남대에 주둔하던 3공수부대가 철수하여 광주교도소 방호를 담당하게 되었을 때, 이틀 동안 이학부 건물에 구금했던 청년들을 교도소로 이송했다. 40여 명이 군용 부식을 운반하는 차량에 나무토막 실 듯이 빽빽하게 태워졌다. 좁은 차 안에서 숨이 막혀 질식할 지경이었는데, 그 속에다 가스탄 2개를 터뜨린 채 문을 닫고 달리기 시작했다. 독한 가스에 허물어진 살갗이 짓뭉개지고, 코피가 터지고, 선 채로 오줌을 싸는 청년도 많았다. 나치의 유대인 학살을 연상시키는 장면이었다. 오후에 전남대를 출발한 차는 날이 완전히 어두워진 밤중에 교도소에 도착했다. 평소에는 한 시간도 안 걸리는 거리를 가스탄까지 까 넣은 차가 왜 그토록 오랜 시간이 걸려 도착하게 되었는지 아무도 알 수가 없다.

네댓 시간 만에 차 문이 열리자 얼마나 차 안에서 몸부림을 쳤는지 포승줄이 풀려 있었다. 청년 3명이 죽어 있었다. 그 후 교도소 안의 가마니창고에 감금된 채 구타와 고문에 시달렸다. 살인행각은 23일까지 계속되었으며 보통 하룻밤 사이에 대여섯 명의 청년들이 시체로 변해 가마니에 말려 나갔다. [31]

3공수여단이 전남대에 주둔할 때 구금했던 시위대원들을 광주교도소로 이송하는 과정에서 가스탄을 사용하는 등 마치 나치의 유대인 학살을 연상시키는 것과 같은 만행이 저질러졌다는 증언은 검찰의 수사결과에도 인용되어 기정사실화되었다.[32] 그러자 당시 이 부대 병사로 광주교도소 이송작전에 참여했던 김치년은 〈월간조선〉에 실명으로 반박문을 기고했다.

그의 주장은 검찰의 수사결과 발표와는 사뭇 다르다.

3공수부대는 시민군과 대치하던 중에 "(시위대가) 교도소를 습격하려는데 광주교도소엔 사상범이 많이 수용되어 있으니 필히 사수해야 한다"는 전문을 받았다. 이때 20여 명의 시민군을 구금하고 있었는데, 대부분 차량과 장갑차를 몰고 돌진해 오다가 붙잡힌 사람들이다. 이들과 부상병 및 극소수 병력이 차량을 타고 광주교도소로 이동하고, 나머지 공수부대원은 오후 2시경 호남고속도로를 타고 도보로 이동했다. 호송차량은 군용트럭 2대로 지붕과 뒷문이 천막으로 가려졌고 연행자들은 손을 뒤로 묶인 채 바닥에 엎드렸으며 호송병들이 함께 탔다. 이 때문에 최루탄과 가스를 집어넣었다는 것은 말이 안 된다. 게다가 최루탄이면 최루탄이지 가스는 또 무엇인가. 우리는 최루탄 이외의 가스무기가 없었다. 검찰의 발표에서 "최루탄과 가스를 집어넣고, 연행자들을 진압봉으로 가격하고, 군홧발로 구타했다. 그 과정에서 연행자 수 명이 사망했다"고 적시한 부분도 납득할 수 없다.

우리는 도보로 행군하는 도중에 군용트럭 2대에서 기관총을 쏘며 달려드는 무장시위대의 기습을 받고 서둘러 광주교도소에 도착했다. 호송차량은 우리보다 한 시간 먼저 교도소 정문 근처에 도착해 있었다.

당시 호송차량에는 연행자들과 호송병이 함께 타고 있었기 때문에 가스탄을 넣었다는 것은 틀린 말이고, 수송시간이 오래 걸린 것도 무장시위대의 기습 때문이었다는 김치년의 진술은 매우 구체적이고 설득력 있다. 그는 계속하여 최루가스와 사망자에 관해서도 설명한다.

당시 연행자 가운데 장갑차를 몰고 정문 돌파를 하다 붙잡힌 사람이 있었다. 아시아자동차에서 제작 중이던 장갑차를 몰고 나온 사람이다. 이들이 정문을 돌파한 다음 벽에 가서 정지하자 병사들이 달려가 해치를 열려고 했지만 안에서 잠가 버려 소용없었다. 그런데 미완성 장갑차여서 외부로 통하는 총구멍이 완전 밀폐되지 않고 주먹만 한 구멍을 그대로 드러내고 있었다. 병사들은 이곳으로 최루탄을 까 넣었다. 그 독한 최루탄을 두 발이나 까 넣어도 안에서는 나오지 않았다. 다시 한 발을 더 넣자 비로소 해치가 열리면서 한 사람이 기어 나왔다. 나중에 안 사실이지만 장갑차 내에서 소주병들이 여러 개가 발견됐고 그는 엄청나게 술에 취해 있었다. 교도소에 도착해서도 술 냄새와 최루탄 냄새가 가시지 않았다. 통상 장갑차에는 2~3명이 탄다. 한 명이 나온 뒤 장갑차에는 두 명이 더 있었을 것이다. 그러나 최루탄 냄새 때문에 어느 누구도 접근할 수 없었다. 그들은 그 속에서 이미 질식사했던가 아니면 기절했을 것이다.

이 장갑차는 최루탄 냄새 때문에 우리가 직접 운전하지 못하고 트럭에 견인한 채 광주교도소로 끌고 왔다. 내부에 한두 사람이 더 있을 것이란 확인은 교도소에 도착한 후에 가능했을 게 틀림없다. 누구도 근접할 수 없을 정도로 지독했기 때문이다. 장갑차에서 기어 나온 그 사람도 교도소로 이동하면서 다른 연행자와 마찬가지로 트럭에 실었다. 장갑차에서 나오지 않은 사람들을 철수하는 과정에서 꺼내 트럭에 실었는지도 모른다. 그들은 장갑차에서 이미 죽었거나 트럭으로 이동하던 중에 숨졌을 가능성이 많다. 호송트럭에서 사망자가 나왔다면 장갑차를 탔던 사람일 가능성이 많다. 이들을 실은 트럭에서는 최루탄 냄새가 진동했을 것이다. 트럭에 엎드려 있던 연행자들은 이들의 옷에서 풍겨 나는 최루탄 냄새를 맡았을 것이다. 이것이 와전되어 이동 중에 최루탄을 쏘고 때려 숨지게 한 것으로 알려진 것 같다. **33**

당시 연행자 가운데는 아시아자동차공장에서 탈취한 장갑차를 운전하던 사람들을 생포하는 과정에서 최루탄을 사용했는데, 그들도 호송차에 함께 태워졌기 때문에 천막으로 밀폐된 차량 안에서 최루가스 냄새가 진동했다는 것이다.

이 같은 김치년의 증언에 비춰 볼 때 비망록 내용이 과장되게 표현되었을 개연성이 크다. 이런 가운데 두 증언의 간극을 메워 줄 수 있는 다른 증언이 등장한다. 광주교도소 교도관 홍인표는 "저녁을 먹고 난 직후 천막을 씌운 트럭 1대가 교도소에 도착했다. 그곳에는 70~80명의 시민이 타고 있었는데 거의 축 늘어져 있었다. 공수들은 그들을 발로 차고 곤봉으로 때리면서 트럭에서 끌어내렸다"고 증언하였다. **34** 세 사람의 증언과 검찰의 〈5·18관련사건 수사결과〉를 비교하면 〈표 4〉와 같다.

〈표 4〉에 나타난 내용을 비교해 보면 교도소 수송과정에 대한 대략적 내용을 파악할 수 있다. 오후 2시에 전남대를 출발한 차량은 도보

<표 4> 광주교도소 수송과정에 대한 증언 비교

	수송인원	이동시간	사망자	가스 살포 여부
비망록의 증언	1대, 40여 명	네댓 시간 걸려 밤중에 도착	3명	최루탄, 가스 살포
김치년의 증언	2대, 40명 미만	2시에 전남대 출발	사망 가능성	최루탄 가루 냄새
홍인표의 증언	70~80여 명	저녁식사 직후 교도소 도착	언급 없음	언급 없음
검찰 수사결과	수십 명씩 탑승	언급 없음	수 명	최루탄, 가스 살포

부대의 상황에 맞춰 네댓 시간 후인 오후 6시 30분경 저녁식사 직후에 광주교도소에 도착했다. 차량 한 대에 40명 가까이 태운 차량이 두 대였으므로 70~80여 명이 연행되었을 것이다. 공수부대는 최루탄만 사용한다는 김치년의 증언에도 불구하고 최루탄과 가스가 함께 살포되었을 가능성이 있고, 이로 인해 수송과정에서 수 명이 사망하였다. 그리고 이들은 기소도 되지 않은 단순 연행자 신분으로 광주교도소에 감금당했으며, 그곳에서 구타로 인해 사망자가 또다시 발생했을 가능성을 배제할 수 없다.

교도소 습격과 북한 특수군

광주교도소 습격을 둘러싼 논란에는 '북한'이 빠짐없이 등장한다. 처음에는 북한의 지령을 받은 고정간첩들의 소행이라고 주장하던 것이, 최근에는 북한 특수군이 직접 교도소를 공격한 것으로 바뀌었다. 이런 주장은 《전두환 회고록》에도 자세하게 나타난다.

무장시위대가 광주교도소를 집요하게 공격했다는 사실은 광주사태의 성격을 파악하는 데 매우 중요한 시사점을 제공한다. 교도소를 습격해 수감자들을 해방시키는 것은 전쟁 수행 중의 점령군 또는 혁명적 상황에서 혁명군이 취하는 교과서적인 작전이다. 5·18 당시 그들은 왜 많은 희생자를 내면서까지 그처럼 교도소 공격에 집착했을까. 광주교도소에 수감돼 있는 미전향 장기수들, 엄중한 정치범들, 간첩들을 해방시키려는 목적 때문이었다고 단언해도 무리가 없을 것이다. 광주사태 기간 중에 시위대와 광주시민 그 누구도 광주교도소의 수감자들을 풀어 달라고 요구한 사람은 없었다. (이하 광주지방법원 2017카합50236 출판 및 배포금지 가처분 결정에 의해 삭제) **35**

전두환의 주장을 살펴보면 무장시위대의 광주교도소 습격사건은 (공산주의) 혁명을 시도하던 불순세력이 저지른 것으로, '보이지 않는 손'에 의해 조종되고 자행되었을 것이라고 짐작한다. 실제 삭제된 원문을 대조해 보면 "교도소 습격은 북한의 고정간첩 또는 5·18을 전후해 급파된 북한 특수전 요원들이 개입한 것이라고 추측할 수 있게 하는 대목이다"라고**36** 기술되어 있다. 이것은 실로 무책임한 망언이자 역사에 대한 도발이다. 명색이 일국의 대통령을 지낸 사람이 구체적인 근거 제시도 없이 추정만으로 역사를 날조한 것이기 때문이다. 따라서 정확한 사실 고증과 역사학적 방법론에 의한 분석으로 당시 상황을 재구성할 필요성이 제기된다.

전두환의 주장은 1985년 국방부가 홍보용으로 펴낸 《광주사태의 실상》에 '북한 특수전 요원'의 개입이라는 새로운 내용을 덧붙인 것이

다. 전두환보다 앞서 이 같은 주장을 제기한 사람은 지만원과 김대령
이다. 지만원은 5·18 때 북한 특수군이 개입한 구체적 증거로 "교도
소 공격은 분명히 있었는데, 광주시민 중에서는 공격한 사람이 없는
것은 북한군이 저지른 사건"이기 때문이라는 희한한 논리를 내세우는
데, 《전두환 회고록》에서 그 주장을 차용한 것이다.

> 교도소 공격, 분명히 있었는데 광주 사람은 절대 안 했다 주장. 교도소
> 공격은 6회 있었고, 이 사실은 대법원 판결문에도 기록되어 있다. 그런
> 데 광주시장과 5·18기념재단은 교도소 공격에 대해서는 광주시민들이
> 모르는 일이라고 단언했다. 교도소 공격은 북한군이 했고, 그 유골 430
> 구가 2014. 5. 13. 청주에서 발각되었다. **37**

그의 주장은 정리하면 "광주교도소 공격이 6회 있었다", "교도소 공
격은 북한군이 했다", "그때 사망한 북한군 유골이 청주에서 발각되
었다"는 3가지다. 전두환이나 김대령에게서는 제기되지 않았던 '북한
군의 유골'이 새로운 증거물로 등장한다. 이 충격적인 도발을 검증하
기 위해 광주교도소 공격의 주체가 북한군이라는 주장을 팩트 체크를
통해 살펴보자.
지만원의 《5·18 분석 최종보고서》는 이렇게 설명한다.

> 북한 특수군 600명은 마지막으로 광주교도소 공격에 나섰습니다. 좌익
> 수 170명을 포함한 2,700여 명의 수용자들을 폭동에 동원하려고 6차례
> 에 걸쳐서 교도소를 공격한 것입니다. 이때 참호를 파고 대기하던 공수

부대와 고지쟁탈전을 벌여 아마도 많은 북한 특수군이 사살됐을 것입니다. 북한 특수군은 중상을 당할 경우 증거를 인멸하기 위해 죽기 전에 소형 폭발물로 자기 몸을 분쇄하는 것을 기본으로 한다고 합니다. 북한 특수군은 교도소 공격에서 패하자, 26일 마지막으로 도청에 있었던 20대 부나비들에게 결사항전을 선동하고 사라졌습니다. **38**

우선 주목할 것은 북한군 600명의 실체이다. 북한군 개입설을 주장하는 사람들이 하나같이 언급하는 600명이라는 숫자는 도대체 어디에서 나왔을까? 아무리 자료를 찾아도 600명이라는 인원수의 출처를 발견할 수 없었다. 그런데 알고 보니 그것은 사료에 근거한 것이 아니라 지만원의 추리에서 비롯된 것이다.

저는 북한군 600명의 실체를 어디서 보았을까요? 1995. 7. 18에 민·군·검찰이 공동으로 발행한 〈5·18관련사건 수사결과〉제 92~93쪽에는 아래와 같은 9개 줄의 매우 중요한 기록이 있습니다. "… 09:00경 20사단 지휘차량을 타고 온 시위대 300여 명과 고속버스 5대를 타고 온 시위대 300여 명이 아시아자동차공장을 점거하고 장갑차 4대와 버스 등 차량 56대를 탈취하여 광주 시내로 진출하였음."**39**

아시아자동차공장에 온 시위대 600명을 보고 광주에 온 북한군의 숫자를 파악했다는 주장이다. 그리고 이들의 정체에 대하여 이렇게 설명한다.

시위대 600명은 부대 이동에 대한 극비 정보도 얻을 줄 알고, 매복해 있다가 현역부대를 급습하여 이기는 능력을 가졌고, 작전분석도 할 줄 알고, 지프차를 몰고 다닐 줄도 알고, 장갑차와 트럭도 몰 줄 알고, 전남 지역 17개 시-군에 숨어 있는 38개 무기고 위치를 사전에 파악할 줄도 알고, 사전 예행연습을 통해 38개 무기고를 향해 질주할 줄도 알고, 무기고를 단숨에 부순 후 5,403개의 총기를 탈취할 줄도 알고, 총기를 자유자재로 다룰 줄도 알고, 총기 사용방법도 교육시킬 줄 알고, 8톤 트럭분의 다이너마이트로 2천여 발의 폭탄을 조립한 매우 희귀한 기술도 보유한 실로 다재다능한 능력을 가진 사람들. **40**

지만원은 이렇게 구체적인 근거도 없이 '5·18의 상황'에 대입하여 북한군 600명의 존재를 설명한다. 그뿐 아니라 '600명은 인원수가 아니라, 북한의 대남공작 역사책에 공통으로 나타나는 암호'라는 주장도 제기한다. **41** 그의 말은 종잡을 수 없고 논리적으로도 맞지 않는다.

청주에서 발견되었다는 북한군 유골

그러면 또 청주 유골 430구는 무슨 말인가? 이 사건의 전말은 이러하다. 2014년 5월, 충북 청주의 건설공사현장에서 유골이 무더기로 발견되었다. 경찰은 유골에 대해 발견 당시 비닐에 한 구씩 잘 싸여 있었고 420여구 정도로 추정된다고 밝혔다. 이를 두고 한편에서는 5·18민주화운동 당시 행방불명된 441명의 유골이라고 주장하고, 다른 한편에서는 '5·18'에 가담했다가 사망한 북한군의 유골일 가능성을 제기했다. 이에 경찰은 이 유골이 1994~1995년도 봉명·신봉·가경 택지개발 당시 강서면 신동동 묘지로 3차례에 걸쳐 이전한 무연고 묘의 일부라는 사실을 확인했다. 그럼에도 불구하고 이것이 '5·18'에 개입한 북한군 유골이라는 의심은 계속되었고, 마침내 이 유골을 "2014년 10월 4일 인천아시안게임 폐막식에 참석한 북한 대표단을 태우고 온 '김정은 전용기'가 싣고 갔다"는 황당한 주장까지 등장했다.

청주 유골 430구는 북한 최고의 자산이다. 그 유골을 북으로 가져가는 것은 북한정권 최고의 의무다. 그것이 충성의 동력이기 때문이다. 2014년 10월 4일, 우리는 매우 기이한 광경을 목격했다. 북한의 톱 실세인 황병서, 최룡해, 김양건이 감히 김정은 전용기를 몰고 인천공항에 온 것이다. 누구도 그 전용기의 목적을 알지 못한 채 수수께끼로 남아 있었다. 바로 청주 유골을 가져가기 위해 왔던 것이다. 그 유골을 김정은 전용기에 실어 준 남한 측 간첩들이 있을 것이고 부역한 공무원들이 있을 것이다. 나는 청주 유골 430구를 바로 그 전용기로 실어 갔을 것이라고 확신한다. 국가는 이를 밝혀야 한다. 이것이 밝혀지면 5·18의 민낯이 생생하게 드러난다. 누가 간첩인지, 누가 간첩들에 부역했는지 낱낱이 드러난다. 이것이 '5·18사기극'이 잉태한 최악의 아킬레스건이다. **42**

한마디로 코미디 같은 이야기다. 만약 이것이 사실이라면 대한민국의 국기를 흔들고 국가 정체성을 부정하는 도발이다. '5·18'의 미스터리들 가운데 특히 광주교도소 습격을 둘러싸고 이런 기막힌 유언비어성 주장이 인터넷 매체를 통해 무차별적으로 유포됨으로써, '5·

18'을 둘러싼 사회 혼란과 국론 분열은 점점 더 심화되고 있다. 이 때문에 '5·18'의 역사적 진실 규명을 위한 토론은 반드시 필요하다. 그러나 역사적 사실에 기초하지 않고 쏟아내는 억측과 유언비어는 건강한 사회를 병들게 한다. 문제는 지만원으로부터 시작된 북한 특수군 개입설이 탈북자들의 증언을 거쳐 김대령·전두환에게 인용되고, 다시 이들은《전두환 회고록》을 인용하는 불확실성의 악순환이 반복된다는 점이다.

최근 5·18에 대해 많은 연구가 완성돼 있습니다. 5·18은 민주화운동이 아니라 북한군이 광주에 대거 침투하여 일으킨 침략행위였다는 사실이 여러 학자들에 의해 밝혀졌습니다. 광주의 개념 없는 넝마주이, 구두닦이 등 10~20대 사회 불만세력이 부화뇌동하여 북한군에 부역했다는 사실도 밝혀졌습니다. 광주에 광주시민만으로 조직된 시위대가 전혀 없었다는 사실도 밝혀졌고, 시위대를 지휘한 사람이 광주에는 단 한 사람도 없었다는 사실도 밝혀졌습니다. 이러한 사실들은《전두환 회고록》에도 밝혀져 있습니다. **43**

특별히 주목할 점은 전두환, 김대령, 지만원 등은 광주교도소 습격 사건을 들어 5·18과 북한의 관련성을 주장하지만, 정작 '북한판 5·18 텍스트'라고 할 《광주의 분노》에는 '도내 무기고와 아시아자동차 차량 탈취사건', '전남도청 지하실의 폭약 설치사건' 등에 대해서는 상세하게 기술되어 있지만 광주교도소 습격과 관련한 내용은 단 한 줄도 없다는 사실이다. 범위를 더 넓혀 광주교도소와 관련된 내용을 찾아보더라도 "시내 곳곳에서는 쫓겨 가는 적들과 치열한 총격전이 벌어졌다. 수세에 빠진 공정대(공수부대) 놈들은 도청, 시청, 경찰국, 서부경찰서, 광주교도소를 제외한 모든 공공건물들에서 퇴각하였다. 이날 오후 폭동 군중은 드디어 괴뢰 도청에 대한 총공격을 개시하였다"는44 부분이 유일하다.

만약 북한군이 광주교도소를 직접 공격했거나 또는 그들의 지령에 의해 광주교도소 습격이 이루어졌다면 자화자찬식 기술이 상당하게 이루어졌을 것인데 언급조차 없다는 것은 오히려 북한군이 광주교도소 습격과 관련 없다는 반증이 될 수 있다.

교도소를 습격한 사람들

5·18관련 사망자 가운데 광주교도소 근처에서 사망한 것으로 알려진 사람은 모두 13명이다. 만약에 교도소 습격사건이 사실이라면 정황상 이들이 관련되었을 가능성이 가장 높을 것이다. 따라서 이들의 신상과 사망 경위에 대한 상세한 분석을 통해, 광주교도소 습격사건의 실체를 보다 구체적으로 파악해보고자 한다.

〈표 3〉의 사망자 13명 가운데 21일 사망한 고규석과 임은택은 담양 주민으로서 광주에서 일을 보고 귀가하던 중 호남고속도로에서 계엄군의 집중사격으로 비명횡사한 사실이 확인되었으며, 22일 사망한 김병연도 광주에서 재수하다가 담양 집으로 귀가하던 중 유탄에 피격당했음이 밝혀졌다.45 또 운전사이던 민병렬, 서만오, 안병섭의 경우는 광주교도소 부근 도로상에서 차단지시를 거부하고 달아나다가

<표 3> '광주교도소 습격 혐의' 사망자 명단 [46]

사망일	성명	연령	직업	주소	사인	유기 장소	비고
5월 21일 (8명)	고규석	37	농업(마을 이장)	담양	총상	근처 도로	2차 사건 희생자
	임은택	35	축산업(소 장사)	담양	총상	근처 도로	2차 사건 희생자
	민병열	31	정광교통 택시기사	화순	자상	교도소 앞	사건과 무관
	서만오	25	트럭운전사(무직)	광주	총상	근처 야산	사건과 무관
	정지영	31	성남가구점 목공	광주	총상	101 사격장	수송과정 사망자
	최열락	27	노동	광주	총상	부근 야산	수송과정 사망자
	김인태	48	농업	해남	타박사	교도소 근처	교도소 내 구타사
	장방환	57	무직	순천	타박사	교도소 근처	교도소 내 구타사
5월 22일 (4명)	서종덕	19	숙박업소 종업원	화순	총상	교도소 앞	4차 사건 관련자
	이명진	37	대명전자 회사원	광주	총상	교도소 앞	4차 사건 관련자
	이용충	26	운전사(무직)	광주	총상	교도소 앞	4차 사건 관련자
	김병연	18	재수생	담양	총상	근처 보리밭	사건과 무관
5월 23일	안병섭	23	운전사	광주	총상	근처 도로	7차 사건 관련자

피격되었을 것으로 짐작된다. 김인태과 장방환은 광주교도소로 수송된 후 가마니창고에서 폭행당해 사망하자 교도소 근처에 버려진 것으로 여겨진다. 그리고 최열락과 장지영은 전남대에서 광주교도소까지의 수송과정에서 사망한 것으로 추정된다. [47]

그러면 광주교도소를 습격하려다가 사망한 것으로 추정되는 사람은 서종덕, 이명진, 이용충 등 3명이다. 이들에 대한 기록은 검찰의 수사결과보고서는 물론 대법원 판결문에도 나오는데, 앞서 〈표 1〉에 나타난 4차 습격사건이 그것이다.

이 사건은 그야말로 미스터리다. 왜 그들은 아침부터 6명의 시위대와 기관총만으로 교도소 공격을 시도했을까? 단서라고는 "광주교도소에서 군 작전상 일어난 사건"이라는 검시보고서 기록이 전부이다. 만약에 그들이 《전두환 회고록》의 지적처럼 광주교도소에 수감된 사상범들을 해방시킬 목적이라면, 겨우 6명의 시위대원이 기관총 1정을 가지고 광주교도소를 쳐들어가는 무모한 행동을 하지는 않았을 것이다. 그런데 이와 관련하여 다른 내용의 기록이 나타난다.

> 오전 8시쯤 담양 방면으로 나가던 시민군이 교도소를 수비하고 있던 공수부대원에 의해 저지당하면서 총격전이 일어났다. 계엄군은 교도소 옥상에다가 캐리버 50 기관총을 설치해 놓고 시민들에게 발사했고, 여기서 시민군 3명이 사망하고 다수가 부상당했다. **48**

만약 이 기록이 사실이라면 대법원에서 유일한 교도소 습격 증거로 인정한 4차 습격마저도 조작한 것이 된다. 그러나 아직도 군 관련 자료가 공개되지 않는 상황에서 조작 여부를 검증할 방법이 없다. 여러 정황을 고려할 때 현 시점에서는 미스터리로 남겨 둘 수밖에 없다.

또 다른 조작들

1985년 국방부가 홍보용으로 제작한 《광주사태의 실상》은 광주교도소를 습격한 사람들에 관해 "과거 이 교도소에 복역했던 전과자, 당시 수용 중인 복역수 가족 및 이들을 탈옥시키려 했던 극렬시위자 등이다"라고 주장하고, 《전두환 회고록》도 같은 주장을 반복한다. 그런데 막상 '교도소 습격사건'으로 체포된 사람들 중에는 이런 조건에 해당하는 사람은 없었다. 전남합수단이 작성한 〈광주교도소 습격기도사건〉에서 그 구체적인 증거사례가 등장한다.

광주교도소에 복역 중이던 류락진의 처 신애덕과 동생 류영선이 시위에 가담해서 교도소를 습격하여 류락진을 구출하도록 선동했고, 류영선은 (22일) 시위대와 함께 광주교도소를 습격하다가 총상으로 사망하였다. **49**

이 사건은 22일 0시 40분에 일어난 제3차 습격사건과 관련된 이야기다. 그런데 이 증거는 국방부 과거사진상조사위원회의 조사 결과 신군부가 '5·18'을 불순분자의 소행으로 몰아가기 위한 의도에서 조작한 것으로 밝혀졌다. 당시 무기수 류락진이 광주교도소에 복역한 것은 사실이지만, 그날 신애덕은 전남합동수사본부에 시위주동자로 몰려 17일 예비 검속된 딸 류소영의 소재를 찾기 위해 동분서주하고 있었다. 그뿐 아니라 류영선은 조카 소영을 찾으러 나섰다가 21일 도청 앞 집단발포 때 머리에 관통상을 입고 의식불명 상태에서 기독병원으로 옮겨진 후 사망했다. 따라서 22일의 교도소 습격에는 참가할 수도 없었던 사람한테 혐의를 뒤집어씌운 것이다. 이것은 류락진의 외손녀인 영화배우 문근영의 가족사로 언론에도 공개되었다. **50**

그뿐 아니라 〈광주교도소 습격기도사건〉에는 "광주교도소 습격은 전과자, 복역수의 가족 및 이들을 탈옥시켜 폭동에 가담시키려던 극렬시위자 등의 주도로 총 5차례 공격했으나, 8명의 사망자와 70여 명의 부상자를 내고 패주했다"고 기록되었다. 그러나 '광주교도소 습격 혐의'로 체포된 심영의(20, 화장품 외판원) 등 7명 중 기소되어 처벌받은 사람은 단 1명도 없다. 심영의는 5월 23일 도청 근처에서 소방차를 얻어 타고 광주교도소에서 2킬로미터 남짓 떨어진 동일실업고등학교 부근을 지나다가 계엄군에게 공격을 받고 체포되었다. 차에 타고 있던 일행 5명 중 4명이 비무장이고 차에 놓인 총 1정에도 실탄이 없었다. 군인들이 교도소 탈취범임을 자백하라며 폭행하고 고문해서 정신을 잃었다. 그 후에 교도소 습격사범이 아니라는 사실이 입증되어 108일 만에 기소유예로 풀려났다. 51

광주교도소를 습격한 폭도라고 잡혀온 사람들은 대부분 고무신을 신은 40대였고, 심지어 중학생과 초등학생까지 있었다. 이들의 거주지는 하나같이 망월동이나 담양이었다. 교도소를 습격한 것이 아니라 광주에 나왔다가 귀가하던 길에 총을 맞은 사람이거나 총격전이 벌어지자 궁금해서 밖으로 나온 시민과 어린 학생들이었다. 52

이런 이유로 무장시위대가 광주교도소를 습격한 적이 없었다는 반론도 제기된다. 특히 21일 오후에는 무기를 탈취하려고 고속도로와 국도로 진출하려던 시민들을 향해 공수부대가 교도소에서 기관총으로 공격해서 많은 사상자가 발생하자 시위대가 차량에 여러 개의 타이어를 붙여 탑승자를 엄폐시킨 후에 운전과 사격만 가능하도록 공간을 확보하고는 폭발물을 싣고 교도소 앞을 통과하기 위해 기관총을 쏘며 돌진하려던 것을 '교도소 습격사건'으로 몰아붙였다는 것이다. 53

따라서 공수부대가 교도소 앞의 바리케이드를 통과하려고 달려가는 시위대나 민간인 차량을 공격해 놓고 '교도소 습격 기도'를 격파한 전과로 왜곡해서 계엄사에 보고하자, 계엄사는 이를 언론에 안보를 위협하는 악의적인 '폭도'의 소행으로 과장해서 발표했을 개연성도 제기된다. 54 앞에서 살펴본 대로 국회 광주특위 청문회에서 〈특전사 전투상보〉가 조작된 사실이 지적된 적도 있다. 이때 청문회에서 "5월 22일 10시까지 네 차례 교도소 습격이 있었다"고 기록된 3공수여단의

전투상보를 놓고 안영기 의원이 실제 습격사건으로 인식하여 질문한
데 대해, 정웅 31사단장은 "3, 4명씩 와서 시위하고 돌아간 것을 어떻
게 습격으로 볼 수 있느냐?"고 반문한 것처럼, 결국 교도소 습격이 있
었느냐의 판단 여부는 그것을 어떻게 인식하느냐의 문제이다.

법적 판단과 역사적 판단

1997년 대법원은 "공수부대가 주장하는 6, 7차례에 걸친 교도소 습격
사건에서 구체적으로 습격을 기도한 흔적이 없었다"는 5·18 측의 주
장과 달리, 시위대의 광주교도소 습격을 '불법한 공격행위'로 규정했
다. 사법부의 판단 기준은 혐의자의 의도가 아니라, 그 행위 자체에
있기 때문이다. 대법원 판결 근거가 된 항소심 판결문에서는 이렇게
설명한다.

> 시위대가 3일간에 7회에 걸쳐 교도소를 공격, 교도소 내 죄수(간첩을
> 포함한 2,700여 명)를 탈출시켜 시위군중과 합세하여 시위를 더욱 격화
> 시키려던 의도(사실 여부는 불문하고)는 3공수여단의 완강한 대항으로
> 와해시킴으로써 국가 보안목표인 교도소를 방호할 수 있었다. 그런데
> 다수의 재소자를 수용하고 있는 광주교도소에 무장한 시위대들이 접근
> 하여 그곳을 방호하는 계엄군을 공격한 행위는 비록 그들이 '헌법을 수
> 호하기 위하여 결집한 헌법 제정 권력의 일부'라고 주장하여도, 이는 헌
> 법수호운동의 한계와 방호 목적을 벗어난 불법한 공격행위이었다. **55**

이로써 광주교도소 습격사건에 대한 법적 판단은 일단락되었다. 설령 그것이 조작되었다고 할지라도, 항소심에 이어 대법원도 4차 습격 당시 서종덕, 이명진, 이용충 등의 사례를 들어서 광주교도소 공격을 사실로 인정하고 불법행위로 판단했다. 그렇더라도 이것은 일종의 '충동적 습격'이다. 그리고 5·18의 역사적 현장을 아무리 살펴보아도 전두환, 지만원, 김대령의 주장처럼 수백 명의 시민군(또는 북한군)이 '고지쟁탈전'을 벌이듯이 교도소를 공격하여 사상범을 탈주시키고 광주를 혁명화하려는 의도의 공격은 전혀 찾아볼 수 없다. 이 때문에 행위를 두고 판단하는 법적 판단과 사건의 전후 맥락을 보고 판단하는 역사적 판단은 다를 수밖에 없다.

"재판 판결은 역사 논리의 완성도 역사 연구의 끝도 아니다. 재판이 역사 평가를 대신할 수는 없다. 5·18 사건에 대한 온 국민의 공통적인 관심사가 있다면 그것은 진실을 아는 것이다"는[56] 김대령의 주장처럼, 역사의 진실을 찾기 위해 광주교도소 습격사건을 정리해 보자. 5월 21일 오후부터 시위대는 전남도내 무기고의 무기 탈취를 위해 광주교도소 부근에 있는 톨게이트로 진출을 시도했지만 외곽봉쇄를 담당한 3공수여단은 철저하게 길목을 차단했다. 이 과정에서 계엄군의 사격 또는 무장시위대 사이에 일어난 총격전으로 민간인 10명이 사망하고 12명이 중상을 입었다.[57] 그러나 시위대가 구체적으로 교도소 습격을 기도한 흔적은 찾아볼 수 없다. 광주교도소 습격 혐의로 기소되어 사법부에서 처벌받은 사람도 없다.

'5·18' 때 광주교도소 습격이 있었는지 없었는지를 판단하는 기준은 '행위'의 문제가 아니라 '인식'의 문제이다. 공수부대가 주장하고 검찰이 인정한 교도소 습격행위는 7차례다. 대법원은 이 가운데 조작 혐의가 뚜렷한 2건을 제외한 5건을 교도소 습격으로 판단하면서도 구체적인 증거로 인정한 것은 서종덕, 이명진, 이용충 3인에 불과했다. 다른 습격행위자는 조사와 재판이 진행되는 과정에서 그들의 행위가 교도소를 습격하려던 것이 아니었다는 사실을 입증했지만, 이들은 사망자여서 그럴 수가 없었다. 그렇지만 또다시 3차와 5차 습격사건이 '5·18'을 불순분자의 소행으로 몰아가기 위한 의도에서 조작된 것으로 밝혀진 이상 광주교도소 습격의 유일한 법적 증거인 4차 습격에 대해서도 조작의 의혹이 제기되고 있다. 이런 점을 감안할 때 교도소에 대한 충동적 습격행위는 있었지만, 의도적인 교도소 습격사건은 없었다고 인식하는 것이 타당하다.

왜, 그들은 광주교도소로 달려갔는가? 《전두환 회고록》은 "무장시위대가 광주교도소를 집요하게 공격한 또 하나의 이유는 호남고속도로의 길목을 장악하려는 기도였을 것이다"라고[58] 그 이유를 설명한다. 바로 그렇다. 그것이 주된 요인이다. 그의 지적처럼 무장봉기를 전라남도 일원으로 확산시키기 위해 시위대는 교도소 부근 동광주 IC로 달려갔다. 이것을 교도소 습격으로 오인하고 무리한 총격을 가해 사상자가 발생했다. 이런 사례는 수차 반복되었고, 그 과정에서 교도소를 향한 항의성 무력시위가 펼쳐졌다. 이것이 5·18 때 일어난 광주교도소 습격사건의 진실이다.

세 차례 특공작전과 복면부대

5·18의 세 번째 미스터리는 5월 21일 하루 동안에 세 차례에 걸쳐 발생한 '시위대의 무기 및 차량 탈취사건'이다. 21일 오전 8시경 20사단의 차량행렬이 시위대의 습격을 받아 사단장 지휘차량을 비롯한 지프차 14대를 빼앗겼고, 9시에는 아시아자동차공장에서 생산한 장갑차와 각종 차량 414대를 탈취당했다. 그리고 오후 2시부터 4시 사이에는 전남 17개 시군의 38개 무기고가 동시다발적으로 기습을 받고 보관 중이던 무기를 강탈당했다.

어떻게 하루 동안 이런 일이 세 번씩이나 일어날 수 있었을까? 상식적으로는 도저히 이해가 되지 않는 일이다. 더욱이 20사단은 육군의 기동사단으로 막강한 전투력을 갖춘 정예부대인 데다가, 아시아자동차공장은 방위산업체로 철통같은 방어시스템을 자랑하는 곳이다. 사단 지휘부와 방위산업체의 차량을 탈취하고, 탈취한 차량을 이용하여 무기고에서 무기를 탈취하여 계엄군을 공격했다면, 사전에 준비된 치밀한 계획과 잘 훈련된 장병들의 특공작전을 연상할 수밖에 없다.

따라서 겉으로만 보면 이날의 사건을 두고서 여러 가지 합리적인 의심이 제기되는 것도 무리가 아니다. 오죽했으면 전두환 전 대통령은 "이 모든 일은 계획되고 조직적인 행동으로 볼 수밖에 없다. 이처럼 전개된 일련의 상황이 지금까지 꾸준히 제기되는 북한 특수군의 개입 정황이라는 의심을 낳고 있는 것이다"라고 회고록에 기술하고,[1] 지만원 박사는 "대학생으로 위장한 북한 특수군이 18일부터 21일 오후 5시 계엄군을 광주에서 몰아낼 때까지 세계 최정상 수준의 특공작전을 펼친 것"이라고 주장할까?[2]

그러면 이들의 주장은 얼마나 타당한 것일까? '20사단장 지휘차량 탈취사건', '아시아자동차공장 차량 탈취사건', '17개 시군의 무기고 탈취사건' 등 3가지 사건의 진상 규명을 통해 검증해 보려고 한다.

20사단 지휘부 차량 습격사건

5월 18일 주영복 국방장관 주재로 이희성 계엄사령관, 전두환 보안사령관 겸 중앙정보부장 서리 등의 군 수뇌부가 모여 광주사태와 관련한 대책회의를 열고 3, 7공수여단과 20사단을 광주로 파병하기로 결정했다. 이에 20사단은 20일 '작전투입을 위한 부대이동' 명령을 받고, 박준병 사단장을 비롯한 전원이 기차를 타고 22시 정각부터 4회에 걸쳐 용산역에서 송정리역으로 이동했다. 그리고 21일 08시 58분에 광주에 도착한 후 10시 정각에 상무대로 이동하여 작전 준비에 들

218

어갔다.

다만 사단장 전용 지프차 등 지휘부 차량 14대에 탑승한 28명은 화학부대장의 인솔하에 호남고속도로로 이동했다. 그런데 이 차량행렬이 광주에 진입하여 광주공단 입구를 통과할 무렵 갑작스럽게 마주친 시위대로부터 화염병 공격을 받고 1/4톤 지프차 14대를 뺏기고, 2명이 부상당했으며 1명이 실종된 가운데 철수했다. 오전 8시 10분부터 20분 사이에 일어난 사건으로서 실종된 병사 1명은 생포되었다가 12시 정각경 탈출하여 부대에 무사히 복귀했다. 3

《전두환 회고록》은 이 사건의 정치적·군사적 의미를 이렇게 분석한다.

광주 출동을 명령받고 이동하던 20사단 지휘부 차량이 잠복 대기 중이던 일단의 무장시위대의 습격을 받아 차량을 모두 탈취당했고, 이 차량들이 방위산업체인 아시아자동차공장 습격 및 이후의 조직적인 무기고 습격에 이용된 사실은 5·18의 성격을 파악하는 데 매우 중요한 소재를 제공하고 있다. 4

전두환 전 대통령의 말처럼 어떻게 정규군이 시위대에 이렇게 쉽게 당했는지 도대체 이해가 안 된다. 이 때문에 혹시 북한군 특수부대라도 온 것은 아닌가 하는 의심마저 들게 한다. 이런 의혹을 대변하듯 지만원 박사는 1995년에 발표된 검찰과 국방부의 합동수사보고서인 〈5·18관련사건 수사결과〉를 토대로 자세하게 설명한다.

1995년에 내놓은 검찰 및 군 검찰의 수사결과보고서에 의하면, 5월 21일 오전 8시, 시위대 300여 명이 고속도로 톨게이트 부근에 매복해 있다가 극비리에 이동하는 '20사단 사령부'를 기습하여 사단장 차량을 포함한 지휘차량 14대를 빼앗아 방위산업체인 아시아자동차공장으로 가서 "20사단 사단장 차를 보아라" 하면서 순종하도록 만들었습니다. 감히 어느 한국인이 이렇게 기발한 생각을 할 수 있는 것이며, 극비로 취급되는 사단의 이동 계획을 사전에 알아내 가지고 공격하기 가장 좋은 톨게이트라는 장소에 매복할 수 있는 것이며, 이런 능력자들이 어떻게 300명씩이나 될 수 있는 것인지 사리판단을 해주시기 바랍니다.[5]

지만원의 주장은 매우 흥미롭다. 계엄군의 극비 정보를 입수해서 사단장 차량을 탈취하고, 별 두 개를 붙인 차를 타고 자동차공장을 찾아가서 차량을 강탈해 가는 모습이 마치 영화의 한 장면처럼 너무 인상적이다. 그리고 이것은 고도로 훈련된 특수요원이나 할 수 있는 각본이다. 그런데 이상의 내용을 살펴보면 20사단의 광주 작전일지와 지만원이 인용한 검찰 자료에는 몇 가지 차이점이 발견된다. 사실관계를 확인하기 위해 검찰 자료 원문을 찾아 대조해 보자.

02:30경 용산을 출발, 고속도로를 경유하여 08:00경 광주에 도착한 20사단 지휘차량 인솔대는 광주공단 입구에서 진로를 차단한 수백 명의 시위대로부터 화염병 공격을 받고 사단장용 지프차 등 지휘용 지프차 14대를 탈취당했는데, 그 과정에서 사병 1명이 실종되고(수일 후 복귀), 2명이 부상을 입었으며, 09:00경 제20사단 지휘차량을 타고 온

시위대 300여 명과 고속버스 5대를 타고 온 시위대 300여 명이 아시아 자동차공장을 점거하고 장갑차 4대와 버스 등 차량 56대를 탈취하여 광주 시내로 진출하였음. **6**

원문과 인용문을 비교하면 명백하게 세 군데가 다르다. 첫째, 원문에는 '20사단 사령부'라는 단어는 없고 '지휘차량'만 등장한다. '20사단 사령부'가 이동한다는 것은 사단장과 참모들이 함께 이동한다는 뜻이고, '지휘부 차량'이 이동한다는 것은 사단장 전용 지프차가 이동한다는 말이다. 따라서 사단장 지프차에는 운전자와 인솔자(화학부대장)가, 지휘부 차량은 참모들의 지프차를 합쳐 총 14대에 운전사와 탑승자가 1명씩 탑승하여 모두 28명이 이동하고 있었다.

둘째, 원문에는 피습장소가 광주공단 입구라고 되어 있는데, 인용문에서는 고속도로 톨게이트 부근이다. 두 곳은 거리상으로도 상당히 먼 거리이고 지형조건도 전혀 다르다. 톨게이트 부근은 야산이어서 매복이 가능하지만, 광주공단 입구는 평지이기 때문에 매복이 불가능한 곳이다.

셋째, 원문에 없는 '매복'이라는 단어가 인용문에 등장한다. 그리고 매복 작전을 수행한 별도 특수군 집단이 존재했음을 암시한다. 어떻게 이 짧은 인용에서 세 군데나 오류가 있을까를 생각하면 의도적인 조작은 아닐까 하는 의혹이 생겨난다.

지만원은 이렇게 조작된 사실을 바탕으로 지금까지도 5·18 때 북한 특수군이 광주에 내려왔다는 주장을 펼치고 있다.

5월 21일 아침부터는 작전 형태가 100% 군사작전으로 활동 개념이 돌변하였습니다. 20사단은 전투력 높은 정규사단입니다. 20사단 차량부대가 08시에 광주 톨게이트를 통과한다는 정보는 1급 비밀입니다. 그런데 광주 시위대라는 300명이 그런 비밀정보를 알아냈습니다. 매복하고 있다가 정확히 08시가 되자 사방을 가로막고 사단장용 지프차를 포함해 14대의 지프차를 탈취했습니다. 7

여기서도 존재하지 않았던 '매복'이 등장한다. 다분히 의도성이 드러나는 부분이다. 그런데 지만원의 왜곡된 주장은 그렇다 치고, 국군의 정예부대인 20사단이 '작전지역 지형 숙지', '안내병 배치'라는 전술학의 기초상식도 외면하고, 왜 그렇게 서툰 행동을 했는지 도무지 이해가 되지 않는다. 이 같은 의문은 1988년 국회 광주특위 청문회에서도 제기되었다. 예비역 장성인 이광로 의원(민정당)은 '20사단 차량 피습사건'에 대해 질문하다가 "부대이동을 한다는데 인터체인지에 헌병만 배치했더라도 일어나지 않았을 사고이다"라며 안타까워했다. 8

한편 당시 국회 광주특위에는 〈20사단 충정작전보고서〉가 제출되었는데, 그곳에는 이렇게 기록되어 있었다.

서울 출발 직전 사단 군수참모가 3군 군수참모에게 지휘용 차량 14대가 육로로 이동하니 CAC 군수참모에게 통보를 요청, 3군 군수참모가 CAC 군수참모에게 전달했으나 CAC에서 '안내병 배치 조치' 미 실시로 상황 파악이 안 된 상태에서 광주 시내에 진입하므로 발생됨. 9

이에 대해 CAC 예하 전남 관할 부대장인 정웅 31사단장은 그런 연락을 받은 적이 없다고 부인했으며, 또다시 보고서 내용이 변조되었다는 논란이 일었다. 이에 특위 문서검증반이 육군본부 문서관리단에 보관된 원본과 대조한 결과 위의 인용문 전부가 임의로 추가 기재되어 제출된 사실이 확인되었다.[10] 이것은 국방부가 1988년 국회 청문회에 대비해 만든 비밀조직 5 · 11연구위원회에 의한 조작 사례로 추정되며, 5 · 18 때 20사단장으로 청문회 당시 민정당 사무총장이던 박준병 의원의 연관성이 주목된 부분이다. 여기에서 문제가 되는 것은 작전의 실패보다 5 · 18에 대한 역사왜곡이다. 1980년 6월 작성된 〈20사단 작전일지〉와 1988년 국회 광주특위 청문회에 제출된 자료는 물론이고, 그 이후 5 · 18연구자들에게도 조작과 왜곡이 비일비재하게 나타나면서 풍선효과처럼 확대되고 있다.

《전두환 회고록》은 이 사건을 이렇게 기술하였다.

20사단 지휘부 차량행렬은 21일 새벽 2시 30분 용산역에서 출발해 경부고속도로를 통해 아침 8시 10분경 광주공단 입구에 도착했는데 시위 군중들이 길을 가로막았다. 지휘부 차량 뒤편에서 잠복해 있던 일단의 무장시위대가 쇠파이프, 낫, 화염병 등으로 공격해 왔고 사단장 차를 포함한 14대의 차량은 모두 불타거나 탈취당했다. 잠복해 있던 정체불명의 무장시위대는 그 장소에 있던 일반 시위군중과는 분명히 구별할 수 있을 만큼 행동거지가 민첩하고 조직적이었다. 20사단 지휘부가 광주톨게이트를 통과할 것이라는 사실을 알고 잠복해 있다가 화염병 등으로 공격한 것이다.

무장시위대 가운데 일부는 경찰복과 공수부대 복장을 갖춘 채 복면을 하고 있었다. 물론 사단 주력이 아닌 단순한 차량행렬에 불과했고, 또 그때는 이미 시위대가 경찰과 군의 무전기를 탈취해 간 상황이어서 군 부대의 이동 정보를 알 수 있었다고 하더라도, 육군 사단 중에서도 정예 부대인 20사단 지휘부의 차량행렬을 게릴라 작전하듯이 공격했다는 사실에 비추어 볼 때 복면시위대의 정체에 의문이 생긴다. [11]

2017년에 발간된 《전두환 회고록》은 그간 밝혀진 지만원 등의 오류를 일부 수정하면서도 '쇠파이프, 낫, 화염병'과 '복면시위대'라는 새로운 사실을 등장시켜 의혹을 증폭시킨다. 이것은 새로운 의혹 제기를 통해 북한군이 개입했다는 주장을 변증하려는 의도이지만, '낫을 든 시위대'는 전두환이 앞서 주장한 '북한 특수군의 특공작전'과는 거리가 먼 그림이다. 그러면 이런 의혹과 20사단 차량 피습사건을 연결한 근거는 어디에서 나왔을까 하는 의문이 또다시 제기된다. 그 근거를 추적한 결과 '낫을 든 시위대'는 1987년 NCCK 자료에 처음 등장하고, 1995년 〈광주매일신문〉의 《正史 5·18》에 보다 구체적으로 기술되었음을 발견할 수 있었다.

NCCK 자료 유덕동의 농민 50명은 한복을 입고 쇠스랑, 괭이, 죽창 등을 들고 시내로 집합. [12]

《正史, 5·18》 유덕동 근처에서는 농민 50여 명이 한복을 입고 손에 쇠스랑, 괭이 등을 들고 시내로 몰려와 시민들의 박수를 받는다. "시민 여러분 금남로로 가서 계엄군을 쳐부숩시다." 시 외곽에서 구호를 외치며 대열을 지은 시민들은 거대한 부대가 되고, 실개천이 모여 바다가 되어 금남로에서 '민중의 바다'를 이룬다. **13**

그런데 김대령 박사가 이 '농민시위'를 20사단 기습작전과 연결했다. 그는 그 이유를 이렇게 설명한다.

> 무장봉기 주동자들은 광주 시내로부터 온 것이 아니라 광주 외곽으로부터 왔다. "시민 여러분 금남로로 가서 계엄군을 쳐부숩시다"는 외침은 전투의 시작이요, 시민군 모병의 시작이다. 한복을 입고 쇠스랑과 괭이와 죽창 등으로 무장한 농민들이 그런 선동을 하였다. 그들이 정말로 농민이었는지는 알 수 없다.
>
> 이튿날 오전 8시에 낫을 들고 20사단을 습격해서 지프차 14대를 탈취한 자들도 50명이었던 것으로 보아 동일 세력이다. **14**

김대령은 20사단 차량을 탈취한 시위대 숫자가 50명이고 유덕동 농민시위대 숫자도 50명인 것으로 보아 동일 세력이라고 주장한다. 유덕동 농민시위대가 20사단 차량탈취범으로 둔갑한 것이다. 그는 이런 주장을 입증하기 위해 세 가지 가설을 내세운다. "유덕동 농민 시위대는 농민이 아니고, 시위대가 차량을 급습할 때는 50명이었는데 9시경에 600명으로 늘어났으며, 북한군의 지시를 받은 시민군 지휘부가 계엄군의 군사정보를 감청했을 것"이라는 주장이다. **15** 그러나 20사단 차량을 탈취한 자들이 50명이라는 근거는 어떤 자료에서도 찾아볼 수 없다. 이같이 김대령의 가설 자체가 구체적인 근거도 없는 추리에 불과하지만, 거의 같은 시간대에 지근거리에서 발생한 20사단의 다른 전술 실패 사례를 살펴보면, 더더욱 잘못된 주장인 것을 확인할 수 있다.

20사단의 다른 사례를 살펴보자. 이날 오전 8시 송정리역에 도착한 61연대 장병(장교 82명, 사병 1,413명)은 전투교육사령부에 도착즉시 차량 40대와 함께 광주교육대로 이동하라는 지시를 받았다. 농성동사거리 근방에 이르자 시위대가 바리케이드로 도로를 차단한 상태였고, 흥분한 시위대를 감당할 수 없었다. 2대대장 김형곤 중령은 연대장에게 이 같은 사실을 보고하고 상무대로 철수했다.16 국회 광주특위 청문회에 제출된 〈20사단 충정작전보고서〉에는 이 사건에 대해 이렇게 기록되어 있다.

◇ 08:00 광주시 공단입구 일원으로 소요 진압차 61연대 출동했으나 소요군중의 과열된 소요로 진압작전 불가 복귀(인원 82/1,413명, 차량 40대).
○ 집결 소요군중 2천 명으로 극도로 흥분된 상태이므로 61연대장이 소요군중 대표자와 대담을 통해 공수부대와 같은 진압작전이 불가함을 판단하고 복귀를 사령관에게 건의, 승인하 복귀.
○ 20사단 병력에 대한 광주시민의 우호적인 분위기가 조성.

그런데 특위 문서검증반의 원본 대조 결과, 61연대장이 군중 대표자와 면담했다는 내용과 "광주시민의 우호적인 분위기 조성"이라는 부분은 원본에 없는 사실을 변조해서 기재한 것으로 판명되었다. **17** 300명 시위대를 2천 명으로 과장하고, 실제로는 없었던 면담을 있었던 것처럼 조작하여 진실을 오도하려던 역사왜곡이 또다시 적발된 것이다.

그러면 이날의 실제 상황은 어떠했을까? 당시 상황을 현장에서 지켜본 김용대의 증언이다.

농성동 소재 한국전력공사 앞에서 여느 날과 마찬가지로 통근버스를 기다리는데 평상시보다 1시간 이상이 경과했는데도 통근버스가 오지 않았다. 그때 한국전력공사 부근에서 일반 보병이 완전군장하고 시내 진입을 시도하고 있었다. 처음에 나는 그 광경을 관망하기만 했다. 주변에 있던 시민과 학생들이 가로수를 쓰러뜨려 그들의 시내 진출을 저지하며 바리케이드를 치고 있었다. 지프차와 트럭에 탄 보병이 바리케이드 부근으로 접근하면 시민들이 몰려가서 지프차와 총을 빼앗았다. 보병들은 무기를 빼앗긴 채 재빨리 도망쳤다. 이런 일이 여러 번 되풀이되는 동안, 나도 시위대에 합류하여 한국전력공사 앞에서 서부경찰서 사이에 3개의 바리케이드를 설치했다. **18**

이 사건 역시 20사단의 부대 이동작전이 실패한 사례이다. 시위대의 이동 경로도 파악하지 않은 채 부대를 이동시켰다가, 농성동 한국전력공사 앞에서 시위대와 맞부딪쳐서 예정 장소로 이동하지 못하고 되돌아온 것이다. 이 사건과 지휘차량 피습사건은 불과 수백 미터 거리에서 10분 간격으로 발생한 유사한 사건이다. 시위대의 이동 경로

나 장애물도 파악하지 않고, 연대 규모 병력이 주먹구구식으로 이동한다는 것은 전술학의 기초도 모르는 어처구니없는 일이다. 도대체 20사단은 왜, 그랬을까? 무슨 사정이 있었기에 그런 실수를 몇 번씩이나 반복했을까?

그런 점에서 보안사령부 정보과장 한용원의 지적에 주목할 필요가 있다.

지휘부에서는 너무 현지 사정을 무시한 채 전년도에 있었던 부마사태 당시의 진압사례만 생각하고, 그저 광주에 공수부대가 투입되기만 하면 사태가 가라앉을 것으로 안이하게 생각하고, 아무 준비 없이 병력부터 출동시킨 것이 잘못이었다고 생각합니다. **19**

예부터 《손자병법》에 "지피지기백전불태"(知彼知己白戰不殆, 상대를 알고 나를 알면 백 번 싸워도 위태롭지 않다) 라고 했는데, '5·18' 발발 초기에 '아무런 준비 없이 병력부터 출동시킨 잘못'이 20사단의 이동 작전에도 연속된 실패로 나타났음을 알 수 있다. 지만원이 주장하는 것처럼 세계 최고 수준을 자랑하는 북한 특수군의 특공작전은 없었다. 오히려 국군의 어설프고 수준 낮은 이동작전이 있었을 뿐이다. 이것은 5·18 기간에 발생한 계엄군 간의 오인 사고를 통해서도 판단할 수 있다.

《전두환 회고록》은 지만원과 김대령의 주장을 섞어서 '낫을 든 정체불명의 복면시위대'라는 새로운 의혹을 제기한다. 이 과정에서 지만원, 김대령, 전두환으로 이어지는 3단계의 조작사례가 발견되고,

그런 과정을 거쳐 5·18의 왜곡이 심화되고 있음을 알 수 있다. 그러나 여기에서 논리적인 모순도 발생한다. 만약 20사단 지휘차량을 습격한 시위대가 북한군 특수부대라면 총을 들지, 왜 쇠파이프와 낫, 화염병을 들고 있었을까. 유덕동 농민시위대와 북한군 특수부대의 조합은 어색하기만 하다.

아시아자동차 차량 탈취사건

21일 오전, 태극기에 덮여 수레에 실린 2구의 시신을 앞세우고 전남도청을 향해 계엄군과 대치하던 시위대에서는 일부 청년들 간에 "계엄군의 장갑차 바리케이드를 돌파하기 위해서는 우리도 장갑차가 필요하다"는 얘기가 나돌았다. 20일 오후부터 버스를 이용한 차량돌격대를 운용하여 계엄군과 싸우면서 그 효용성을 확인한 시민들은 계엄군에 대응할 수 있는 강력한 무기와 시위대를 원활하게 수송할 수 있는 차량을 확보해야 할 필요를 느꼈기 때문이다.

8시경 금남로에 모여 있던 시위대 가운데 청년들이 중심이 된 일단의 무리가 광천동의 아시아자동차공장으로 이동했다. 이들 중 일부는 대인동 시외버스공용터미널과 신안동 중앙고속터미널 등으로 흩어져서 차량 확보에 나섰지만, 광주를 빠져나간 버스들이 교통두절로 돌아오지 못해 차고가 텅 비었고, 그나마 남아 있던 차량도 이미 전날에 시위대에 징발되었음을 알고 발길을 아시아자동차공장으로 돌렸다. 시민들이 아시아자동차공장 정문에 들이닥치자 근무 중이던 20여 명의 경비원들이 막아섰다. 이들은 처음에는 시위대를 완강하게 제지했으나 약간의 시간이 지난 뒤부터는 물러서 길을 터주었다. 이들은 도심에서 4킬로미터가량 떨어진 아시아자동차공장에서 탈취한 장갑차와 차량을 몰고 와서 시위대에 가담했다. 이 모습을 보고 모두들 사기가 충전하여 들뜨기 시작했다.

〈전교사 전투상보〉는 이를 "오전 9시 20분 아시아자동차공장 APC (장갑차) 피탈"이라고 기록하였다. 한편 검찰의 〈5·18관련사건 수사결과〉는 "오전 8시께 광주에 도착한 20사단 지휘차량 인솔대가 광주공단에서 시위대로부터 화염병 공격을 받고 사단장용 지프차 등 지휘용 지프차 14대를 탈취당했는데, 이 가운데 하나인 20사단 지휘차량을 타고 온 시위대 300여 명과 고속버스 5대를 타고 온 시위대 300여 명이 오전 9시께 아시아자동차공장을 점거하고 장갑차 4대와 버스 등 차량 56대를 탈취하여 광주 시내로 진출하였음"이라고 기술하였다.[20]

이에 대해 지만원은 당시 상황을 상세하게 부연 설명한다.

이들 300명은 왜 이 어려운 작전(20사단 지휘부 차량 탈취를 가리킴)을 통해 지프차를 탈취해 가지고 아시아자동차공장으로 직행했겠습니까? 전남지역 17개 시군에 숨어 있는 38개의 무기고를 털 군용트럭이 필요해서였습니다. 그런데 그 차량들은 군납업체인 아시아자동차공장에 있었습니다. 아시아자동차공장의 벽은 '요새의 벽'입니다. 높고 견고하고, 철조망이 있고, 망루가 있고, 경비병들이 있습니다. 경비병들은 높은 망루에 모래 마대를 쌓고 기관총을 거치하고 여차하면 발사할 준비를 갖춘 전투병들이었습니다.

이런 벽을 뚫고 많은 차량을 탈취하려면 삼엄하게 경비를 서는 경비병을 제압해야 합니다. 경비병과 싸우려면 총이 있어야 하는데 폭도에게는 총이 없습니다. 싸우면 총 없는 600명이 전멸합니다. 총 없는 폭도 600명이 총을 가진 경비병을 제압하기 위해서는 기발한 작전이 필요했습니다. 사단장용 지프차 등 14대의 지프차를 구태여 빼앗아 아시아자동차공장으로 갔다는 것은 "이거 봐라, 20사단이 일망타진됐다, 이미 대세가 기울었으니 반항하지 말고 순순히 항복하라" 또는 "우리가 20사단 지휘부다. 문 열어라"는 식의 엄포용이었을 것입니다. 21

그러면 이런 주장은 얼마나 정확한 사실일까? 현장에 있던 시위 가담자들의 증언을 토대로 상황을 재구성해 보자. 20사단 지휘부 차량 14대를 빼앗은 시위대는 사기가 충천하여 일부는 그 지프차로 시내로 들어가고, 나머지는 가까운 아시아자동차공장으로 몰려갔다. 차량 시위대에는 박하성(16), 정원훈(17), 허오제(17), 강규영(18), 이용일(18), 김태헌(19), 임우택(19), 김정기(19) 등 10대 청소년이 특히 많았고, 그중에는 아시아자동차공장 직원들도 포함되어 있었다.

김정기는 당시 상황을 이렇게 증언한다.

내가 탄 차가 아시아자동차 정문에 이르자 20여 명 되는 경비원이 가로막고 있었다. 이때까지도 내가 탄 차에서 내리는 사람은 아무도 없었다. 제지하는 경비원들에게 차량이 다가가니 경비원들은 물러났고 아시아자동차공장으로 들어갈 수 있었다. 이어 몇 사람이 내리기 시작했고, 누군가 "운전을 할 줄 아는 사람은 전부 내리라"고 소리쳤다. 이때 나는 내리지 않고 있었는데, 혹시나 경비원 중에 내 얼굴을 아는 사람이 있거나 나중에라도 기억하면 곤란해질 것 같아서였다. 그런데 내려갔던 몇 사람이 되돌아오더니 차가 없다고 했고, … 차량을 가지러 갔던 사람들의 차가 없다는 말을 나로서는 이해할 수 없었다.

　3공장 앞에 이르자 함께 갔던 사람들에게 이렇게 얘기했다. "나는 지금 이 회사에 근무하는 사람이다. 차들은 이곳 3공장에 있다." 그러자 몇 사람이 문을 열기 시작했다. 누군가가 장갑차도 있느냐고 물어서 장갑차는 주행시험장에 있고, 이 공장 안에는 여러 가지 차가 있는데 페퍼 포그차가 두 대 있다고 했다. 이어 차량들이 나오기 시작했고, 나는 가급적이면 회사 내에서 경비원들에게 얼굴을 알리고 싶지 않아 멀리 돌아서 정문으로 왔다. 내가 탄 차는 물론이려니와 아시아자동차에서 가지고 나온 차량에 대해서도 들어갈 때와는 달리 제지하는 사람은 아무도 없었다.[22]

김정기는 누군가 "장갑차는 없느냐?"고 물어서 신입사원 교육을 받을 때 장갑차를 만드는 제3공장을 둘러본 기억을 더듬어 그곳을 알려줬다고 증언한다. 이처럼 아시아자동차공장에서 차량이 유출되는 과정에는 이 공장에 근무하던 노동자들이 가담하여 결정적인 도움을 주었다. 경비원들은 처음부터 시위대의 위세에 눌려 제지할 엄두도 못냈지만, 어떤 곳에서는 사태를 미리 짐작하고 시위대에게 내줘도 될 차를 선별해 놓기까지 했다. 이로 인해 후일 국회 광주특위 청문회에서 조홍규 의원과 소준열 증인 간에 "공장 노동자들이 밖으로 가지고 나온 것을 피탈이라고 할 수가 있느냐?"는 논쟁이 벌어졌으며,[23] 직장예비군의 역할에 대해서도 공방이 이어졌다. 이런 점에서 난공불락의 방어벽을 갖춘 아시아자동차공장의 차량 탈취사건은 세계 최고 수준의 특공대가 벌인 선무공작에 의해서가 아니라, 공장 노동자와 경비의 자발적인 가담으로 이루어졌다. 아시아자동차공장 차량 탈취에 북한 특수군의 특공작전은 없었다.

그러면 왜 이런 상황이 벌어졌을까? 무엇보다 5월 18일부터 20일까지 3일간의 사태 추이를 지켜본 시민들의 마음이 시위대의 입장을 이해하고 동참하는 쪽으로 가닥을 잡았기 때문이다. 그러기에 광주 시민들끼리 싸울 마음도 다퉈야 할 이유도 없었다. 그것이 바로 친족처럼 지내던 '광주의 정서'이다. '5·18' 당시 광주에 파견된 보안사 홍성률 대령의 얘기를 들어 보자.

광주로 내려가 시위 격화 원인을 파악해 보니, 초기 시위 진압에 투입된 공수부대원들이 서로 '형님', '아우' 하며 친족처럼 지내는 '광주시민의 정서'를 무시한 채, 시위대 해산에 중점을 두기보다는 끝까지 시위 주동자를 추적 체포하며 강경 진압하는 바람에 이를 본 시민들이 격분하여 시위가 확대되었습니다. 이런 판단은 현지 보안부대인 505보안부대의 판단도 일치하여 보안사령부로 보고했으나, 사령부에서는 이를 무시하고 강경 진압만 고집해서 사태가 악화된 것입니다. [24]

'광주의 정서'를 무시한 계엄군의 초기 진압이 실패했듯이, 이 같은 정서를 모르는 지만원도 상상의 날개를 펴고 추리소설을 쓴 것이다. 아시아자동차공장의 차량 탈취 내용을 조작하면서 교묘하게 "20사단 사단장 차를 보아라 하면서 순종하도록 만들었습니다"는 구절을 창작하여 삽입한 것이다. 이것은 김대령과 전두환의 경우도 마찬가지다. 한편 이 사건을 통해 시위대의 지휘자로 부각된 인물이 있었다. 이날 아시아자동차공장에서 탈취한 대형버스 7대를 금남로로 가져가서 차량 시위를 전개한 박남선(26)이다.

이렇게 탈취한 장갑차와 군용 지프, 트럭 등이 10시부터 도심에 나타나서 장갑차를 이용한 군의 저지선 돌파를 시도했다. 그러나 아직 체계적인 조직을 갖추지 못한 상태여서 시가지를 휩쓸고 다니던 차량들은 운전자가 마음 내키는 대로 여기저기 돌아다녔으며, 일부 차량은 운전 미숙으로 사고를 낸 채 길가에 방치되었다. 몇몇 청년들이 나서 차량 통제를 시작하면서 질서를 찾았고, 장갑차를 선두로 한 차량 행렬이 도청을 향해 전진했다.

도청 앞 금남로에는 수많은 광주시민들이 나와 물밀 듯이 진을 치고 있었다. 시위군중은 시시각각으로 불어나서 12시경에는 30만 명에 육박했다. 이때 시위대 맨 앞에 도열해 있던 고속버스가 저지선을 뚫고 돌격하자 위기를 느낀 계엄군은 기관총을 난사했다. 전날부터 시작된 시위대의 차량을 이용한 돌진 공격은 계엄군에게는 공포의 대상이었다. 무작정 달려드는 차량은 그들의 생명을 위협할 정도로 무서웠고, 저녁 9시에는 노동청 앞 저지선을 뚫고 진입한 버스에 깔려 경찰관 4명이 사망한 사건이 발생했기 때문이다. 따라서 계엄군의 장갑차 저지선을 뚫고 도청을 장악하기 위해 아시아자동차공장 등에서 끌고나온 차량과 장갑차를 앞세워서 돌파를 시도하자 불안을 느낀 계엄군이 집단 발포를 시작한 것이다. 정확한 시간은 12시 59분이었다.

17개 시군의 무기고 피탈사건

시위대는 아시아자동차뿐 아니라 금호고속, 고려시멘트 등 다른 회사의 차량도 시위에 강제 동원했다. 그 차량 가운데 일부는 시위대가 대열 전면에 세워 계엄군을 공격하는 데 사용했고, 나머지 차량들은 시외로 나가서 상황을 알리며 도움을 청하기 위해 돌아다니는 데 이용했다. 아시아자동차를 빠져나온 차량은 계엄군이 길목을 차단한 북동쪽으로 진출하기가 어려워지자 주로 전남도내 서남부 방향으로 진출했다. 나주-함평-무안-목포, 나주-영암-강진-장흥-해남-완도와 화순-송광-벌교-고흥 등으로 기동성을 갖춘 시위대가 각종 차량에 나눠 타고 광주를 벗어나면서 시위는 전남 전역으로 급속히 확산되기 시작했다.

《전두환 회고록》은 이날의 상황을 이렇게 주장한다.

이들은 아침 9시경 5대의 대형버스에 타고 아시아자동차공장으로 달려온 300명의 또 다른 시위대와 합류했다. 이들 중 일부는 버스 7대를 탈취하자마자 담양으로 달려가 그곳에서 대기하고 있던 300명을 싣고 다시 아시아자동차공장으로 돌아왔다. 이들은 팀을 구성한 뒤 4대의 장갑차와 370대의 군용차량, 버스 등을 몰고 17개 시군의 무기고를 향해 질주했다. 그렇게 불과 몇 시간 만에 38개 무기고를 습격한 그들은 막대한 수량의 무기를 탈취했다. 25

그러면 실제 상황은 어떠했을까? 19일 15시 15분경 시위대가 광주기독교방송국을 점거하면서 31사단 경계병으로부터 M16 소총 1정을 빼앗은 적이 있지만 회수되었고, 20일 23시 정각경 광주세무서를 방화하고 점거할 때도 지하 무기고에 보관되었던 카빈 소총 50정 가운데 17정만 가져가고 실탄은 가져가지 않았다. 21일 오전 8시에 나주 경찰서 관내 반남지서에서 카빈 소총 3정이 유출되었으며, 9시에는 남평지서에서 총기를 무단 반출하려던 예비군이 체포되는 사건이 발생했다. 그러나 오후 1시경 계엄군의 집단발포가 있자 계엄군에 대항하기 위한 무기 탈취가 본격적으로 발생하였다. 26

21일 오전까지 나주, 호순, 담양지역에서 시위 차량들이 광주 소식을 알리며 돌아다녔지만 아직 시위대가 무장하지는 않은 상태였다. 그런데 도청 앞에서 계엄군의 집단발포로 희생자가 발생했다는 소식을 듣자 이때부터 시위대는 광주 인근지역을 돌면서 화순, 나주 등지의 경찰서·파출소 무기고와 화순광업소, 한국화약 등의 방위산업체에서 총기와 실탄을 대량으로 탈취했다. 27 이렇게 해서 12시부터 16시까지 불과 4시간 사이에 17개 시군에 소재한 38개 무기고에서 총기를 탈취했다. 5·18 기간 중 시위대가 탈취한 무기는 카빈 소총 3,646정, M1 소총 1,235정, M16 소총 34정, 권총 42정, 공용화기 51정, 민수용 총포 395정 등 5,403정이었으며, 그 외 탄약과 폭약, 수류탄과 779대의 차량이었다. 이 같은 내용을 정리하면 〈표 1〉과 같다.

그러면 왜 계엄군과 경찰은 속수무책으로 당하기만 했을까? 당시 계엄군은 국가 보안목표에 대한 방호대책은 있었으나, 이 보안목표들은 실질적으로 방호되지 못하고 무방비 상태로 방치되어 있었다.

<표 1> 주요 관공서 무기고 피탈 현황 [28]

시간	피탈된 관공서(산업체) 및 무기고
08:00	나주 반남지서
09:00	나주 남평지서, 아시아자동차공장
13:00	광산군 하남면 파출소, 화순광업소 무기고(2곳)
13:30	남평 예비군 무기고, 신포 예비군 무기고(2곳)
13:50	화순경찰서 예비군 무기고(1곳)
14:00	나주 본서, 영산지서, 금천지서, 영광지서, 중앙파출소, 금성파출소, 다시지서(6곳) 화순 능주지서, 동복지서, 동복 예비군 무기고(3곳)
14:30	나주 금성 예비군 무기고, 영광 예비군 무기고(2곳)
17:30	나주 반남 예비군 무기고
22:30	함평 신광지서

광주에만 16개의 보안목표(방위산업체, 공항, 교도소 등)가 있었지만, 광주교도소를 제외하면 자체 방호를 위한 경계대책의 미흡으로 대부분의 시설이 파괴되고 장비는 피탈되거나 소실되었다. 계엄군의 진압 지도 또한 국가 보안목표 방호를 위한 예비대책은 고사하고, 시위가 확산되자 이에 대처하는 데 급급한 나머지 지방 경찰력을 광주 시내로 끌어올리고 무기고를 방기하여 사태를 더욱 악화시켰다.[29] 이 때문에 인근 지방으로까지 진출하여 무기를 탈취하는 시위대를 사전에 막기는 어려운 상황이었다.[30]

그럼에도 불구하고 무기고 탈취사건에 대한 의혹 제기는 계속되고 있다. 《전두환 회고록》은 그 이유를 이렇게 설명한다.

무기고를 습격해 총기를 탈취하는 일은 아무나 쉽게 할 수 있는 일이 아니다. 무기고는 일반인들은 알 수 없는 위치에 위장된 채 설치돼 있다. 군이나 경찰의 무기고가 아닌 직장 예비군이나 지역 예비군 무기고의 경우라 하더라도 극히 제한된 관계자들만 그 위치를 알 수 있다. 그러나 해당 직장이나 지역 사람이 아니고, 광주에서 각지로 흩어져 내려간 사람들이 사전에 파악해 두지 않은 상황에서 무기고의 위치를 정확히 찾아낼 수는 없었을 것이다. 무기고 탈취는 군대에서도 고도로 훈련된 병사들만이 할 수 있는 것이지, 일반 시민들이 우발적으로 할 수 있는 일은 결코 아니다. 31

전두환의 주장은 원칙론적인 얘기로, 현실과는 많이 동떨어져 있다. 당시 무기고 중 일반인이 알 수 없는 위치에 위장된 채로 있는 경우는 드물었다. 대부분의 무기고는 지·파출소 옆이나 뒤편에 마련되어 있었고, 위장되어 있지도 않았으며, 허접한 가설물에 "접근하면 발포한다"는 등의 어수룩한 팻말을 세워 놓고 있었다. 더욱이 예비군들은 평소 총기를 보관했다가 훈련 때 사용하는 것이 일상화되었는데, 그런 예비군들이 시위대열에 가담했으니 총기 관련 규정이나 군사보안이라는 것이 아무런 의미가 없을 수밖에 없었다. 게다가 당시 지서에는 고작 3~4명의 경찰관이 근무하는데, 수백 명씩 몰려오는 시위대를 막을 방법이 없었다.

이 때문에 안병하 전라남도 경찰국장은 무기를 탈취당해 피해가 커지는 것을 예방하기 위해 5월 19일부터 여러 차례에 걸쳐 사전에 무기류와 비밀문건을 '소산'(消散, 흩어서 사라지게 함) 하도록 지시했다. 광주경찰서 무기는 전남경찰국 대공분실로, 실탄은 담양경찰서로, 비밀문건은 화순경찰서로, 유치인은 나주경찰서로 소산했다. 21일 오전에는 전남경찰국 1중대, 118중대 무기를 전교사 병기창고에 입고시키고, 오후부터 시위가 광주 외곽으로 확산될 조짐을 보이자 전 경찰서에 무기고의 소산을 조치하면서 총기는 노리쇠와 공이를 제거하여 안전한 곳에 묻고, 노리쇠와 공이는 별도 보관하도록 지시했다. 또한 21일 09시 35분경, 장성, 담양, 화순, 광산, 나주, 영암 등 6개 서의 예비군 무기와 탄약을 군부대에 소개하도록 지시하고, 오후에는 도경 관내 모든 예비군 무기와 탄약을 군부대로 이관 조치하도록 지시했다. **32**

이 과정에서 광주권 경찰서는 대부분 무기를 소산하여 피해가 없었으나, 전남권 각 경찰관서에서는 무기를 소산하는 과정 중에 빼앗기거나 이미 소산한 무기가 발각되어 빼앗기는 경우가 많았다. 이날 가장 많은 무기류를 탈취당한 화순광업소의 경우에도 도경으로부터 '무기 소개(疏開)' 지시를 받고 화약을 다른 곳으로 옮기려다가, 그 현장을 시위대에게 발각당하는 바람에 몽땅 빼앗기게 되었다.

당시 다이너마이트를 탈취하는 데 참여한 신만식의 증언이다.

나는 지원동에서 도로에 버려진 덤프트럭을 치우고 지역방위를 해야 한다고 모인 주민들 틈으로 끼어들었다. 어떤 사람이 "도청 앞에서 계엄군의 발포로 시민들이 많이 죽었다"고 하면서 "화순으로 무기를 탈취하러 가자"고 말했다. 화순이 고향인 나는 그곳의 지리를 잘 알고 있으니 함께 가자고 나섰다. 트럭 3대와 다른 차에 분승한 시민들이 3시경 화순을 향해 출발했다. 내가 운전한 트럭은 선발대로 광업소에 가기로 하고 다른 차량은 화순읍을 돌면서 광주의 시위상황을 알리기로 했다. 20~30명이 화순광업소에 도착해 보니 직원으로 보이는 7~8명이 8톤 트럭에 화약을 싣고 있었다. 화약을 다른 곳으로 옮기려고 하는 것 같았다. 우리가 총을 들이대며 화약을 달라고 하자 "불만 지르지 말고 가져가시오" 하면서 순순히 내줬다. 8톤 트럭에 화약이 가득 차지는 않았지만 그것을 트럭에 나눠 싣고 광주로 왔다. 해질 무렵에 도청에 도착했다. **33**

화순광업소를 턴 신만식이나 박홍철 외에도 임덕호(24), 김경환(32), 김영창(44), 김원우(27), 김봉수(27), 유재홍(24), 최재식(24), 박창남(23), 박재택(20), 나종구(20), 이홍식(24) 등 많은 시민들이 무기 탈취에 가담한 혐의로 계엄사 수사관과 경찰에 붙잡혀서 갖은 고문과 가혹행위를 당한 후 구속되었는데, 수사기록 어디에서도 북한군이 포함되어 있다는 근거는 찾을 수가 없다.

연·고대생 600명의 미스터리

'5·18'을 둘러싼 여러 가지 논란거리 가운데 가장 미스터리적인 성격을 띤 사건이 연·고대생 600명과 복면부대에 관한 이야기이다. 5월 22일 전남도청 앞 광장에서는 서울에서 내려온 연·고대생을 환영하는 행사가 성대하게 치러졌는데, 이후에는 이들의 존재가 더 이상 보이지 않았기 때문이다. 이로 인해 이들을 둘러싼 논란은 계속되고 있다. '5·18'의 다른 사건에서도 그렇듯이 실체를 알 수가 없다 보니, 단골 메뉴처럼 등장하는 '북한군 개입설'의 증거 사례로 제시되기도 한다.

5월 22일 전남도청 광장에서 추도식 준비가 한참 진행되던 오후 3

시경 "서울에서 500명의 대학생이 도착했다"는 발표와 함께 이들을 환영하는 행사가 벌어졌다. 대학생들은 분수대를 중심으로 둘러앉거나 선 채로 시민들의 열렬한 환영을 받았다. 이들을 소개하는 안내 방송이 나오자 박수를 치며 환호했고 광장은 떠나갈 듯한 함성으로 가득했다. 이제는 광주시민만의 몸부림이 아니라 전국적인 호응을 받는 항쟁이 된 느낌이었다.

그러나 이들이 진짜 서울에서 온 대학생이었는지는 지금도 의문으로 남아 있다. 당시 광주는 공수부대 3개 여단을 비롯하여 보병 20사단, 31사단, 전투병과교육사령부 예하 병력 등 2만여 명이 광주로 통하는 모든 도로는 물론 무등산 산길까지 철저하게 봉쇄하며 철옹성처럼 외곽을 봉쇄하고 있었다. 이런 가운데 한두 명이 통과해도 가차 없이 총격을 가했는데 500명이 공공연하게 광주에 들어올 수 있도록 묵인했을 리는 만무했다. 이에 앞서 이날 오전 10시 45분쯤 연·고대생 1,600명이 논산을 출발한 후 장성까지 내려왔다가 계엄군의 저지를 받고 30명만 광주에 들어왔다고 발표했다. 이 발표도 의문인데, 어떻게 500명이 한꺼번에 광주로 들어올 수 있었을까?**34** 이에 대해 안기부 상황일지에는 연·고대생 30명이 이날 저녁 10시 송정읍에서 시위대에 가세했다고 기록되어 있다.**35** 따라서 이들 대규모 대학생들의 존재를 둘러싸고 여러 주장이 제기된다.

첫째, 당시 〈동아일보〉 기자로 현장을 취재한 김영택 박사는 계엄군의 삼엄한 경계망을 뚫고 이동했다는 점에서 이들이 연·고대생들이 아니라, 계엄사령부 또는 그 예하 군 기관에서 보낸 정보요원이나 프락치일 가능성을 주장한다.

그때 외곽지대 7개 초소에는 단 1명을 통과시키려 해도 일일이 상부의
허락을 받아야 했고, 산악지대 소로를 따라서 움직이는 사람도 계엄군
의 총탄 세례를 받았다. 도로를 무단 통과하는 차량에도 총격이 가해졌
음은 물론, 통과하려고 간청했다가 허용되지 않아 되돌아가는 차량에게
까지 무차별 총격을 가했다. 그런데 500명이라는 인원이 어떻게 들어올
수 있었겠는가. 따라서 이들은 시위에 참여하기 위한 학생이 아니라 계
엄사령부 또는 그 예하 군 기관에서 보낸 정보요원이나 프락치일 가능
성이 높다. 36

둘째, 계엄군의 삼엄한 경계망을 뚫고 이동할 수 있는 부대는 북한
특수군뿐이라는 점에서 연·고대생 600명은 '5·18' 때 광주에 내려
온 북한 특수군의 실체이며, '연·고대생'이라는 용어는 그들에 대한
암호명이라는 주장이다. 지만원은 그 이유를 이렇게 설명한다.

남북한 당국의 공식 기록과 일반인들의 북한군(연·고대생 600명)에 대
한 증언에서의 300명과 600명이라는 대대 병력의 숫자는 모두 일치하
며, 그들의 신출귀몰한 무기 탈취와 도시게릴라 작전, 광주교도소 습격
등은 사전에 철저하게 준비된 특수군인들이 아니면 상상도 할 수 없는
기록들이다. 37

셋째, 서울에서 광주로 들어온 연·고대생 600명은 애초부터 존재
하지 않았다는 주장이다. 5월 22일 광주에 내려왔다는 연·고대생
600명은 애초부터 존재하지 않았기 때문에 '5·18'의 어디에서도 찾

을 수가 없다. 다만 항쟁 지도부가 사회 최하계층이 일으킨 폭동을 학생운동으로 변신시켜 5·18의 대외적 이미지를 제고하고, 폭동 주도세력을 은신시키기 위해 만든 '가상의 존재'라는 설명이다. 김동일의 주장을 들어 보자.

연·고대생들이 도착했다는 5월 22일은 '해방 광주'의 첫날이었다. 서울 대학생 500명은 '5·18의 딸' 전옥주가 가두방송으로 서울에서 대학생들이 시민군이 되기 위해 광주로 오고 있다는 선무방송을 했기 때문에 21일부터 광주에는 대학생들이 온다는 소문이 퍼져 있었다. 그러나 환영식이 있었다고 했을 뿐 5·18의 어디에도 500명의 대학생에 대한 실체는 존재하지 않는다.

그렇다면 폭동의 기획자들은 왜 등장하지도 않는 '연·고대생 600명'을 광주 폭동의 각본에 삽입한 것일까. 두 가지 이유가 있어 보인다. 5·18은 사회 최하층들이 일으킨 깽판이고 폭동이었다. 이런 폭동을 민주화운동으로 둔갑시키는 데 대학생이 필요했기 때문이다. 5·18은 구두닦이, 양아치들이 일으킨 폭동이 아니라 연·고대생이 광주에 친히 내려와 활약한 민주화운동이고 싶었던 것이다. 그래서 각본에 연·고대생 600명을 넣은 것으로 보인다. '연·고대생 600명'이라는 간판이 필요했던 또 하나의 이유는 정체불명의 세력 600명의 정체를 방어해 주는 얼굴 마담이 필요했다. 무기고를 털고 장갑차를 운전하고 공수부대를 내쫓고, 광주폭동을 끝까지 이끌어 갈 집단의 정체를 대학생으로 대치하는 것은 안성맞춤이다. 그렇게만 된다면 광주폭동을 주도했던 정체불명의 세력을 끝까지 숨길 수 있었기 때문이다. **38**

넷째, 분수대에 둘러앉은 학생들은 서울에서 내려온 대학생이 아니라 전남대, 조선대 학생들이며, 광주만의 고립감을 탈피하기 위해 만들어 낸 행사용이라는 주장이다. 김동일의 주장이 추측인 데 비해, 안종철은 이러한 얘기를 주최 측으로부터 직접 들었다고 증언한다.[39]

이상의 내용을 정리하면, 김영택과 지만원의 주장은 500명의 시위대는 내려왔으나 서울에서 내려온 연·고대생은 아니라는 점에서 일치하고, 김동일과 안종철의 주장은 서울에서 내려온 500명의 시위대가 존재하지 않았다는 점에서 일치한다. 그런데 지만원의 주장처럼 북한군이 광주에 내려왔다는 기록은 북한에서 출간된 '5·18' 관련서적 어디에서도 찾아볼 수 없다.

외지에서 내려와서 연·고대생이라고 불리던 500명의 시위대는 존재했을까? 만약 존재했다면 정체는 무엇일까? 이것 또한 '5·18'의 대표적인 미스터리다.

복면부대의 미스터리

연·고대생 시위대의 미스터리와 관련하여 주목 받는 것이 복면부대이다. 22일부터 복면을 한 시민군이 아시아자동차에서 탈취해 온 트럭을 타고 시내를 질주하며 강경한 구호를 외치는 장면이 부쩍 늘어났다. 이런 광경은 텔레비전이나 신문의 사진으로 흔하게 나타났다. 이들은 차량 시위를 통해 가장 열렬한 민주인사로 자처했다.

시위대가 복면을 사용하는 것은 나중에 신원이 밝혀져 경찰이나 정보기관에 체포당하는 것을 피하기 위한 것이 일반적이었으며, 유신체제 이후 반정부 민주화 시위 때부터 등장했다. 그렇지만 '서울의 봄'이 찾아온 1980년 시위에서는 눈에 띄지 않았고 광주에서도 5월 14~16일 시위는 물론 18~20일 시위 때도 없었다. 심지어 21일에는 시위 군중이 공수부대원들과 불과 몇 미터 앞에서 정면으로 마주 바라보던 상황이었는데도 복면을 한 사람은 아무도 없었다. 그런데 계엄군이 철수하고 도청이 시위대 수중에 들어간 22일 이후부터 복면부대가 등장한 것이다. 23일부터는 그 수가 더욱 많아졌다.

왜 그들은 복면을 했을까. 그리고 그들은 누구일까. 군과 경찰이 철수해 표면상 감시자도 없는 이른바 '해방 광주'라고 부르는 22일 오후부터 복면부대가 등장한 이유는 무엇일까.

차량 위에서 그들이 벌이는 시위는 과격했을 뿐만 아니라 선동적이었다. 심지어 가게에 들어가서도 선량한 주인에 대한 태도가 불손하기 짝이 없었다. 빵이나 음료수도 주인이 건네주기보다 자기 것인 양 마구 집어먹거나 들고 가는 작태를 서슴없이 범했다. 또한 그들의 언사는 몹시 불손하고 욕설이 많았다. 이들은 수습대책회의나 시민대회에는 모습을 나타내지 않은 채 대부분 차량을 타고 다니며 강경한 구호를 외쳐 대거나 노래를 불렀다. '끝까지 싸워야 한다'는 강경파로서 이렇다 할 수습책이나 긍정적 타협안을 제시하는 경우도 없이 무조건 반대였다. 무작정 투쟁을 주장하고 당국에 대해서나 새로운 상황을 맞이할 때는 우선 욕설과 비난부터 퍼부었다.

복면부대의 행동을 간추려 보면 대개 다음 다섯 가지로 요약할 수 있다.

① 무조건 반대하고 싸워야 한다는 강경한 태도였다.

② 주로 차량을 타고 금남로를 오가며 도청을 드나들고 도청 상황
  실이나 본부 보초도 자청하고 나섰다. 이는 항쟁 지휘본부의 동
  태를 탐지하려는 의도인지도 모른다. 그러면서도 대책회의나
  궐기대회에는 거의 참여하지 않았다.

③ 7개 전초기지나 계엄군이 지키며 발포할 가능성이 있는 위험지
  대는 피했다.

④ 무기 반납을 적극 반대했다.

⑤ 27일의 진입작전을 예상했는지는 알 수 없지만, 26일 해질 무렵
  부터는 모두 자취를 감춰 버렸다. **40**

한편 국방부에서 펴낸 《광주사태의 실상》은 복면부대의 활동을 이
렇게 묘사하였다.

이성을 잃고 날뛰는 무장폭도들이 마스크와 수건으로 복면을 하고 시내
를 누비며 닥치는 대로 파괴, 방화, 약탈 및 무력공격을 자행하게 되자
처음에 비폭력 시위에 참가했던 시민들조차 폭도들의 난동을 만류하다
가 오히려 당하기도 했다. **41**

이 때문에 '일반 시민'들은 복면부대를 향해 "그들은 대체 누구일
까?"라는 질문을 던지기 시작했다. 복면부대는 절대공동체의 망령들
이었고, 필경 무서운 존재로 각인되었다. **42** 그러면 도대체 복면부대
는 누구일까?

김영택은 복면부대의 정체가 군의 프락치일 가능성을 제기하고,

지만원과 김대령은 북한 특수군이라고 주장한다. 김대령은 전 북한 군 서해군 군관이라고 밝힌 익명의 탈북자가 군단조직부 지도원에게 들었다는 2차 증언을 인용하면서 "북한에서 파견된 공작원들은 광주 시내가 해방되기 전까지는 뒤에서 조종을 하면서 시민들을 거리로 불러내는 작전을 수행하였고, 광주가 해방된 후부터는 복면을 하고 주동적으로 개입하기 시작했다"고 주장한다. **43** 그리고 안종철은 후일을 대비하여 시위대가 사용한 '신분보호용'이라고 주장한다. 이들의 주장은 하나같이 추측성이거나 간접적인 전언이어서 신뢰성이 떨어진다. 그런 가운데 복면부대의 입장을 이해하고 옹호하는 주장이 발견되었다.

노동운동가 이정로의 주장에 의하면, '5·18'이 발발하자 5월 초부터 시위를 주도하던 학생운동권과 달리 광주 민중운동권은 봉기에 적극 참여한 측과 그렇지 않은 측으로 뚜렷하게 구별되었다. 민중운동권의 선배세대인 빨치산세대와 6·3세대 구성원은 "운동권의 씨가 마르게 된다"는 이유로 항쟁에 참가할 것을 거부한 반면, 중견 역할을 담당한 '민청학련세대' 사이에서는 '봉기참여파'와 '도피파'가 첨예하게 대립했다. **44** 민청학련세대로 들불야학을 이끌던 윤상원과 강학 등 봉기참여파는 격렬한 봉기 대열의 선두에서 독자적인 실천을 전개했다. 이들은 5월 22일로 예정된 1차 시민궐기대회 개최 문제를 놓고 6·3세대를 만나 논의했는데, 이때 6·3세대는 "이 싸움은 어차피 질 싸움이고, 그 경우 얼굴이 드러나면 계엄군에 의해 광주 운동권의 씨가 마른다"면서 적극적으로 만류했다. **45**

그런데 22일 오후 시민궐기대회가 성대히 치러지고 민청학련세대의 일부가 돌아왔다. 이 과정에서 민중운동권의 핵심들이 복면을 쓰고 나타났을 가능성이 제기된다. '얼굴이 드러나면 안 되는 상황'에서 뒤늦게 참가했다면 복면을 쓰고 활동하는 수밖에 없기 때문이다. 그렇기 때문인지 그들은 총을 든 것과 복면부대의 정당성을 강조하면서 부정적인 시선을 비판한다.

그들은 광주의 무장봉기가 순수한 민주화운동이므로 폭도라는 누명을 씌우기 위한 정권의 사전조작이 있었다고 주장한다. '총을 들지는 말았어야 하는데 총을 들어 버린' 민중의 과감함을 두려워하는 그들은 민중의 실수를 보상하기 위하여, 권력의 음모라느니 '의문의 복면부대'를 투입했느니 하면서 광주시민의 양순성을 부각시키고자 안간힘을 쓴다. 그들은 이리에게 살을 뜯기면서도 '매에, 매에' 울부짖기만 하는 어리석은 양을 찬양하고자 하는 것이다. 그러므로 그들은 광주 봉기의 진행과정에서 명백히 무장봉기의 지도기관이 창출되었다는 점을 부인하고 싶어한다. 그들은 광주 봉기에서 노동자 계급이 중심이 되고 '운동권'이 합세한 참된 민중권력의 모태가 창출되었다는 사실이 꿈에서도 다루어지지 않기를 바란다. **46**

그들은 '총을 든 민중들에 대한 부정적 시선'과 '복면부대 출현'에 대한 부정적 여론에 대해 비판적 입장을 나타내며, 총을 든 민중과 복면부대가 민중권력을 창출하려는 노동자 계급이라는 점을 주장한다. 그들이 등장한 다음 날인 23일부터 스스로 시민군 편제를 새롭게 갖추며 무장혁명을 추구했다. 그들에게 가장 필요한 것은 무기였으므로 끝까지 싸워야 한다면서 무기 반납을 적극 반대했다. 오히려 복면을 쓰고 총을 들고 싸우는 것을 자랑스러워했다. 무기회수 단계에서 등장한 그들의 강경론은 자치시대의 앞날을 완전히 새로운 양상으로 몰아갔다. **47**

이상의 내용을 정리하면, 연·고대생 600명의 실체는 처음부터 존재하지 않았다. 광주항쟁의 정당성을 부각하고 시민들의 동참을 유도하기 위해 기획한 행사용이었다. 복면부대의 정체는 노동자 계급이 중추를 이룬 광주 민중운동권의 급진세력으로 추측된다. 그러나 복면부대라고 부른 데서 혼선이 발생했다. 이들은 수백 명씩 몰려다닌 집단이 아니라, 복면을 쓰고 소수가 움직인 시위대였다. 복면시위대 가운데서도 주동자와 단순 모방자를 구분해야 한다. 주동자는 22일 출현하여 26일 자취를 감춘 광주 민중운동권의 노동자들인 데 비해, 단순 모방자는 주로 농촌지역에서 시민군으로 활동한 젊은이 가운데 자신의 신분 노출을 우려한 경우가 많았다.

5·18을 이념논쟁으로 이용하려는 사람들은 20일 발생한 세 차례의 무기(차량) 탈취사건을 빌미로 북한군 개입설을 내세우지만, 세 사건을 하나하나 고증해 본 결과 어디에서도 북한군이 내려온 흔적은 발견할 수 없었다. 지만원은 "북한 특수부대원 600명이 무기고를 탈취했다는 사실이 1995년 8월 17일 자 검찰보고서, 안기부 상황일지, 《광주의 분노》에 기록되어 있다"고**48** 주장하지만 세 자료 어디에도 북한군이 개입했다는 기록은 한마디도 없다. 이것 또한 분명한 사실의 왜곡이다. 김대령은 농민시위대로 가장한 북한 특수군 50명이 20사단의 지휘부 차량을 탈취하고, 이를 토대로 사전에 광주에 들어와

있던 북한 특수부대원 600명이 전라도 각 지역 38개 무기고를 동시에 습격했다고 주장하지만, 이것 역시 아무런 합리적 근거 제시도 없는 추리일 따름이다. 5·18항쟁이 끝난 후 군 당국은 2천여 명을 체포하고 그 가운데 500여 명을 재판에 회부했다. 물론 북한 특수요원으로 볼 수 있는 사람은 아무도 없었다.[49]

그런 점에서 《전두환 회고록》은 복면부대와 연·고대생, 북한군의 삼각관계를 비교적 자세하고 정확하게 설명한다.

복면시위대들이 처음 등장한 것은 5월 20일 10시 45분경이었다고 한다. 항쟁 지도부는 확성기를 통해 서울에서 대학생 500명이 광주시민들의 시위를 지원하기 위해 내려왔다고 방송했다. 이들이 연·고대생들이라는 얘기가 떠돌았다는 것이다. 복면부대는 22일과 23일 오후에도 전남도청 앞에 다시 나타났다고 한다. 연·고대생으로 소개됐다는 5~600명의 정체, 조직적으로 움직인 수백 명 규모 집단이 실재했느냐의 여부, 복면한 사람들의 정체 그리고 5·18사태에 북한은 어느 정도 개입했는가 하는 문제들에 관해 내가 확신을 갖고 새삼 강조할 수 있는 부분은 많지 않다. 솔직히 말해서 정확히 알지 못하기 때문이다.[50]

이 결론처럼 "복면부대와 연·고대생의 정체, 북한군 개입 여부에 대해서는 솔직히 말해서 정확히 알지 못한다"는 전두환의 회고가 정답이다. 애초부터 그런 사실은 존재하지도 않았기 때문이다.

5 · 18을 둘러싼
북한군 개입설

《역사로서의 5 · 18》

《역사로서의 5 · 18》은 재미 사학자 김대령 박사의 역작이다. 원고지 6천여 매 분량의 방대한 내용이 4권의 단행본으로 출간되었는데, 1권은 《광주사태의 발단과 유언비어》, 2권은 《5 · 18 무장봉기 주동자들의 실체》, 3권은 《광주청문회에서 드러난 5 · 18》, 4권은 《5 · 18 재판 법리의 모순》으로 구성되었다. 제목에서도 알 수 있듯이 5 · 18에 대한 그의 생각은 부정 일변도이다. 그는 이 책의 프롤로그에서 집필 동기를 "영화 〈화려한 휴가〉 관람 소감을 표현할 필요와 5 · 18 기록물의 세계기록유산 등재에 대한 반응이다"라고 밝혔다. 이 중에서도 그가 내세우는 보다 직접적인 동기는 5 · 18 기록물의 세계기록유산 등재이다.

본서 집필의 직접적인 동기는 5·18 기록물의 세계기록유산 등재에 대한 반응이다. 누가 5·18 기록물의 세계기록유산 등재를 결정했는가? 누구나 그것을 찬성한 것은 아니었다. 도대체 유언비어와 허위사실을 유포하는 내용으로 가득 찬 성명서들이 세계기록유산으로 등재할 만한 가치가 있는 것이었는가? 5·18에 대한 논쟁의 문제는 무엇이 참이고, 무엇이 거짓인가를 밝히는 문제이다. 무엇이 진실이고 무엇이 바른 지식이냐의 문제는 인식론의 문제이다.[1]

김대령은 유언비어와 허위사실로 가득 찬 5·18 기록물이 세계기록유산으로 등재되어 역사적 진실이 거짓으로 잘못 알려질까 봐 이 책을 집필했다고 주장한다. 이 책의 특징은 《역사로서의 5·18》이라는 제목처럼 '역사학적 방법론'에 의해 본격적으로 저술된 역사서라는 점이다. 종래 5·18에 관한 역사서적들이 사실을 나열한 기록물이었다면, 이 책은 5·18 당사자의 증언이나 각종 성명서들을 분석하여 국가주의적 시각에서 서술한 것이다. 이런 점에서 《역사로서의 5·18》은 5·18을 한국현대사 틀 안에서 연구하고 토론할 수 있는 장(場)을 제공했다는 점에서 의의가 있다.

그러나 이런 특징은 동시에 이 책이 가진 결정적 한계이다. 특히 집필 동기가 실추된 '국군의 명예'를 회복하고, 5·18 기록물의 세계기록유산 등재를 반대하기 위한 것이라는 점에 주목해야 한다. 이렇게 의도적인 입장에서 서술하려다 보니 그에게 중요한 것은 역사적 사실의 객관적 조명보다는 주관적 참과 거짓에 대한 인식이다. 모든 사료를 '참'과 '거짓', 두 잣대로 재단하고, 왜 '거짓'인지에 대한 설명은 없이 '참'에 해당된다고 판단한 자료만 인용하여 각색한다.

이 책에서 주로 인용된 사료는 '5·18 가담자들의 증언', '북한에서 발행된 서적', '탈북자들의 증언', '유네스코 자료', 이 4가지다. 그런데 그는 '5·18 가담자들의 증언'과 '유네스코 자료'에 대해서는 취사선택하여 논리상 필요한 부분만 인용하면서도, '북한에서 발행된 서적'과 '탈북자들의 증언'에 대해서는 전적인 신뢰를 보여 준다. 그가 주장하는 5·18 사전기획설이나 북한군 개입설 등을 합리화하는 도구로서 북한 자료만큼 좋은 소재는 없기 때문이다.

이 때문에 《역사로서의 5·18》에 인용된 북한 서적과 탈북자의 증언은 내용에 대한 아무런 검증도 없이 마치 5·18을 판단하는 '만능 잣대'처럼 활용되었다. 조금만 관심을 기울이면 판단할 수 있는 잘못된 현장의 이야기마저도 탈북자 주장이기 때문에 여과 없이 인용되고 책으로 읽히면서 5·18을 둘러싼 거짓 정보가 재생산된다. 김대령이 인용한 탈북자 증언은 모두 자유북한군인연합이 엮은 《화려한 사기극의 실체 5·18》에 등장하는 내용이다.

《화려한 사기극의 실체 5·18》

지만원 이후 한동안 잠잠하던 '북한군 개입설'에 다시금 불을 붙인 것은 자유북한군인연합(대표 임천용)이다. 2005년 12월 북한 특수부대 출신 탈북자들은 서울 정동 세실레스토랑에서 기자회견을 열고 자유북한군인연합의 결성을 알렸으며, 이를 계기로 5·18 당시 '북한군 개입설'을 확산시키는 활동에 나섰다. 이듬해인 2006년 6월 임천용의 종편 방송 출연이 사회적 파장을 불러일으킨 데 이어, 12월에는 '5·18민주항쟁과 북한군 특수부대 개입 증언'이라는 기자회견을 열었다. 이 자리에서는 "김대중은 호남 국민들 앞에 사과하고 정상회담과 같은 명목으로 두 번 다시 대국민 사기극을 벌이지 말라"는 성명서 발표 후 탈북한 인민군 군관의 증언이 이어졌다. 2

이날 증언자로 나선 이는 김영순(전 인민군협주단 배우), 최중현(전 특수부대 정치장교), 임천용(전 인민군 대위)이며, 이들 중 최중현은 "광주에 투입된 부대는 '인민무력부 정찰국 소속 정찰대대'이며, 광주로 남파된 인원은 총 600명인데 300명은 서해안 남포 인근에서 고깃배로 위장한 대형 공작선을 타고 백암(전남 영광군 백수읍 백암리?)으로 침투했고, 300명은 동해안 신포지역 마양도에서 잠수함을 타고 전남으로 투입되었다"고 상당히 구체적인 내용을 전했다. 그러나 최중현의 증언은 이덕선(인민군 4군단 70정찰대대)에게 들었다는 전언(傳言)이었고, 3 다른 두 사람의 증언도 남에게 전해 들은 '카더라'식 전언이었으며, 광주에 내려온 당사자는 아무도 없었다.

자유북한군인연합은 2009년 12월《화려한 사기극의 실체 5·18》이라는 책을 출간했다. 이 책에는 〈표 1〉와 같이 북한군 개입설을 증언하는 16명의 글이 실려 있다. 4

그러나 〈표 1〉에서 보듯 '5·18'을 직접 경험한 탈북자의 증언은 한 편도 없다. 그뿐 아니라 박행운, 임천용을 제외한 증인은 모두 익명이다. 그럼에도 불구하고 이 책의 내용은 현재까지 북한군 개입설을 입증하는 중요한 근거로 잘못 사용되고 있다.

<표 1> 《화려한 사기극의 실체 5·18》에 소개된 증언 목록

	제목	필자	이야기 출처
1	교육자의 시각에서 본 5·18 사건	함남 금야군 고등중학교 교원	군당 교육부 과장의 이야기
2	북한군 건설여단 33명의 떼죽음 속에 숨겨진 광주의 비밀	함북 무산군 도시건설사업소 노동자 (제대 군인)	군복무 중 평양에서 내려온 선글라스 여성의 이야기
3	한국군은 광주의 살인자가 아니다	항공사령부 여성고사포중대장	'조선인민군 최고사령관'의 명령서를 보고
4	술병 들고 교회 습격한 민주인사들	2·8비날론연합기업소 사무원	50대 탈북 남성의 이야기
5	5·18에 숨겨진 진실	박행운(전 인민군 하사관)	조선중앙TV 뉴스를 보고
6	70대 노인이 말하는 광주사태	공장 지배인	《대내에 한함》을 읽고
7	5·18과 북한군 특수부대 개입	서해안 방어부대 군관(중위)	3군단 군단지휘부 조직부 지도원의 이야기
8	광주의 살인자는 북한군이에요	함북 청진시 가정주부	주위 사람들의 이야기
9	5·18은 북한의 투쟁 구호	문천제력소 노동자	김일성의 연설문을 보고
10	보위부 반탐과장의 고백	러시아 벌목공	주위 사람들의 이야기
11	5·18 광주와 북한	조선작가동맹 작가	조선중앙TV 뉴스를 보고
12	'광주의 영웅' 나의 아버지 친구	김형직사범대 학생	친구 김영호 집안 이야기
13	5·18광주폭동의 살인마는 김정일	3·13공장 지배인	직장 동료의 이야기
14	천마산에 시체도 없이 만들어진 광주 영웅들의 묘지	농촌관리위원회 부위원장	5·18 때 광주로 침투했다는 군인의 말을 전해 들음
15	대학시절부터 알고 있는 5·18광주무장폭동	남포시농촌경영위원회 지도원	비료공장 3직장장의 이야기
16	북한군 침투가 거짓이면 내 가슴에 총알을 박아라	임천용 (자유북한군인연합 회장)	탈북 군인(특수부대 중령)의 이야기

탈북자들의 대부분이 5·18은 북한군이 가서 일으킨 폭동이라고 말하고, 5·18의 내용을 가장 확실하게 안다는 탈북자들 16명이 2009년에 450여 쪽에 이르는 증언집 《화려한 사기극의 실체 5·18》을 냈습니다. 이 내용들의 거의 모두가 남한의 숫자 자료와 일치했고, 통일부 북한자료센터에 보관돼 있는 북한 문서들과 일치했습니다. 이 역시 북한 특수군 손에 쥐어진 스모킹 건(smoking gun)이 아닐 수 없습니다. [5]

이처럼 지만원이 보증하고 김대령에 의해 인용된 내용 중에 "이 내용의 거의 모두가 남한의 숫자 자료와 일치했다"는 말의 뜻은 결국 지만원의 주장과 일치한다는 것이다. 따라서 이 책이 누군가의 손길에 의해 각색되었거나 몇 가지 공통 주제를 설정해 놓고 각자 서술한 것이 아닌가 하는 의심이 드는 것이 사실이다.

김대령이 《역사로서의 5·18》에서 특히 《화려한 사기극의 실체 5·18》을 많이 인용한 부분은 5장 "외부에서 침투한 시민군" 중에서 '5·18 무장봉기의 실체'이다. 5·18 때 북한군이 광주에 내려왔다는 내용으로, 이 책의 가장 핵심적인 주장이다. 그 사례 몇 가지를 살펴보자.

첫째, 김대령은 북한에서 사용하는 '5·18 기념 사례'를 들어 북한의 5·18 관련성을 제기한다. 그는 《화려한 사기극의 실체 5·18》에 나온 함경남도 금야군 고등중학교 교원이라는 탈북자가 군당 교육부 과장의 이야기를 듣고 전한 증언과 문천제력소 노동자라는 탈북자가 김일성의 연설문을 보고 느낀 증언을 인용하면서 이렇게 주장한다.

북한에서는 5 · 18을 기념하기 위해 5 · 18을 앞에 붙인 시설 명칭들이 수두룩하다. 김일성이 살아생전에 남조선의 광주사태를 기념하기 위하여 같은 날짜인 5월 18일에 어느 공장을 현지 지도하면서 철도부문에서 '5 · 18무사고 정시견인운동'이 나왔고, 1만 톤 대형프레스 이름이 '5 · 18청년호', 제철소 이름이 '5 · 18청년제철소', 학생들이 파철을 모아 군수공장에 보내서 만든 탱크 이름에 '5 · 18전진호'라고 이름을 붙이는 등 5 · 18의 정당성과 계승성을 광범위하게 선전하고 대중사회에 의식화하였다.

특히 주목되는 사실은 '5 · 18무사고 정시견인운동'이라는 이름을 붙인 이유를 설명할 때 남조선혁명과 광주인민봉기에서 싸우다가 전사한 혁명전사들의 넋을 기리고 위로하자는 것이라고 말한 점이다. 6

그는 이어서 "김일성이 '우리 혁명전사' 하고 말할 때, 그 '혁명전사'들이란 광주에 침투했던 북한군을 가리키는 것일 수도 있고 시민군을 '우리 혁명전사'라고 부른 것일 수도 있다"라고 설명한다. 그의 말처럼 북한이 5 · 18을 인민들의 의식화를 위한 목적에서 소재로 활용한다는 점에서 광주 시민군을 '우리 혁명전사'라고 부른 것일 뿐, 이것을 김일성의 연설문 어디에도 없는 광주에 침투한 북한군으로 연결하는 것은 지나치게 무리한 해석이다.

둘째, 김대령은 북한 서적을 무분별하게 인용하여 5 · 18의 특정한 사건과 꿰맞추는 방법으로 '5 · 18 사전기획설'과 '전국 무장봉기론'을 주장한다. 그 가운데 '전국 무장봉기론'을 주장하기 위한 사례로서 "북한 도서 《광주의 분노》는 금남교, 송정교, 철교들을 유사시에 일제히 끊어 버릴 목적으로 폭약과 뇌관들로 폭발장치를 해놓았던 사실을 이렇게 기록한다"며 다음 내용을 소개한다. 7

특별경계부대는 무등산과 화순 방향의 야산지대에 진지를 구축하였고 광주에서 다른 시·군들로 통하는 모든 길에 바리케이드를 쌓아 놓고 계엄군의 진입을 막아 나섰다.

민주투쟁위원회는 전남북계엄분소의 소굴이 있는 송정리로 통하는 금남교, 송정교 철교들을 유사시에 끊어 버릴 목적으로 거기에 화순광업소에서 날라 온 폭약과 뇌관들로 폭발장치를 하여 놓았다. 8

그런데 5·18 때 금남교, 송정교, 철교들에 폭약이 설치되었다는 기록은 어디에도 존재하지 않는다. 5월 22일 16시 30분경 60연대 32대대가 '송정 진압작전'을 실시하여 평정한 후 위력 기동순찰을 실시하고 송정교에 1개 중대를 배치하였던 탓에 분명하게 확인되는 사실이다. 9

셋째, 김대령은 '5·18 사전기획설'의 증거로 전남도내 무기고의 위치를 사전에 파악했다는 탈북자들의 증언을 인용한다. 그가 인용한 탈북자의 증언이다.

북한 특수부대 요원들이 사전에 정찰해 두었던 전라도 지역의 무기고 배치도에 근거해서 그들의 지휘를 받아 가면서 시민군이라고 위장한 자들이 조직적으로 먼저 병기고를 습격하여 무장폭동을 일으켰고, 사람도 그들(시민군)이 먼저 죽인 것이 천하가 알고 있는 사실인데도 국가반란인 광주의 무장폭동이 민주화운동으로 되는 것을 왜 눈뜨고 보고만 있었는지 답답한 일이다.　　　　　　　　　　　　　　　— 전 문전제력소 노동자 **10**

김대령은 이 인용문에서 탈북자가 말한 북한 특수부대 요원들의 전라도 지역 무기고 정찰과 전남대 학생으로 담양경찰서 무기고 습격에 참여한 강주원의 증언을 연결한다.

먼저 도착한 시민들이 준비해 간 쇠파이프로 담양경찰서 유리창을 부수고 무전기와 무기가 될 만한 것들을 차에 싣고 있었다. 순경들은 이미 도망가고 없었다.　　　　　　　　　　　　　　　　— 강주원 **11**

김대령은 "여기서 담양 무기고 위치를 광주시민들이 알고 있었느냐에 의문이 있다. 전라남도 광주시민들은 전라북도 어느 도시, 어느 곳에 어떤 무기가 있다는 것을 알고 있었는가?"라고 반문하면서 "북한 특수부대 요원들이 사전에 무기고를 정찰한 후에 시민군을 지휘했다"는 탈북자의 증언이 명확한 답변이라고 주장한다. **12** 그런데 강주원이 증언하는 담양의 무기고는 다름 아닌 담양경찰서 구내 무기고다. 이미 앞에서도 '무기고 탈취와 북한군'의 관련성에 대해 살펴보았지만, 이날 탈취된 무기고 대부분이 경찰서나 지·파출소 예비군 무기고라는 사실에서 그의 주장은 설득력이 떨어진다.

이상에서 살펴본 것처럼 자유북한군인연합의 《화려한 사기극의 실체 5·18》과 주로 그 내용을 토대로 집필한 김대령의 《역사로서의 5·18》은 5·18의 역사적 진실을 크게 오도하였다. 그럼에도 불구하고 탈북자들의 증언이 우리 사회 일각에서 여과 없이 받아들여지면서, 5·18의 역사적 실체가 왜곡되는 현실이 안타깝기 그지없다. 그런 가운데 '5·18' 때 광주에 내려왔다는 한 탈북자의 이야기가 또다시 책으로 출간되었기에 그 내용을 분석해 보았다.

《보랏빛 호수》에 나타난 5·18

필자는 탈북자 이주성이 "논픽션이지만 광주사태 당시 남파되었던 한 탈북 군인의 실제적인 5·18사태 체험담"이라고 주장하는 《보랏빛 호수》의 북한군 침투설 관련 부분을 정리하여 분석해 보고자 한다. [13]

① 1980년 3월 초부터 정순성이 소속되어 있는 1010부대는 다른 때보다 배나 높은 고강도의 훈련을 받고 있었다. 특히 남조선의 지역별 말투와 억양, 지방 사투리에 대한 발음 훈련을 집중적으로 받았다. 1980년 5월 18일 오전에 조장이 명령서를 전달했다. "지금까지 훈련은 이것으로 끝마친다. 내일부터는 다른 지역으로 이동훈련을 떠나야 한다." 5월 19일 저녁 9시경. 순성 일행은 황해남도 장산곶 바닷가에 도착했다. 바다 물결에 몸체를 무겁게 흔들거리는 고기잡이배 2척이 콘크리트 부두에 매여 있었다. 그 배는 길이 20미터의 남조선 일반 어선과 같은 구조로 만든 배였다. 시속 100킬로미터 이상의 속도를 낼 수 있는 고속 어선이었다. "육지로 오르라." 조장의 지시에 따라 조원들은 뭍을 향해 헤엄치기 시작했다. 배에서 기슭까지는 100미터는 넘을 듯싶었다. 5월 21일 밤 12시경이었다. [14]

〔정리〕 북한 특수군 정순성은 1980년 3월 초부터 광주 투입 훈련을 받고 있었다. 5월 19일 저녁 9시 고속 어선을 타고 황해남도 장산곶을 출발하여 21일 밤 12시경 광주 인근에 도착했다.

② 50명이 한 줄로 길게 늘어서서 걷고 있어 더욱 시간이 소요됐다. 5시간은 넘게 행군한 것 같았다. "이곳이 우리의 목적지 전라남도 광주라는 곳이다. 지금 이곳에서는 전투가 벌어지고 있다. 지시가 있을 때까지 '조 단위'로 은폐를 마친 다음 아침 식사를 해라." 햇살이 주위에 밝게 퍼진 지도 한참 되었다. "응. 여기가 광주 무등산 증심사라는 절간이야." 출입문이 열리고 까까머리 중 한 사람이 나왔다. "소장 동지 먼 길 오시느라 수고 많으셨습니다." 순성은 절간에서 마중 나온 중이 연락소에서 파견되어 임무를 수행하는 사람임을 알 수 있었다. "소장 동지. 이번 광주 폭동과 관련해 저희가 진행한 전투성과를 보고하겠습니다. 전라남도 각 지역에 있는 경찰서를 습격하여 총 5,400여 정을 노획하여 광주폭동 시민군을 무장시켰습니다. 그리고 아시아자동차공장을 습격하여 장갑차 4대와 군용트럭과 대형버스 등 30여 대를 노획하였습니다. 또한 폭약저장소들을 습격하여 10톤에 가까운 폭약과 4만 미터에 달하는 도화선과 35만 개의 뇌관을 탈취했습니다. 소장 동지. 한 가지 아쉬운 것은 교도소 습격이 실패한 것입니다." 광주에 남파되었던 인민군 특수부대가 아시아자동차공장, 무기고들과 교도소를 습격할 때, 길 안내를 맡았던 주인공 까까머리 중은 바로 손성모였다. **15**

〔정리〕 21일 오전 5시경 광주에 도착한 북한 특수군은 무등산 증심

사에서 고정간첩인 승려와 접선하여 그로부터 5 · 18 상황에 관해 보고를 받았다. 그는 비전향 장기수 손성모였다.

③ 다음 날(22일) 아침이었다. 문제심 파견대장의 신변 호위를 맡은 12명의 조원들밖에 안 보였다. "지금부터 전체 호위원들은 전투에 진입한다." 차 도로를 몇 번 건너 광장같이 넓은 마당 가운데 자리 잡은 4층 건물이 있는 곳으로 향했다. 모래를 담은 아마직 포대로 바리케이드를 쌓아 놓은 곳에 총을 잡고 있는 사복과 얼룩덜룩한 위장복을 입은 수십 명의 젊은 사람들이 건물 주위를 바삐 움직이고 있었다. "대장 동지 안녕하십니까." 문제심에게 머리를 장발로 기른 청년이 거수경례를 했다. "동무 수고가 많소." 광주도청 지하실에 모인 청년들은 이번 광주폭동에 남파된 조선인민군 타격대 지휘관들이다. 현지 상황보고를 받고 난 문제심은 명령을 하달했다. "1타격대는 공수부대 군인들을 향해, 2타격대는 시민군 쪽을 향해 사격하라. 두 쪽에서 사망자가 나오지 않게 정확히 쏴야 한다. 동시에 유언비어를 퍼뜨리도록 하라." 문제심의 작전은 기막히게 들어맞았다. 붙는 불에 기름을 부은 격으로 폭동은 번져 나갔다. 오후 2시가 지나가고 있었다. **16**

〔정리〕 22일 아침 도청으로 들어갔다. 북한군이 건물을 장악하고 있었고, 지하실에는 남파된 조선인민군 타격대 지휘관들이 모여 있었다. 상황보고를 받은 문제심이 사격 명령과 동시에 심리전을 지시했는데, 대성공이었다. 이 표현을 적용하면 문용동과 폭약관리반원은 조선인민군 타격대 지휘관이 된다. 그것이 사실이 아니라면 북한

군 개입설은 허구가 된다.

④ 5월 25일 새벽 5시 광주시 외곽 야산에서 북한군 최고사령부 앞으로 전파가 날아가고 있었다. "묘향산 앞: 전두환이 지휘하는 11공수특전대가 광주시 전체를 포위했다. 괴뢰군 공수특전사와 교전으로 아군에서 많은 희생자가 발생했다. 광주폭동에 참가한 시민들이 앞 다투어 진압군에 투항하고 있어 폭동은 실패로 돌아가고 있다. 차후 아군의 작전계획에 대한 명령을 기다린다."

아침 6시 북한군 최고사령부로부터 긴급 무전이 날아들었다. "불새 앞: 동무들의 전투성과를 축하한다. 최고사령부는 5월 27일까지 폭풍1호 작전에 참가한 조선인민군 타격대들이 한 명의 낙오자도 없이 모두 철수하여 무사히 본부로 돌아올 것을 명령한다." 6월 3일 새벽 휴전선을 넘는 행군이 시작되었다. 오전 10시 직속부대는 드디어 북쪽 지역 휴전선을 넘는 데 성공했다. 1980년 6월 15일 오전 10시. 평양시 인민문화궁전에서는 김일성과 김정일이 참석한 가운데 5·18광주폭동에 대한 총화를 진행했다. **17**

〔정리〕 북한 특수군이 5월 25일 철수를 건의하자 원대복귀 명령이 내려졌다. 6월 3일 휴전선을 넘었으며, 6월 15일 평양에서는 김일성이 참석한 가운데 성과를 자축하는 총화가 열렸다.

필자는 이 책을 몇 번씩이나 읽어 보았다. 국군 보병장교로 전방부대에 근무하면서 1978년 11월 충남 홍성에 침투한 무장간첩 사건 당시 대간첩작전에 참여한 경험을 되살려 이해하려 노력했지만 도대체 이해가 되지 않았다. 그저 한 편의 황당무계한 논픽션 추리소설이었다. 그럼에도 불구하고 탈북자인 작가가 실제 체험담이라고 주장하고, 5·18 당시 북한군 투입설을 주장하는 지만원이 추천한 책이어서 내용을 구체적으로 분석해 보았다.

첫째, 이 책은 부제로 "광주사태 당시 남파되었던 한 탈북 군인의 5·18 체험담"이라고 밝히고 저자도 탈북자여서 마치 저자가 체험의 당사자인 것처럼 포장하였지만, 18 실제 내용은 저자가 지인인 탈북 군인에게서 전해 들었다는 간접 체험담이다. 19 따라서 '1차 사료'가 아닌 '2차 사료'에 해당한다. 게다가 논픽션 형식으로 쓴 글이어서 사료로서의 가치는 거의 없는 글이다.

둘째, 내용상 제기되는 문제점이다. 보수 논객 조갑제는 북한군 침투설의 문제점을 12가지 이유로 지적했고, 20 전원책도 북한군 침투설의 허구성을 주장한다. 21 이들의 주장은 특별한 것이 아니라 상식에 입각한 지적이다. 앞의 내용에도 "북한군 50명이 한 줄로 길게 늘어서서 5시간을 넘게 행군하고, 5월 22일 아침에는 파견대장 문제심이 북한군 12명의 신변 호위를 받으면서 도청을 방문했다"라고 기술되었다. 당시 상황이 아무리 특수상황이었다고 하더라도 50명이 한 줄로 길게 늘어서서 5시간을 넘게 행군하고, 북한군 대장이 12명의 호위를 받으며 광주 시내를 활보하면서 도청을 출입한다는 것은 불가능한 일이다.

당시 광주경찰서 정보과에는 외근형사 30명이 있어서 시위대를 따라 이동하며 이동상황, 주요 참가자, 시위 내용, 특이사항 등을 공중

264

전화나 정보센터(23개소)를 이용하여 전파했다. 21일 계엄군이 도청에서 철수한 이후에도 정보형사들은 광주 시내에 남아 관내 상황을 수시로 전파하고, 계엄군 재진입 시에는 지리 안내 역할을 수행했다. 현장 밀착 근무를 통해 누구보다 상황 파악이 정확했다. 이들은 '5·18' 기간 내내 현장에 있었으나, 관계기관이나 현장 경찰관들 간에 북한 관련 첩보는 전혀 거론된 바 없다.**22** 더욱이 북한군이 5월 25일 철수하여 내륙으로 이동하면서 6월 3일 휴전선을 완전히 넘어갈 때까지 아무런 흔적도 발견되지 않았다는 주장은 어불성설이다.**23**

셋째, "이때 전남도청 건물은 북한군이 장악하고 있었고 도청 지하실에 모인 청년들은 광주폭동에 남파된 조선인민군 타격대 지휘관들이었다"는 주장의 허구성이다. 5월 22일은 계엄군이 철수하고 텅 빈 틈을 타서 8시 30분경 김원갑이 광주공원에 있던 시민군 500여 명을 도청으로 데리고 온 날이다. 그는 이때 시민군을 시내 7개 요소에 배치하고 남은 200여 명은 도청 정문과 후문 및 주변 경계에 임하도록 조치했다.**24** 따라서 ③에서 말하는 오전 시간은 시민군이 배치를 완료하고 도청을 지키던 시간이다. 즉, 이 책의 주장이 사실이라면 시민군은 북한에서 남파된 부대이며, 폭약관리반원들은 인민군 타격대 간부들이라는 등식이 성립되어야 한다.**25**

넷째, 5월 22일은 문용동을 비롯한 폭약관리반이 도청 지하실에 상주하기 시작한 날이다. 5월 21일까지는 공수부대가 도청을 장악하고 있었고, 시민군이 도청을 장악한 22일부터는 이곳에 폭탄과 폭약을 쌓아 놓고 폭약관리반원들이 상주하고 있었다. 그러면 도청 지하실에 모인 청년들(남파된 조선인민군 타격대 지휘관들)은 도대체 언제부터 이곳에 상주했단 말인가. 도대체가 말이 되지 않는 새빨간 거짓말이다.

다섯째, 지만원의 추측대로 북한군이 폭약을 설치했고 이 책의 내용처럼 북한군이 도청에 상주했다면, 그들은 문용동과 폭약관리반원이 들어와서 폭약을 관리하고 해체하는 것을 가만히 보고 있었겠는가? 특수전을 수행하러 광주까지 남파된 북한군이 그것을 한 번도 사용하지도 않고 순순히 포기한다는 것은 상식적으로 도저히 이해할 수 없는 일이다.

이상에서 살펴본 대로, 이주성이 《보랏빛 호수》에서 주장한 북한군 개입설 및 도청 지하실 상주설은 전혀 근거가 없는 허구이며 소설이다. 따라서 이 소설은 지만원의 북한군 개입설을 입증하는 근거가 아니라, 도리어 북한군 개입설의 허구성을 드러내는 자료이다.

지만원의 영상기법과 '광수' 논란

《전두환 회고록》이 출간된 후 책의 내용을 둘러싸고 법정 공방이 벌어진 가운데, 극소수 국민들에게서는 "출판의 자유가 있고, 표현의 자유도 있는데, 왜 배포를 금지시키고 삭제시켜서 굳이 재갈을 물리려고 하느냐"는 불만의 소리가 나오는 것도 사실이다. 그러나 법원에서는 전체 3권의 내용 가운데 우선 1권에서만 34군데나 삭제 결정을 내렸다. 도대체 무슨 내용이 들어 있고 사실 왜곡 정도가 얼마나 심했기에 '현대판 분서갱유'와 같은 일이 일어난 것일까? 5·18민주화운동과 관련해서 제기된 고소장 내용을 살펴보면, 문제점은 '자신을 희생양으로 묘사하고', '계엄군은 죽음 앞에 내몰리기까지 결코 발포하지 않았다고 주장하며', 여기에 더해 '북한 특수군의 개입 정황이라는 의심을 낳고 있다'는 세 가지다.

주목되는 것은 '북한 특수군의 개입 정황'이라는 부분이다. 대한민국 대통령을 지낸 사람이, 그것도 당시 중앙정보부 책임자로 국가 정보를 총괄한 그가 회고록을 통해 북한 특수군의 개입을 언급했으니 무슨 근거로 그렇게 주장하는지 궁금증을 자아낸다. 그런데 정작 회고록을 보면 구체적인 증거가 존재하는 것이 아니라, 지만원의 주장에 근거한 것이라고 밝힌다.

지난 10여 년간 집중적인 조사와 연구, 출판활동 등을 통해 5·18광주사태와 관련된 진실을 규명하고 있는 지만원 시스템공학박사는 "광주사태가 '민주화운동'이 아니고, 북한이 특수군을 투입해서 공작한 '폭동'이었다"는 주장을 펼치고 있다. 지만원 박사는 검찰과 국방부의 수사기록, 안기부 자료, 5·18 관련 단체들의 기록물, 북한 측의 관련 문서와 영상자료들을 면밀히 조사, 분석한 결과 그러한 결론을 얻게 되었다고 밝히고 있다. **26**

여기서 지만원이 "북한 측의 영상자료들을 면밀히 조사, 분석했다"는 것이 이른바 '560명의 광수(광주에 내려온 북한군)'(2018. 3. 15 현재) 사진이다. **27** 시스템공학박사인 지만원은 5·18 관련 사진에서 '안면인식용 컴퓨터를 이용한 기하학적 기법'(얼굴지문기법)으로 광주에 내려온 북한 특수군 560명의 사진을 발굴했다고 주장한다. 문제의 '광

...

〈표 2〉지만원이 주장하는 주요 '광수' 명단 [28]

번호	성명	성별	나이	당시 직책	비고
23	황병서	남	31	-	국방위원회 부위원장(2014)
31	연형묵	남	49	노동당 중앙위원회 비서	정무원 총리(1989)
36	최룡해	남	30	최현(인민무력부장)의 아들	노동당 중앙위원회 부위원장(2017)
62	리을설	남	59	지휘 책임자(인민군 5군단장)	호위사령관(원수, 1996)
70	이선실	여	64	통일전선부 부부장	노동당 정치국 후보위원(1980)
71	황장엽	남	57	최고인민회의 의장	김일성종합대 교장(1965)
73	오극렬	남	49	인민군 총참모장	국방위원회 부위원장(2009)
91	김기남	남	51	최고인민회의 대의원	노동당 선전담당 비서(2001)
93	최태복	남	50	함흥화학공업대 교수	최고인민회의 의장(2009)
112	려원구	여	52	김책공업대 교원(여운형의 딸)	최고인민회의 부의장(1998)
123	백남순	남	51	외교관 / 백룡천과 부자 동반	외무상(1998)
134	김중린	남	57	당 통일전선부 부장	노동당 대남담당 비서(1988)
145	김용순	남	45	외교관	노동당 대남담당 비서(1992)
146	강영섭	남	59	외교관 / 강명철과 부자 동반	조선그리스도교연맹 위원장(1989)
151	조명록	남	51	공군사령관	인민군 총정치국장(1995)
152	류미영	여	59	미국 망명(최덕신의 처)	조선천도교 청우당 위원장(1993)
162	성혜랑	여	45	작가 / 리한남	김정일의 처 성혜림의 언니
197	김경희	여	34	당 국제부 부부장(김일성의 딸)	노동당 중앙위원회 비서(2012)
199	장성택	남	34	강선제강소 작업반장(사상교육)	국방위원회 부위원장(2010)
218	허 담	남	51	부총리 겸 노동당 외교부장	노동당 대남담당 비서(1983)

수' 사진에 대한 분석 자체는 역사학의 범주를 벗어난 것이지만, 《전두환 회고록》이 주장하는 북한 특수군 5·18 개입설에 대한 검증을 위해 지만원의 주장을 분석해 보고자 한다.

지만원이 주장하는 560명의 '광수' 명단에서 북한의 주요 직책자 및 특별 신원자 20명을 살펴보면 〈표 2〉와 같다. 이 명단을 얼핏 보더라도 지난 50년 동안 북한사회를 통치해 온 권력지형도처럼 보인다. 김일성 집안은 물론 당과 군을 통치한 권력자가 망라되었다. 정말 이런

<표 3> '광수'(광주에 내려온 북한군)의 연령대별 분석

연령	명단
10대(이하)	강철환, 김덕훈, 리남옥, 림 일, 박상학, 백룡천, 장금송, 장진성, 정성산 (9명)
20대	강명도, 강수린, 강지영, 고영환, 권호웅, 기광호, 김경호, 김명길, 김병호, 김성기, 김 용, 김흥광, 로성실, 리광근, 리영길, 리원일, 리일남, 리일환, 박상권, 방강수, 오일정, 조명철, 자성남, 최승철, 홍광순 (25명)
30대	강양모, 강표영, 궁석웅, 권혁봉, 김경희, 김광수, 김령성, 김봉철, 김수길, 김영일, 김영철, 김원홍, 김정각, 김정순, 김창섭, 김태종, 김평해, 김형준, 로두철, 류영선, 리병철, 리영호, 리유미, 리춘식, 리태철, 리택근, 문웅조, 박도춘, 박림수, 박만엽, 박명선, 박승원, 변인선, 신선호, 안동춘, 오금철, 오수용, 우동측, 원동연, 장성택, 장승길, 전일춘, 차선모, 최경민, 최경성, 최계근, 최룡해, 최부일, 최주활, 현영철, 홍선옥, 황병서 (52명)
40대	강석주, 강영섭, 곽범기, 김격식, 김덕홍, 김동옥, 김락희, 김령심, 김병팔, 김성남, 김양건, 김영춘, 김용순, 김일철, 김중협, 라동희, 류춘옥, 리명수, 리병삼, 리정순, 리정호, 리종환, 리태남, 리하일, 박경윤, 박재경, 백세봉, 성혜랑, 송호경, 연형묵, 윤룡숙, 장재언, 정창모, 조숙녀, 조연준, 조원석, 주상성, 한동근, 한시해, 현철해, 홍순경 (41명)
50대	강관주, 계응태, 김국태, 김기남, 김중린, 려원구, 려춘석, 류미영, 리선실, 리용무, 리용철, 리을설, 백남순, 변영립, 손성모, 손성필, 오극렬, 오익제, 장국종, 전병호, 조명록, 주규창, 최태복, 허 담, 홍성남, 황장엽 (26명)
60대	황순희 (1명)

특수부대가 존재하고 이들이 광주까지 내려왔다는 말인가? 그런데 상식을 가진 사람이라면 말이 안 되는 이 엄청난 도발을 두고 법정에서 진실공방이 벌어지는 것이 현실이다. 따라서 지만원이 주장하는 '광수 목록'을 놓고 구체적으로 분석해 보고자 한다.

<표 3>은 지만원의 '광수 목록'에 등장한 560명 가운데 성명 불상자 143명을 뺀 417명 중 출생연도가 확인되는 154명에 대한 연령대별 분포도이다. 10대 9명, 20대 25명, 30대 52명, 40대 41명, 50대 26명, 60대 1명으로, 평균 연령은 37세다. 20대가 16%에 불과해서 주로 20대로 구성되는 특수부대와는 거리가 멀다. 최고령자는 조선혁명박

물관장 겸 조선노동당 중앙위원회 정치국 후보위원인 61세의 황순희
(68번)이며, 최연소자는 장성택의 딸인 장금송(210번)으로, 3세이
다. 다음으로 이들의 성비를 살펴보면 남자가 101명, 여자가 53명이
다. 여자 광수 가운데는 황순희(61), 류미영(59), 리선실(54), 려원
구(52) 등의 고령자와 김일성의 딸인 김경희(197번), 사촌 여동생 김
정숙(144번), 김정일의 처형 성혜랑(162번) 등 로열패밀리가 포함되
었다. 그런데 이 목록을 분석해 보면 몇 가지 특징을 발견할 수 있다.

첫째, 김일성 일가를 비롯한 권력가 출신의 부자, 부부 등 가족 단
위 대원이 많다. 장성택(김경희, 장금송), 성혜랑(리일남, 리남옥) 일
가와 김일성의 외척으로 '칠골 강씨'로 불리는 조선그리스도교연맹 위
원장 강영섭(강명철) 부자, 당 대외연락부장 강관주(강관선) 남매와
탈북자 강명도(강희영) 부부가 포함되었다. 또 최현의 아들 최룡해
(36번)와 김책의 아들 김국태(118번), 오진우의 아들 오일정(28번),
오백룡의 아들 오금철(24번) 그리고 백남순(백룡천) 외무상 부자, 외
교관 출신의 현성일(최수봉), 장승길(최해옥) 부부가 포함되었다. 도
저히 상식적으로는 이해가 되지 않는 부분이다.

둘째, 탈북자가 무려 50명이나 포함되어 있다. 이 가운데는 장금
송(3), 장진성(9), 정성산(11), 강철환(12), 림일(12), 박상학(12),
리남옥(14) 등 10대 이하의 어린아이가 7명이나 포함되었다. 지만원
은 이들의 대부분이 '위장 탈북자'라고 주장하고 있어서, 진실 여부를
놓고 법정 공방이 벌어지고 있다. 그의 말을 들어 보자.

나는 현재 서울에서 이름을 날린 50명의 탈북자들을 광수라고 발표했

고, 1980년 광주에 왔던 광수들 중에는 10대가 10여 명 있다. 특히 박상학, 강철환, 정성산은 12살이었다. 장진성이 가장 어린 9살이었다. "9살배기 아이가 무슨 특수군이냐?"고 하소연한다면, 12살배기 세 사람도 "12살배기 아이가 무슨 광수냐" 이렇게 주장해야 할 것이다. **29**

한마디로 억지도 이런 억지가 없다. 당시 9살이던 장진성이 명예훼손으로 소송을 제기하자, 12살이던 박상학, 강철환, 정성산은 그냥 있는데 왜 너만 별나게 소송을 제기하느냐는 억지다. 그렇다면 지만원 스스로도 놓치고 있는 '201번 광수'인 1977년생 3살배기 장금송의 존재는 또 어떻게 설명할 것인가.

셋째, 다른 직업군에 비해 유독 체육 관계자가 많이 포함되었다. 인천아시안게임 관계자가 12명, 평창올림픽 관계자가 12명이다. "평창올림픽과 함께 발굴한 80명의 광수"라는 지만원의 주장처럼**30** 광수 발굴이 얼마나 즉흥적으로 이루어지는가를 보여 주는 사례이다.

넷째, '광수 목록'에 등장한 560명 가운데 압도적으로 많은 직업군은 이른바 '대외 일군'과 '대남 일군'이다. 지만원이 '광수'를 발견하는 소재는 TV 뉴스 화면이다. 중요한 북한 소식이 보도될 때마다 '광수' 발견 소식도 뒤따른다. 그런 점에서 외무성의 '대외 일군'과 당의 '대남 일군'이 대상이다. 1980년 당시 대남사업을 총괄하던 김중린을 비롯하여 허담, 김용순, 김양건 등 역대 대남사업 책임자들과 백남순, 강석주, 최선희 등 외교관들이 등장한다. 특히 김중린은 김일성으로부터 5·18 때 북한이 보다 적극적이고 모험적인 개입을 하지 않은 데 대해 문책당했다는 주장에 근거하면**31** 더더욱 말이 안 된다.

사람의 얼굴에만 치중하다 보니 나이나 환경은 고려하지 않아 세 살짜리 아이도, 60대 할머니도 '광수'로 등장한다. 5·18 당시 '152광수' 류미영은 최덕신을 따라 미국에서 망명생활 중이었고, 이들 부부가 월북한 것은 1986년이니 전혀 앞뒤가 맞지 않는다. '374광수' 박상권(평화자동차 사장)과 '375광수' 박경윤(금강산국제그룹 회장)도 미국에 살고 있었다.

다섯째, '광수 목록'에 나온 이들의 1980년 당시 직책을 보면 이미 북한을 움직이는 최고위 지도자들이다. 군의 경우 우리의 합참의장에 해당하는 인민군 총참모장 오극렬과 공군사령관 조명록, 5군 단장 리을설, 8군 단장 리하일이 모두 특수군으로 내려오고, 국회의장에 해당하는 최고인민회의 의장 황장엽이 광주에 온 특수부대원이었다는 주장을 어떻게 믿을 수 있는가?

더욱이 황장엽은 1979년 10월부터 김일성·김정일 부자에 의해 당 중앙위원회 과학교육담당 비서 겸 주체사상연구소 소장으로 발탁되었다. 그는 당 비서와 부장들의 학습조를 책임지는 강사로 활동하면서, 최고인민회의 의장 임기가 끝나지 않았기 때문에 여전히 최고인민회의 의장도 겸하고 있었다. 북한에서는 당 비서가 최고인민회의 의장과는 비교도 안 되는 중요한 직책이지만, 외국에서는 오히려 국회의장과 비슷한 최고인민회의 의장을 더 높게 인식했다. 그래서 황장엽은 최고인민회의 의장 자격으로 대표단을 이끌고 외국을 방문하곤 했다. **32** 그런데 바로 이 시기에 황장엽이 '5·18'에 참가하기 위해 총을 들고 광주에 내려왔다는 것이 말이 되는가.

이런 황당무계한 '광수' 얘기가 버젓이 언론 지면을 장식하고, 명예

훼손 여부를 놓고 법정 공방을 벌이고 있다. 이것은 한마디로 코미디이다. 지만원이 말하는 특공작전을 수행하고 광주에서 도보로 휴전선을 넘어 북한까지 탈출한 특수부대원의 모습과는 너무 다르다.

북한군은 광주에 내려왔는가?

전두환 전 대통령은 《전두환 회고록》에서 5·18에 관한 자신의 생각을 회고하는 대신 타인의 주장으로 입장을 대신하였다. 그 내용을 살펴보자.

> 배후 조종에 의한 폭동이라는 점에서는 같지만, 그 배후가 바로 '북한'이라고 특정(特定)하는 또 다른 주장이 있다. 지만원 시스템공학박사와 재미 역사학자인 김대령 목사 등은 연구·저술을 통해 광주사태는 북한 특수부대에 의한 도시게릴라작전이었다고 주장하고 있다. 당시 상황을 직접 목격하거나 체험하지는 않았지만, 방대한 양의 수사기록과 재판기록들, 피해자 측이 만든 자료들, 북한의 문서와 영상자료들을 면밀히 분석한 결과 북한의 특수부대원들이 벌인 '도시게릴라전'이었다는 것이다. 뿐만 아니라 1990년대 이후 탈북한 북한 고위층 인사들과 군인들의 생생한 증언이 이를 뒷받침하고 있다는 주장이다. [33]

5·18 때 북한군이 개입했다는 주장은 지만원과 김대령에 의하여 주도되고 있다. 특히 지만원은 2014년 5·18에 관한 12년 연구의 결과물이라는 《5·18 분석 최종보고서》를 출간한 데 이어, 2018년에

<표 4> 북한군 개입설의 비교

	지만원	임천용	이주성	마이클 리
남파 일자	6개월에 걸쳐 10여 회	5월(일자 미상)	5월 19일	5월 2일
남파 인원	600명	600명	600명	600명
침투 방법	해안 침투 (장산곶 → 광주 부근)	서해: 남포 → 백암 동해: 신포 → 전남	해안 침투 (장산곶 → 광주 부근)	해로: 남포 → 영광 육로: 철원 땅굴
생사 여부	유골 430구 청주에서 발견(2014년에 북송)	1차 300명 귀환 2차 70명 귀환	귀환자 32명(?)	전사자 490명 귀환자 110명

들어서는 "새로 써야 할 5·18 역사"를 통해 역사적 진실 규명을 강조하고 있다. 이와 함께 김대령은 《역사로서의 5·18》이라는 방대한 저서를 통해 5·18의 역사성을 주장한다. 따라서 이들이 근거로 제시한 탈북자 증언은 물론 이제까지 제기된 5·18 북한군 개입설의 실체를 규명하는 것이 선행되어야 올바른 논쟁을 펼칠 수 있다. 그러면 이들이 각기 주장한 북한군 개입설은 얼마나 신뢰성이 있을까.

〈표 4〉는 이제까지 제기된 북한군 개입설의 내용이다. 그런데 600명이라는 숫자만 같지 남파 일자나 침투 방법, 생사 여부 등이 모두 다르다. 이 가운데 마이클 리는 CIA(미 중앙정보국) 조정관 출신으로, 2016년 5월 17일 서울 정동제일교회에서 열린 '이승만 포럼'에서 "5·18은 북한 특수부대가 개입한 내란"이라고 주장했다.[34] 또한 앞에서 살펴본 바와 같이, 재미 역사학자인 김대령 박사는 《역사로서의 5·18》을 통해 '북한의 5·18 사전기획설'과 '북한 특수부대의 광주 개입'을 주장한다.[35] 김대령의 주장은 대부분 지만원과 임천용의 주장에 근거한다. 따라서 이 네 사람의 주장만 비교해도 "북한군이 개입했다"는 제목만 같지, 내용에서는 각각의 소설을 쓰고 있음을 알 수 있다.

《전두환 회고록》은 또다시 지만원을 인용하여 북한군 개입설을 간접 주장한다.

지만원 박사는 5·18 때 북한 특수공작원으로 침투했다가 돌아가 그 뒤 북한의 정부와 군부에서 요직을 차지하고 있다는 수백 명의 인물을 사진 분석을 통해 실명으로 밝히고 있고. 그 내용이 특정 보도매체와 출판물, 인터넷 등을 통해 광범위하게 전파되어 있지만 주요 언론 매체들은 단 한 줄도 보도하지 않고 있다. **36**

전두환이 말하는 지만원의 사진 분석이란 앞에서 살펴본 이른바 '안면인식용 컴퓨터를 이용한 기하학적 기법'(얼굴지문기법)이며, 그 결과 광주에 내려왔다고 주장하는 북한 특수군 560명의 명단을 일일이 분석해서 살펴보았다. 일국의 대통령을 지낸 분이 어떻게 이러한 무책임한 얘기를 회고록에 담을 수 있는지 한심스럽기 그지없다. 여기에 덧붙여 2014년 청주에서 발견되었다고 주장하는 이른바 '북한군 유골'까지 5·18을 둘러싼 조작은 끝없이 반복된다.

이제는 이 잘못된 논쟁에 막을 내려야 한다. 더욱이 전두환 스스로가 회고록에서 "군 당국은 당시 2천여 명을 체포하고 그 가운데 500명가량을 재판에 회부했다. 물론 북한 특수요원으로 볼 수 있는 사람은 없었다"라고 밝혔지 않은가. **37**

5대 의혹사건에 대한 진실

'5·18 5대 의혹사건'의 실체는 충격적이다. 5대 의혹사건 이면에는 하나같이 사실조작을 수반한 역사왜곡이 있었으며, 이로 인해 억울하게 누명을 쓴 희생자가 다수 발견되었다. 1988년 2월 육군본부는 이종구 참모총장의 지시에 따라 국회 광주특위 활동에 대비하여 육군대책위원회(일명 '80대책위원회')를 결성했다. 참모차장을 위원장, 일반 참모부장들을 위원으로 편성하고, 산하의 실무위원회에서 5·18 자료를 수집·정리하면서 체계적인 조작을 시도했다.

이들은 군에 불리한 자료들을 수정하거나 삭제하고 5·18 진압 계엄군 체험담도 군에 유리한 방향으로 고치는 등의 방법으로 3월 30일 1차 〈광주사태 보고서〉를 완성하였고, 4월부터 2차 자료수집과 재정리를 통해 6월 1일 2차 〈광주사태 보고서〉를 완성한 후, 7월 6일 전 군지휘관회의를 통해 5·18에 관한 육군의 시각을 통일했다. 이렇게 만들어진 자료는 7월 8일 국방부 5·11위원회로 넘겨져 국회 광주특위 조사에 대응하는 자료로 활용되었다.

한편 5·11연구위원회는 국방부 차관을 위원장으로 구성된 국회대책 특별위원회 산하의 실무 조직으로, 대외 창구 역할, 관련 부서와 의견 조정, 자료 수집 및 정리 제공, 주요 쟁점에 대한 대응책 강구, 기관 간 협조 등의 임무를 담당하기 위하여 설립되었다. 동원예비군국장을 위원장으로 5인의 위원과 15인의 실무위원으로 구성되었는데, 5대 의혹사건의 사실 조작도 대부분 이곳에서 최종 확정된 것으로 보인다.

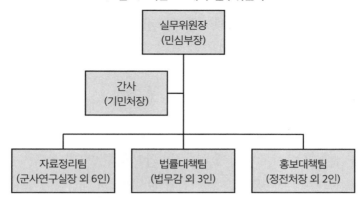

〈그림 1〉 육군 80대책 실무위원회

- 실무위원장 (민심부장)
- 간사 (기민처장)
- 자료정리팀 (군사연구실장 외 6인)
- 법률대책팀 (법무감 외 3인)
- 홍보대책팀 (정전처장 외 2인)

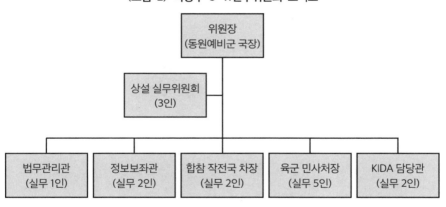

〈그림 2〉 국방부 5·11연구위원회 조직도

- 위원장 (동원예비군 국장)
- 상설 실무위원회 (3인)
- 법무관리관 (실무 1인)
- 정보보좌관 (실무 2인)
- 합참 작전국 차장 (실무 2인)
- 육군 민사처장 (실무 5인)
- KIDA 담당관 (실무 2인)

첫 번째 의혹사건인 '전남도청 지하실 폭약 설치사건'은 정부나 민간을 막론하고 사건의 진상에 대한 연구가 거의 진행되지 않았다. 그러나 분명한 사실은 5·18이 끝난 지 불과 5일 만인 5월 31일에 발표된 계엄사령부의 성명서가 사실의 본질을 왜곡하였고, 6월 5일부터 11일까지 진행된 국보위 〈광주사태 진상보고〉에서도 왜곡된 계엄사 성명서를 그대로 인용하였다는 점이다. 게다가 조작 사실을 알 수 없었던 시민사회에서도 군의 발표를 기정사실화했기에 이 사건의 진실은 양측으로부터 왜곡당했다. 사건의 당사자로서 억울하게 '프락치'로 내몰린 문용동도 5월 27일 공수부대의 전남도청 탈환작전 와중에 죽임을 당한 터여서, 2007년 국방부 과거사진상규명위원회가 계엄군에 의해 조작된 사실임을 밝히기 전까지는 반박할 수 있는 사람이 아무도 없었다.

따라서 도청에 폭약을 설치한 사람과 폭약의 종류 등에 대해서도 억측만 무성할 따름이었고, 이러한 의혹은 북한군 특수부대가 설치했다는 주장으로까지 이어졌다. 이 과정에서 북한군의 소행임을 주장한 글에서 자료 원문에 기록된 "다이너마이트 폭약 뭉치 2,100개"가 "TNT 폭탄 2,100개"로 변조되는 등 여러 군데서 조작의 흔적이 발견되었으며, 폭약 해체자인 배승일에 관한 지만원의 주장이 완전히 잘못되었다는 사실도 배승일의 증언을 통해 확인되었다. 그리고 "폭약 해체자만 있고 조립자는 없기 때문에 북한 특수군의 소행"이라는 주장은 앞에서 폭약관리반원 9명의 신상과 활약상을 자세히 밝힌 데이어, 다이너마이트를 조립한 혐의로 구속된 13명의 육군고등군법회의 판결문과 수사기록을 찾아내면서 진실이 명확하게 밝혀졌다.

두 번째 의혹사건인 광주교도소 습격사건은 1985년 국방부가 발간한 《광주사태의 실상》을 통해 조작된 실상을 홍보하였고, 1988년 12월 국회 청문회에서는 5·18의 부당성을 공격하는 소재로 활용되었다. 그러나 안영기 의원의 질문에 정웅 31사단장의 답변하는 과정에서 〈특전사 전투상보〉가 조작된 사실이 지적되었다. 또 광주교도소를 습격하여 무기수 류락진과 좌익사범들을 탈옥시키려 했다는 주장도 전남합수단이 작성한 〈광주교도소 습격기도사건〉이란 문건에서 조작된 사실이 확인되었다. 그뿐 아니라 '광주교도소 습격 혐의'로 체포된 7명 중 기소되어 처벌받은 사람은 1명도 없다. 따라서 광주교도소 습격사건은 단순한 시위차량 탑승자 또는 시위대가 담양 방면으로 가기 위해 교도소 앞을 통과하려다가 빚어진 충돌이었지, 교도소를 공격하기 위한 습격사건은 없었다는 것이 명확하게 밝혀졌다.

　세 번째 의혹사건인 '20사단장 지휘차량 탈취사건'은 사건의 제목부터 시비의 대상이 된다. 이 사건을 두고 북한 특수부대 소행이라고 주장하는 사람들은 '20사단 사령부'를 기습했다고 강조한다. 그러나 군 자료나 검찰 공소장 어디를 찾아보아도 사령부라는 표현은 없고 '20사단 지휘부 차량'이라고 기록되어 있다. 사령부라는 표현은 사단장이 탑승하고 있었다는 의미이고, 지휘부 차량이라는 표현은 사단장은 없는 지휘차량(빈 차)만 빼앗겼다는 의미가 된다. 거기에 덧붙여 "매복했다"(지만원), "낫을 든 50명의 복면부대"(김대령) 등 원문에는 없는 사실이 교묘하게 삽입되어 의혹을 증폭시키고 있음을 발견했다. 따라서 사건의 본질은 군의 조작이 아니며, 군과 검찰의 자료 원문을 교묘하게 조작하여 활용한 지만원, 김대령 등과 이런 주장을 인용하여 사실을 호도한 《전두환 회고록》에 왜곡의 책임이 있다.

그러나 사건의 본질은 아닐지라도 국회 광주특위에 제출된 〈20사단 충정작전보고서〉가 변조된 사실이 발견되었고, 특위 문서검증반이 육군본부 문서관리단에 보관된 원본과 대조한 결과, 20사단의 작전실패를 은폐하기 위한 내용들이 추가 기록되어 제출된 사실이 확인되었다.

네 번째 의혹사건인 '아시아자동차공장 차량 탈취사건'은 한 시간 간격으로 발생한 20사단장 지휘차량 탈취사건과 맞물리면서 세계 최고 수준의 특공대가 벌인 선무공작이라는 가정에서 북한 특수군의 소행이라는 주장이 제기되었다. 그러나 견고한 방어벽을 자랑하는 아시아자동차공장의 차량이 대대적으로 탈취된 것은 북한 특수부대의 선무공작에 의해서가 아니라, 아시아자동차 노동자들과 직장예비군 대원들의 협조로 가능했음이 이들의 증언으로 확인되었다.

이로 인해 국회 광주특위 청문회에서는 조홍규 의원과 소준열 전남북계엄사령관 간에 "공장 노동자들이 밖으로 가지고 나온 것을 피탈이라고 표현할 수 있느냐?"는 논쟁이 벌어지기도 했다. 이 사건 역시 사건의 진상을 정확하게 파악하지 못하고 북한군의 소행으로 억지 주장한 지만원, 김대령 등과 이런 주장을 인용하여 사실을 호도한 《전두환 회고록》에 왜곡의 책임이 있다.

다섯 번째 의혹사건인 '전남도내 38개 무기고 탈취사건'은 21일 오후 광주에서 공수부대의 집단발포가 일어난 후 불과 4시간 사이에 17개 시군에 소재한 38개 무기고에서 총기를 탈취당한 사건이다. 이 때문에 무기고 탈취가 사전 계획에 따라 고도로 훈련된 병사들에 의해서 진행되었을 것이라는 추측과 함께 복면을 한 북한 특수부대의 소행이라는 주장이 제기되었다. 그러나 실상은 이날 오후 전남도경 관내 모든 예비군 무기와 탄약을 군부대로 이관 조치하라는 지시가 내려짐에 따라 무기들을 소산하는 과정에서 발각되어 빼앗긴 경우가 대부분이고, 북한 특수부대의 흔적은 찾아볼 수 없었다.

특히 사실 왜곡에 큰 영향을 미친 〈전남도경 상황일지〉는 보안사가 보존하고 있는 자료로서 국방부 '5·11분석반'에 의해 조작되었을 가능성이 제기된다. 〈전남도경 상황일지〉는 집단발포 이전 시간대에 시민에 의한 총기피탈을 기록하고 있으나, 당시 경찰이 보유하고 있지 않던 '경찰 장갑차'가 피탈되었다는 등 상황에 맞지 않는 내용이 기재된 점, 문서의 불완전성, 무기 피탈 관련 치안본부 감찰기록 및 당시 근무 경찰관의 증언 등으로 볼 때 조작된 것으로 판단된다. [38]

그럼에도 불구하고 5·18 때 북한군이 광주에 내려왔다는 주장은 광범위하게 확산되어 있다. 각종 5·18 기록에 나타나는 연·고대생 600명이 복면을 쓴 북한군이라는 추측도 제기되었고, 광주교도소 습격에 실패하고 사망한 북한군 유골이 청주에서 대량으로 발견되었다는 주장, 특수영상기법에 의해 광주에 내려온 북한군의 실체가 밝혀졌다는 주장 등 온갖 억측도 등장했다. 그러나 검증 결과 모두 사실이 아닌 것으로 확인되었다. 이 같은 사실은 《전두환 회고록》에 소개된 "5·18이 끝난 후에 북한군으로 볼 만한 사람은 아무도 없었다"는 주장만으로도 실체를 파악할 수 있다.

이렇게 우리 사회에 무분별하게 퍼진 5·18 때 북한군이 광주에 내려왔다는 주장은 명백히 잘못된 것임을 확인하였다.

제3부

5·18에 감춰진
'사랑과 평화'

5·18의 평화사상과
대동세상

5·18을 어떻게 볼 것인가

2015년 5·18기념재단이 여론조사기관에 의뢰하여 전국 성인 600명을 대상으로 실시한 〈2015년 5·18민주화운동 인식조사〉에 의하면, 5·18의 성격에 대해 "대한민국의 민주주의와 인권 신장에 기여한 운동"이라는 대답이 57.4%로 가장 높게 나타났고, "광주·전남 지역에서 발생한 군부에 대한 저항운동"(31.9%), "불순세력이 주도한 폭력사태"(8.4%), "북한군이 개입한 폭동"(1.2%) 순으로 조사되었다.

그러나 정반대 결과를 나타내는 조사도 있다. 《전두환 회고록》은 1996년 5월 〈한국논단〉이 5·18 당시 광주에 출동한 하사관 153명을 대상으로 진행한 의식조사 결과를 인용하였는데, 답변 결과는 "숭고한 민중항쟁"(0%), "배후가 있는 폭동"(10%), "순수한 데모를 불순한 세력이 조종한 폭동"(88%), "김대중 씨가 조종한 폭동"(2%) 등으로, 응답자의 100%가 폭동으로 인식한다고 답변했다. 물론 이것은 5·18 때 광주에 출동한 하사관이라는 특정 집단을 대상으로 한 설문 조사라는 점에서 참고자료는 될지언정, 공정하고 보편타당한 역사 이해와는 거리가 먼 조사이다.

2015년 5·18기념재단의 인식조사에서 5·18의 성격을 '폭력'과 '폭동'으로 인식한 응답자는 9.6%에 불과해, 2007년의 동일한 조사에서 '폭동'(10.2%), '사태'(10.1%)로 응답한 것과 비교하면 부정적인 이미지가 절반으로 줄었다. 그러나 '인권 신장', '저항운동'이라는 용어에는 '가해자의 폭력'이라는 또 다른 형태의 폭력이 내포되었다. 이런 점에서 '5·18'을 생각할 때 '폭력'이라는 단어가 연상되는 것은 어쩔 수 없다.

그러면 정말 '5·18'은 폭력으로 점철된 사건이었으며, 인류의 보편적 가치인 '평화'는 없었던 것일까 하는 의문을 갖게 된다. 독일의 사회구조사가(社會構造史家)들은 바다 깊은 곳을 '구조'에, 표면에 일어나는 파도나 잔물결을 '사건'에 비유하면서 '사건'보다 '사회구조'에 주목했다. 이런 관점에서 보면, 5·18민주항쟁의 표면에 나타난 사건으로서의 '폭력적 현상'보다, 그 밑에 깊숙이 자리한 빛고을 광주의 사회구조에서 '비폭력 평화주의'를 추구하며 대동세상(大同世上)을 꿈꾼 광주시민의 평화사상을 발견할 수 있다.

수습위원회의 무기 회수

5·18의 가장 큰 논란거리는 5월 21일 발생한 3건의 '반국가적 사건' 이다. 비록 계엄군의 만행에 맞서 자위적 입장에서 행한 사건이라고 하더라도, '20사단장 지휘차량 탈취사건', '아시아자동차공장 차량 탈취사건', '전남도내 무기고 탈취사건'은 국가 공권력을 부정한 것으로 인식될 수밖에 없었다. 그러나 3차례의 '무기(차량) 탈취사건' 심층에는 '5·18'의 평화사상이 자리하고 있다.

21일 일어난 일련의 탈취사건 다음 날(22일)부터 '무기 회수' 움직임이 나타났다. 22일 도청에서 5·18수습대책위원회가 결성되고 8인의 협상대표가 전남북계엄분소를 다녀온 뒤, 보고대회에서는 일부 시민의 반발에도 불구하고 '무기 회수'를 결정했다. 사태 확산을 막기 위해서는 가급적 빠른 시간에 계엄군에게 무기를 반납하는 것이 최선이라고 대다수 시민들이 판단했기 때문이다. 도청과 광주공원에 무기접수처를 설치하고 '무기 회수'를 설득하자 시민군 일부가 총기를 반납하기 시작했다. 그들은 "수습대책위원회가 구성되었으니 그 지시에 따라 질서 있게 행동하자"며 무기 회수에 긍정적 반응을 보였다.

그러나 무장시민군 가운데 상당수는 무조건적인 무기 회수에 당혹스러워했다. 이들은 "수습대책위원회가 계엄군과의 협상결과에 아무런 진척도 없는데 왜 무기를 서둘러 회수하려는지 납득할 수 없다"며 무기 회수를 유보했다. 대부분 외곽지역 경비를 담당하는 시민군들이었다. '무기 회수'를 둘러싸고 시민들 내부에서 분열의 싹이 트기 시작했고 뭉쳐진 역량이 분산될 조짐을 보였다. 학생수습위원으로 참여한 김종배와 허규정 등은 무조건적 '무기 회수'에는 반대했다. 따라서 학생수습위원회는 시민군이 소지한 무기는 그대로 두고 길가에 아무렇게나 방치된 무기와 시민들이 자진 반납한 무기만 수거했다. 이날 저녁까지 수거한 총기는 1,500정가량이었는데, 이를 미처 정리하지 못해서 도청 수위실 주위에 수북하게 쌓아 놓았다. [1]

23일 계엄분소를 방문한 한완석 목사 등 5명의 협상대표가 김창길이 가져간 총기 150정을 반납하는 대신 연행자 34명을 데리고 돌아오자, 수습대책위원회에서는 '무기 반납'을 둘러싼 갈등이 표면화되기 시작했다. 김창길 위원장을 비롯한 온건파들은 '무조건 무기 반납'을 통한 사태의 조기 수습을 주장했으며, 김종배 부위원장을 비롯한 강경파들은 정부의 태도 변화와 피해 보상 등을 전제로 한 '조건부 무기 반납'을 주장했다. 이런 갈등에 비폭력투쟁을 강조하며 무기 반납을 주장한 종교계의 입장과 무기 반납을 반대한 재야인사들의 입장까지 더해지면서 24일이 되어도 무기 회수에 관한 결론은 나지 않았다. [2]

22일부터 시작된 무기 회수작업은 계속되었다. 수습대책위원회가 무기 회수를 본격화하면서 여러 지역에 무기 접수창구가 만들어지고 무기 회수가 진행된 것이다. 기동순찰대원들도 변두리 가운데 시민군이 지역방위를 담당하던 곳들을 집중적으로 돌아다니면서 무기 회수에 나섰다. 학운동 배고픈다리 지역방위대도 기동순찰대의 설득으로 총기를 반납하고 해산했다. 23일 오후 1시 30분경 기동순찰대가 지역방위대를 찾아와서 "무기가 너무 많이 분산되었으니 체계를 잡기 위해 무기를 회수한 후 다시 분배하겠다"며 무기 반납을 요구하자, 학운동 지역방위대원들은 고민에 빠졌다. 무조건 무기를 반납했다가 어떤 일이 벌어질지 아무도 예측할 수 없었다. 그렇다고 수습대책위원회와 기동순찰대까지 나서서 무기 회수를 서두르는 상황에 거절할 수도 없었다. 상당수의 대원이 무기를 반납할 수 없다고 반발했지만, 문장우 대장은 반발하는 대원들을 차례로 설득하여 무기 반납을 수용하기로 결정했다. 몇 시간 후에 다시 온 기동순찰대에 총기를 모두 반납하고 학운동 지역방위대는 스스로 해산했다.

그러나 학운동 지역방위대와는 달리 백운동 철길, 화정동 공단 입구, 동운동 고속도로 진입로, 서방삼거리, 산수오거리, 지원동 등 6군데서 지역방위를 맡고 있던 시민군들은 완강하게 무기 회수에 반대했다. 이들은 광주시민의 피값을 보상받아야 한다며 끝까지 싸우자는 입장을 고수했다. 특히 백운동 지역방위대는 가까운 송암동, 효덕동에서 24일 대낮에 계엄군 간의 오인전투가 발생하면서 큰 총격전이 벌어졌고, 이때 마을 청년들이 계엄군에게 끌려가 보복 살해를 당한 사건마저 있던 터라 무기 회수에 대한 저항이 심했다. 3

수습대책위원이던 조비오 신부, 장세균 목사, 이종기 변호사, 남재희 신부 4인은 23일부터 24일까지 시민군이 지역방위를 맡은 외곽지역을 돌아다니며 적극적으로 무기 회수에 나섰다. 천주교 신자뿐아니라 운동권 학생, 재야인사로부터도 신망이 두터웠던 조비오 신부가 더 큰 희생은 막아야 한다면서 가장 적극적이었다. 수습위원일지라도 무기 회수를 설득하기는 쉽지 않았다. 시민군들은 "무기를 반납하면 광주시민의 피와 생명의 대가를 보장받을 수 있는가?"라고 물었다. 수습위원들은 "모른다!"고 대답할 수밖에 없었고, 시민군들은 "그렇다면 무기를 내놓을 수 없다"고 단호하게 거부하였다. 4

25일 수습위원들은 그때까지 무기 회수가 이루어지지 않은 지역을 집중적으로 돌아다녔다. 화순 길목에 있는 학동다리 쪽은 주남마을 뒷산에 계엄군이 주둔하고 있었다. 수습위원들이 도착했을 때 학동다리 시민군은 아침도 제대로 먹지 못해 기진맥진한 상태였다. 그곳 지역방위대는 주남마을에 시신이 있다는 제보를 받고 지프차에 백기를 걸고 적십자 완장까지 찬 상태에서 계엄군 쪽으로 접근하다 집단 총격을 받은 적이 있다면서 무기 회수는 말도 안 된다며 버텼다. 그러나 수습위원들의 거듭되는 간절한 호소에 찬반 논란을 벌이다 마침내 무기 반납을 결정하고 50여 명의 시민군이 학동에서 철수했다.

공단 입구에는 100여 명 정도의 시민군이 빈 버스를 이용하여 은신해 있었다. 바리케이드 너머 통합병원 쪽에서는 계엄군이 탱크를 앞세우고 언제라도 돌진해 올 태세였다. 지휘관은 예비군이고, 대원들은 젊은 노동자들이었다. 이들은 "우리는 이래도 죽고 저래도 죽는다. 무기 반납은 절대 못 한다. 수습이 되면 우리는 끌려가 죽는다"며 완강하게 거부했다. 조비오 신부가 죽어도 같이 죽고, 살아도 같이 살자고 애원하자, 철수는 하되 무기 반납은 하지 않겠다면서 함께 도청으로 돌아왔다. 그들은 도청에 도착하자 피곤하여 졸면서도 총을 가슴에 품고 놓지 않았다. 수습대책위원이던 이성학이 "날씨가 쌀쌀하니 돈을 걷어서 내의라도 사주자"고 하자 윤영규는 즉석에서 모자에다 돈을 걷어 공단 입구에서 철수해 온 시민군들에게 전해 주었다. 그들은 도청 식당에서 여성 봉사대원들이 지어 준 따뜻한 밥으로 주린 배를 채운 다음 무기를 반납하였다. 그 후 이들 중 일부는 도청 밖으로 나갔고, 80여 명은 도청 수비에 합류했다. 5

무기 반납과 비폭력주의

22일 궐기대회를 통해 확인된 시민들의 입장은 대체로 '무기 회수'에 찬성한다는 것이었지만, 계엄사에 '무조건 반납'하자는 데는 반대가 압도적으로 많았다. '무기 회수'와 '무기 반납'을 별개로 생각한 시민들의 '이중적 태도' 때문이었다. '무기 회수'는 광주시민에게 '양날의 칼'이었다. 청소년이나 초등학생까지 총을 메고 다니고, 수류탄의 안전핀을 줄에 매달아서 어깨에 두르고 돌아다니는 사람도 있었다. 그렇다고 무작정 무기를 회수하여 반납하는 것도 원치 않았다. 계엄군에 대한 항복과 패배를 의미하는 것으로 생각하였기 때문이다. 대다수 시민들은 총기 오발 등의 위험 상황을 방지하려면 일단 무기를 '회수'하여 안전하게 보관하자는 데는 동의하는 분위기였다. 그러나 회수된 무기를 계엄군에게 '반납'하는 것은 계엄군과 협상한 후에 결정할 문제였는데, 계엄군은 '조건 없는 반납' 주장을 굽히지 않았다. 반납 후의 신분 보장과 평화적 해결을 원한 광주시민 입장에서 볼 때, 무기 반납 협상은 논의조차 되지 않은 상태였다.

이 때문에 회수된 무기를 어떻게 '반납'할 것인지에 대한 최종 판단은 유보한 상태에서 수습대책위원회가 서둘러 무기 회수를 진행했다. 무기 반납을 통해 사태를 수습하자는 김창길 학생수습위원장과 더 이상의 희생은 없어야 한다며 '비폭력'을 주장하는 종교인들의 주장이 일치하면서 무기 회수가 급진전됐다. 무기 회수 이전 외곽지역을 경계한 시민군 병력은 광주공원에 150~200명, 서방에 50여 명, 백운동 철길에 100여 명, 농성동사거리에 100여 명, 학운동 배고픈

다리에 100여 명, 학동다리에 50여 명, 교도소 가는 고속도로 변에 100여 명이 상주했다. 도청에서 음식을 만들어서 차에 싣고 이 지역들을 순회하면서 식사를 보급해 준 인원이 대략 1천 명 정도였다. 그런데 25일까지 회수된 총기는 4,500여 정이었다. 전체 5천여 정의 총기 중에서 90퍼센트가 회수되고, 나머지 500여 정 정도는 끝까지 도청을 사수하겠다는 항쟁파와 그에 동조하는 시민군들의 손에 있었다. 무기 회수는 이렇게 끝났다. 6

무기 회수는 지역방위대 해산과 시민군의 와해로 이어졌다. 그 결과 계엄군과의 협상력은 크게 약화될 수밖에 없었다. 무기가 90퍼센트 회수되었다는 것은 90퍼센트의 무장대항력이 상실된 것을 의미했다. 계엄군의 외곽봉쇄작전에 맞서 최전방에서 대치하던 외곽지역 방위대의 무기 반납은 '시민군 스스로의 무장해제'를 의미했다. 이런 사실을 뻔히 알면서도 무기 회수에 앞장선 사람들은 주로 종교인들이었다. 이들은 자신의 종교적인 신념을 바탕으로 비폭력투쟁과 무기 회수를 주장하였다. 계엄군에 항복하는 것이 아니라 인도의 간디처럼 '비폭력투쟁'으로 방향 전환하자는 것이다. 기독교계의 한완석, 방철호, 장세균 목사와 조아라 장로(YWCA 회장), 천주교계의 윤공희 대주교와 조비오, 남재희 신부, 그리고 이종기 변호사가 그런 입장이었다.

광주 천주교를 대표하는 윤공희 대주교의 5월 24일 자 강론 "십자가를 통한 부활의 승리"는 5·18의 평화사상을 유추할 수 있는 대표적 자료이다.

친애하는 교형 자매 여러분! 그리스도의 죽으심과 부활 승천으로 천국의 문이 열리고, 이제 새로운 하늘과 땅을 이룩해 주실 성령의 내림을 경축하여야 할 거룩한 이 주간에 우리 광주시민들은 역사에 없는 처참한 시련을 겪어야 했습니다. 인간의 존엄성과 기본권이 존중되고 모든 국민이 인간으로서의 정당한 대접을 받을 수 있는 민주 질서의 확립과 발전이 기약되고 있다는 이 시점에서 우리 광주시민들이 남다르게 바쳐야 했던 이 제물은 결코 뜻 없는 희생일 수는 없을 것입니다. 아직도 이 시련의 진전과 결말이 어떠할는지, 우리들의 우려와 근심이 끝나지 않고 있지만, '십자가를 통한 부활의 승리'라는 크리스천 복음의 원리는 여기에서도 분명히 구현되고야 말 것을 우리는 확신합니다.

　이 엄청난 비극의 책임을 면치 못할 사람은 누구나가 스스로 진실한 뉘우침으로 민족과 하느님 앞에 속죄해야 하겠지만, 이제 우리 모두에게 요긴한 것은 악인이나 선인이나 모두를 불쌍히 여기시며, 모두가 다 당신의 품 안에서 화해를 이루고 형제가 되기를 바라시는 하느님 아버지의 사랑 안에서 우리의 모든 원한과 감정을 풀어 버리고 민족적인 사랑과 단합을 더욱 굳세게 만드는 것이라 하겠습니다. 그리스도의 사랑의 모범이 되고 사도가 되어야 할 우리 크리스천들이 누구보다도 앞서 우리의 말 한마디나 생각 한 끝에서까지라도 조심하여 미움이나 원한을 불러일으킬 말을 삼가며 오히려 용서와 이해와 자비를 바라고 소망하는 복음적 정신과 마음을 기르도록 해야겠습니다.

— 1980년 5월 24일(성신강림 전날), 천주교 광주대교구장 대주교 윤공희[7]

5·18이 발발하고 처음 드리는 미사에서 윤공희 대주교가 "십자가

를 통한 부활의 승리"라는 제목으로 한 강론에는 용서와 이해와 자비를 구하는 평화사상이 중심을 이룬다. 저항과 보복 대신에 세상 죄를 지고 십자가에 달려 죽은 예수의 부활정신으로 용서하고 화해하자는 강론은 광주 교계는 물론 지역사회에도 큰 울림으로 다가왔다. 광주는 다른 대도시에 비해 종교인의 비율이 유난히 높은 곳이다. 특히 기독교인이 20%, 천주교인이 10%에 달하는 특성상 목사와 신부 등 성직자들이 앞장서서 무기를 회수하고, 설교와 강론으로 용서와 화해를 강조한 것은 5·18의 수습과 사회 안정에 크게 기여했다.

5·18에 나타난 평화사상

5·18기념재단이 발표한 〈2015년 5·18민주화운동 인식조사〉에 따르면, 사람들은 5·18에 대해 '민주화'(45%), '인권'(31%), '저항정신'(16%), '공동체정신'(4%), '평화통일'(2%), '나눔'(1%)의 순으로 인식하였다. 8 여기서 주목할 것은 '공동체', '평화통일', '나눔' 같은 밝고 미래지향적인 이미지는 거의 없고, '민주화', '인권', '저항' 등 어두웠던 과거의 이미지만 연상했다는 점이다. 그런데 5·18 관련 자료를 대하다 보면, 그 피비린내는 현장에서도 사람 사는 냄새가 묻어나고 그 속에 담긴 평화와 화해의 정신을 발견할 수 있다. 이에 관한 몇 가지 사례를 살펴보자.

'5·18' 당시에도 수습대책을 놓고 강경파와 온건파가 대립했다. 온건파는 평화적인 시위를 주장하고, 강경파는 정의를 내세우며 투쟁을 주장했다. 특히 무기 반납을 놓고 양측은 강하게 부딪쳤다. 양

측의 주장을 살펴보자.

먼저 무장봉기를 주장하는 5월 20일 자 범시민민주투쟁위원회 학생혁명위원회의 성명서이다.

결전의 순간이 다가왔다!

〈상황보고〉 사망자 500명, 부상자 3천 명, 연행자 3천 명! 놈들의 발포가 시작되었다. 서울, 대구, 마산, 전주, 군산, 이리, 목포도 봉기! 전주 이리에서는 경찰이 시민에 가담! 학생혁명군 상무대에서 무기 탈취에 성공!

〈행동강령〉 무기를 제작하라! (다이너마이트, 화염병, 사제폭탄, 불화살, 불깡통, 각종 기름 준비) 전 시민, 관공서를 불태워라! 차량을 획득하라! 특공대를 조직, 군 무기를 탈취하라! 아! 형제여! 싸우다 죽자!

— 1980년 5월 20일, 범시민민주투쟁위원회 학생혁명위원회 9

이들의 〈행동강령〉에는 4가지의 투쟁방법이 구체적으로 소개되었다. "무기를 제작하라!" "전 시민, 관공서를 불태워라!" "차량을 획득하라!" "특공대를 조직, 군 무기를 탈취하라!" 한마디로 폭동을 선동하고 무장혁명을 외친다. 물론 작성자도 명확하지 않다. 범시민민주투쟁위원회와 그 산하 단체로 표기된 학생혁명위원회도 실체를 알 수가 없다.

다음은 5월 23일 발표된 시민대책위원회와 학생수습대책위원회 공동 명의의 성명서이다.

광주시민 여러분께 알려드립니다.

청사에 빛나는 칼날의 무서움을 모르는 채 사랑하는 내 시민을 짓밟아 버리는 천추에 맺힌 한, 원한에 맺힌 한을 어느 누가 풀어 줄 길이 없어 시민 모두가 일어선 5·18광주민중봉기는, 우리 민족의 슬기와 민주화 염원에 의한 투쟁의 결과입니다. 그러나 우리의 궁극적 목표는 달성된 것이 소수뿐이기에 투쟁은 계속되어야 합니다만, 어디까지나 평화적이어야 하며 평화적 투쟁을 계속하기 위해서는 무엇보다 시민의 질서회복이 시급한 문제입니다. 이 질서회복이 최선의 방법이며, 우리의 피해를 줄이는 최선의 길입니다. 지금까지의 투쟁이 헛되지 않게 스스로가 합심동체가 되어 이 난국을 타개합시다.

1. 계엄군은 진주하지 않고 우리와 일체 교전하지 않을 것을 약속했습니다.
2. 총기는 책임질 수 있는 사람이 휴대해야 하며, 통제권에서 벗어날 경우에는 시민의 안전을 위해 회수되어야 하오니 협조하여 주시기 바랍니다.
3. 시민 여러분께서는 각 직장별 일상 업무에 복귀할 수 있는 이성을 회복합시다.
4. 일부 무기류 휴대자들에 의한 오발사고와 약탈행위는 철저하게 근절되어야 하오니 협조바랍니다.
5. 이번 투쟁된 희생된 사망자는 엄숙한 시민장으로 거행되어야 합니다.

이상의 사항을 전파하는 데 모든 분의 협조를 바라며 앞으로 사태 추이에 귀 기울여 주시기 바랍니다.

— 1980년 5월 23일, 시민대책위원회·학생수습대책위원회[10]

이렇게 계엄군에 폭력으로 다수의 사상자가 발생하고 그로 인해 시민들의 감정이 격앙된 상태에서 자발적인 무기 회수에 나선 것은 참으로 세계사에서도 보기 드문 일이다. 한마디로 광주시민의 성숙된 시민의식과 5·18의 평화적 성격을 나타내는 사건이다. 그렇지만 사태 수습 방안을 놓고 강경파는 온건파를 '투항주의자', '프락치'로 매도하고, 온건파는 강경파를 '폭도', '빨갱이'로 몰아붙이는 경우가 많았다. 그 결과 아직까지도 서로 상대방의 역할을 부정하거나 폄훼하는 경향이 존재한다. 물론 이것은 엄청난 사건을 겪은 부작용이지만 40년이 가까워 오는 현시점에서 서로 이해하고 포용하는 화해정신과 대동사상이 필요한 이유이다.

해방 광주와 대동세상

1980년 5월의 광주를 바라보는 시선은 다양하다. 정부 측과 광주시민은 정반대 입장에서 당시 상황을 서술했다. 민주주의 회복을 외치는 학생과 시민들의 함성이 메아리치는 가운데, 비상계엄령 선포에 뒤이은 계엄군의 폭력적 진압과 이에 대한 시위대의 저항이 부딪치고, 급기야는 시민군과 계엄군이 무력으로 대결하면서, 대한민국 정부 수립 이후 최초로 헌정질서가 중단되는 사태를 초래하였다. 10일간의 5 · 18 기간 중 절반에 해당하는 22일부터 26일까지의 5일간을 광주 사람들은 '해방 기간'으로 구분하여 '해방 광주'라고 부른다. 혹자는 '광주공화국'이라는 용어를 사용하기도 한다. 그러나 이런 용어의 사용은 결과적으로 '대한민국의 정통성을 부정하거나 통치권에 도전한다'는 오해를 낳았기 때문에, 이를 대신한 '광주시민 자치공동체'라는 학문적 용어가 등장했다. 11

그러나 그 용어와 취지가 무엇인가를 떠나 1980년 5월 22일부터 5일 동안 광주에서는 어떤 일이 발생했기에 '해방 광주'라고 불렀을까? 이를 규명하기 위해 5 · 18의 당사자인 광주 지식인들에게 '해방 광주'라고 부르는 의미를 물었더니, 하나같이 '대동세상'(大同世上)이라는 답변이 돌아왔다. 중국 유가의 경전인 오경(五經) 중 하나인《예기》(禮記)〈예운편〉(禮運篇)에 등장하는 대동사상은 만민의 신분적 평등과 재화의 공평한 분배, 인륜의 구현으로 특징되는 대동사회를 인류의 이상적인 사회 형태로 상정하는 사상이다. 그 구체적 내용을 살펴보자.

대도가 행해지는 세계에서는 천하가 공평무사하게 된다. 어진 자를 등용하고 재주 있는 자가 정치에 참여해 신의를 가르치고 화목함을 이루기 때문에, 사람들은 자기 부모만을 친하지 않고 자기 아들만을 귀여워하지 않는다. 나이 든 사람들이 그 삶을 편안히 마치고, 젊은이들은 쓰이는 바가 있으며, 어린이들은 안전하게 자라날 수 있고, 홀아비·과부·고아, 자식 없는 노인, 병든 자들이 모두 부양되며, 남자는 모두 일정한 직분이 있고, 여자는 모두 시집갈 곳이 있도록 한다. 땅바닥에 떨어진 남의 재물을 반드시 자기가 가지려고 하지는 않는다. 사회적으로 책임져야 할 일들은 자기가 하려 하지만, 반드시 자기만이 할 수 있다고 생각하지는 않는다. 이 때문에 간사한 모의가 끊어져 일어나지 않고 도둑이나 폭력배들이 생기지 않는다. 그러므로 문을 열어 놓고 닫지 않으니 이를 '대동의 세상'이라고 한다.

그러면 1980년 5월 광주에서는 정말 대동세상이 구현되었을까? 광주 사람들은 "쌀(식량)과 피(헌혈)를 함께 나누며 세계 민중사에 길이 빛날 너나없는 사랑의 공동체를 만들었다"고 주장한다. 그들이 말하는 1980년 5월, 광주에서 있었던 구체적인 이야기를 들어 보자.

시민들 스스로 질서를 회복하고 아주 평온을 유지했다. 시민들은 그때 물자가 차단되어 들어오지 않자 생필품이 고갈될 것에 대한 근심을 했다. 그럼에도 불구하고 시민군에게 모든 것을 제공했고, 시민들은 하나도 불편을 겪지 않으면서 서로를 도왔다. 이런 점에서 1980년 5월을 광주에서 겪은 사람들은 아마 평생토록 긍지를 삼을 것이다. 평소에는 콩나물 한 봉지를 사더라도 잔돈을 깎고 와야 했던 어머니들과 품팔이 아저씨들, 이런 분들도 모금하자고 나서면 전부 주머니를 털어 주었다.
　항쟁 기간 동안 거리마다에는 이제 갓 말은 김밥, 함지박에 가득히 쌓인 밥과 반찬이 기다리고 있었다. 광주에는 너와 내가 없었다. 정말로 우리가 바라는 그런 공동체 사회가 당시에는 이루어졌다. 평화롭고 스스로가 서로를 위해 주는 그런 날들이 바로 광주 5·18민중항쟁 기간이었다. 12

이 기간에 광주시민들의 헌혈과 의료봉사가 이루어지고, 취사와 장례를 위한 봉사와 기부가 이어지는 가운데, 수준 높은 시민정신을 바탕으로 자연스럽게 시민자치공동체가 출현하였다. 사유재산은 보호되고, 전기와 수도도 끊어지지 않고, 금융기관은 평온을 유지하였다.

피와 쌀을 나누며

광주시민들의 대동정신이 잘 드러난 곳은 병원이었다. 병원마다 들것에 실려 온 환자들로 꽉 찼고 병원은 모든 공간이 간이침대로 변했다. 그 이전부터 입원해 있던 환자들은 스스로 퇴원하여 병상을 양보하기도 했다. 전남대병원 응급실에서 전공의로 근무하던 오봉석(38)은 그 당시를 이렇게 회상한다.

> 공수부대원과 시민·학생 사이에 접전이 치열했던 5월 18일부터 22일까지는 응급실은 물론 1층의 환자대기실, 수납창구, 복도에까지 매트리스나 보조침대에 몸을 눕힌 환자들로 발 디딜 틈새가 없었지요. 한마디로 전쟁터의 중간에 서 있는 기분이었습니다. [13]

손이 부족한 것보다 더 큰 문제는 피가 턱없이 부족한 것이었다. 병원에는 400여 명 정도를 치료할 수 있는 혈액을 보관하고 있었는데 총상 환자들로 혈액이 바닥났다. 병원 간부회의에서 결정한 것처럼 직원들이 헌혈에 나섰다. 그러나 역부족이었다. 의료진들은 "피를 구해 달라"고 호소했다. 봉사자들이 자원하여 참여한 헌혈반과 의료진들은 피켓을 만들어서 거리로 나섰고, 적십자병원 헌혈차가 도청 광장에 나타나자 시민들의 반응은 폭발적이었다. 너도나도 팔뚝을 내밀고는 "내 피를 빼 달라"고 달려왔다. 남녀 중·고등학생들, 건장한 청년들, 가냘픈 처녀들, 병원 인근에 사는 호스티스들도 달려왔고, 가정주부도 나섰다. 모든 의료진이 비상근무하면서 수술 중에 피가 부족하면 곧바로 같은 혈액형을 가진 헌혈자들이 그 자리에서 피를 뽑았다. 그처럼 신선한 피가 환자에게 공급된 덕분에 수술환자들은 예상보다 빨리 회복되었다. 그렇게 많은 환자가 몰렸는데도 시민의 헌혈은 예상을 넘어섰다. 저녁시간이 되자 병원 보관 용량을 초과, 시민들에게 귀가를 종용했지만 시민들 행렬은 줄어들지 않았다.

그때 광주기독병원에서 있었던 일들을 들어 보자.

혈액이 문제였다. 그런데 상상할 수 없는 일이 벌어졌다. 헌혈하려는 시민들이 병원 정문 길거리까지 늘어섰다. 남성보다 여성들이 훨씬 많았다. 황금동 콜박스에서 일하던 술집 아가씨들이 전부 몰려와서 헌혈을 했다. 일흔이 넘은 할아버지는 헌혈 대상이 안 되자 "내 몸이 늙었지 피가 늙었냐"며 통사정했다. 초등학교를 갓 졸업한 어린 소년도 조금이라도 좋으니 피를 뽑아 달라고 떼를 썼다. 7일 동안 단 하루도 쉬지 못한 채 환자 진료를 나섰다. 잠시 동안의 휴식 자체가 죄악처럼 느껴졌다.

병원에서 요청하지도 않았고, 요청할 시간도 없었는데 제약회사, 의료상사에서 항생제, 진통제, 지혈제, 링거 등 의약품을 들고 병원으로 찾아왔다. 음식은 로비에 쌓일 정도였다. 아줌마들이 주먹밥을 해오고, 노지딸기가 나올 때라 그런 것도 쌓였다. 어느 쌀 판매상은 쌀을 줄 테니 차를 보내 달라고 요청해 와서 시민군이 차량으로 쌀을 싣고 왔다. 병원 앞의 빵 대리점은 가게의 빵을 다 내줬고, 어떤 장로는 가게 우유를 모두 병원으로 가져왔다. 1980년 5월, 광주기독병원은 가슴 벅찬 역사의 현장이었다. 14

금융기관 사고도 한 건도 발생하지 않았다. 〈동아일보〉특별취재반의 보도에 의하면, 한국은행 광주지점장은 "최근 사태로 제일은행, 상업은행 등 16개 점포의 건물 일부가 파손되어 재산상 피해를 입었으나 금융기관은 안전했다"고 말했다. 15 5월 20일 통계로 광주시 42개 시중은행의 현금 보유액은 1,500억여 원이었다. 은행의 현찰이 털렸다면 일대 혼란이 초래될 수 있는 상황이었으나, 시민들은 생사를 넘나드는 상황에도 금융기관을 습격하거나 절도행위를 하지 않았다. 광주 시내 325개 기업체가 보유한 현금도 상당했다. 전남도청 회계과 사무실 금고에는 직원들의 급여를 지급하기 위해 찾아 둔 현금이 보관되어 있었지만, 누구도 이 돈에 손대지 않았다. 시민들의 저항 목표가 무엇이었는지 잘 보여 주는 것이었다.

항쟁 기간 중 광주 시내 범죄발생률은 평상시 정부의 통제 아래 있을 때보다 훨씬 낮았다. 사소한 범죄라도 발생하면 도청에 대기 중이던 기동순찰대가 즉각 출동해 관련자를 데려와서 조사부로 넘겼다. 행정과 치안 관청의 기능이 중지된 가운데 시민들이 보여 준 높은 도덕적 자율성은 피로 찾은 자유와 해방을 지키려는 긍지에서 비롯된 것이었다. 외국 기자들은 질서정연한 광주시민들의 생활을 목격하고 놀라워했다. 5·18항쟁 기간 동안 광주 시내 치안상황은 전반적으로 평온을 유지했다. 금융기관은 물론이고 도심의 상가에서도 몇 개 점포의 진열장 유리만 깨졌을 뿐 피해품은 거의 없었으며 광주 시내 백화점들에서도 5·18사태로 인한 약탈이나 피해는 발생하지 않았다. 전남경찰청 자료는 사건·사고 등 범죄 발생 추이에 관하여 이렇게 설명한다.

> 계엄군에 의한 충격적인 유혈사태가 발생한 인구 73만 명의 대도시에 대량의 무기가 유출됨에 따라 총기 관련 사건·사고가 발생할 개연성이 농후했지만, 경찰기록에 따르면 유일하게 〈서부서 상황일지〉에 구체적 피해 기재 없이 강도사건 발생 사실만 두 차례 기록되는 등 전반적으로 안정된 치안상태를 유지하고 있다. 16

그러나 국방부와 국가안전기획부는 특정 사건을 반복해서 기재하거나, 구체적 피해 사실이 확인되지 않은 사건을 나열함으로써 무장폭도에 의해 광주 시내가 극도의 혼란 상태에 빠진 것처럼 기술했다. 그 결과 국방부의 《광주사태의 실상》에는 19건의 사건·사고가 기록되었으며, 안기부 상황일지에는 13건의 사건·사고가 기재되었다. 그런데 두 자료를 살펴보면 의도적으로 왜곡, 과장된 사례들을 발견할 수 있다. 〈동아일보〉 5월 26일 자는 학운동 일가족 3명 피살사건과 황금동 박승휴비뇨기과병원 절도사건을 보도하면서, 광주 시내에서는 무기류의 다량 유출에도 불구하고 예상보다는 강력사건이 많지 않았으나 간간이 발생하고 있다고 소개했다.

<표 1> 《광주사태의 실상》에 나타난 박승휴비뇨기과병원 절도사건

날짜	내용	출처
5.22	이날도 폭도들은 약탈행위를 서슴없이 자행했다. 황금동 박승휴외과병원에 폭도 2명이 침입하여 현금 100만 원과 시가 100만 원 상당의 귀금속을 강탈해 갔다.	59쪽
5.25	11시경 황금동에 있는 병원에 복면을 한 무장폭도가 침입하여 현금 300만 원을 강탈함.	67쪽
5.26	이날 오전에도 광주시 황금동의 박비뇨기과병원에는 무장폭도 3명이 침입하여 공포를 쏘면서 위협, 현금 100만 원과 패물 등 300만 원의 금품을 갈취당함.	68쪽

26일 새벽 4시 광주시 동구 학운동 734-1 최득춘 씨(52) 등 일가족 3명이 카빈총에 난사당해 숨진 시체로 발견. 피해 금품이 없는 것으로 보아 원한관계로 보인다.

21일 밤 9시 황금동 76-3 박승휴비뇨기과병원에 20대 청년 3명이 카빈총을 들고 들어와 공포 5발을 쏘는 등 간호사와 가족을 위협, 현금 100만 원과 다이아 반지 등 300여만 원어치 금품을 빼앗아 달아났다.

그런데 군과 안기부 기록 모두 두 사건에 대해 의도적으로 조작한 사례가 발견된다. 학운동 일가족 3명 피살사건은 5·18과 무관하게 가족 간 원한에 의해 발생한 일회성의 우발적 사건이었지만, '무장폭도'라는 표현을 사용하고 "5. 26 새벽 학운동 거주 최득춘 일가족 3명 살해", "학운동, 무장폭도 민가 침입 최득춘 등 일가족 3명 사살", "학운동, 무장폭도 의상실 침입 및 가족 3명 사살" 등 여러 개의 사건처럼 중복 기재했다. 또 국방부가 펴낸 《광주사태의 실상》에서는 21일 발생한 황금동 박승휴비뇨기과병원 절도사건을 22, 25, 26일 세 차

레나 발생한 것으로 반복해서 기록하였다.

이것은 5·18항쟁 기간 동안 발생한 사건·사고가 예상보다 너무 적었던 데다 그나마 신고가 된 사건이라는 것이 '양동 우진아파트 침입 폭도 침구 강탈', '삼익아파트 주민 식사제공 강요', '주유소에 들어가 탈취 차량에 강제 급유' 등 사소한 사건들인 데 비해 그나마 세간의 주목을 끌 만한 사건이 이 2건이었기 때문이다. 이런 이유로 군과 안기부 자료에 등장하는 30여 건의 사건 가운데 그나마 법원 판결문 등으로 실제 확인된 강력사건은 5건에 불과했으며, 모두 절도사건이었다. [17]

폭력과 사랑의 변증법

그러면 무엇이 5·18항쟁 기간 열흘 동안 광주를 범죄 없고 서로 돕는 대동사회로 만들 수 있었을까? 사회학자인 서울대 최정운 교수는 "폭력과 사랑의 변증법이 절대공동체를 등장시켰다"고 그 배경을 설명한다. 최 교수의 설명을 살펴보자.

20일 오후 3시경 수백 명의 시민들이 최루탄 연기 속에서 연좌농성을 시작했다. 학생 하나가 연설을 하며 구호를 선창하고 유인물을 낭독하며 시민들의 분위기를 돋웠다. 군중은 삽시간에 눈덩이처럼 불어났다. 학생들은 시민들에게 운동권 노래를 가르쳐 주기 시작했다. 그러자 누군가 모두가 다 아는 〈애국가〉와 〈아리랑〉을 부르자고 했다. 〈아리랑〉을 부를 때는 울음바다가 되었다. 시위가 시작되자 청년들은 각목 등의 무기를 들고 앞에 서고, 여자들은 최루탄에 견딜 수 있도록 물수건과 치약을 나눠 주고 물을 떠다 주었다. 공수부대가 몰려와서 난타질을 했지만 시위대는 그 어느 때보다도 결사적이었다. 시민들은 생면부지의 사람들과 함께 구호를 외치고, 노래를 부르며, 스크럼을 짜고 물러서지 않았다.

날은 어두워지고 팔다리에 힘이 빠질 무렵이었다. 갑자기 유동삼거리 쪽에서 수많은 차량이 도로 가득 밀려오고 있었다. "드디어 민주기사들이 들고 일어났다." 그러나 차량 시위대가 바리케이드 근처에 머뭇거리던 순간 수많은 최루탄이 일시에 날아들었다. 공수부대는 일제히 돌격하여 차량 사이를 파고들었다. 난타전이 시작되었다. 수많은 기사들과 시민들이 부상당하고 잡혀갔다. 그러나 이미 시민들은 하나 됨을 확인했고 시위는 전 시가를 거쳐 걷잡을 수 없이 거세졌다. 길거리에는 시민들이 김밥, 주먹밥, 음료수, 수건, 담배 등을 가지고 와 나눠 주며 시위대를 도왔다. 모든 광주시민은 하나로 뭉쳤고, 수많은 사람들이 시외곽에서 몰려왔다. 이처럼 삽시간에 전 시민이 하나로 똘똘 뭉쳐지는 과정을 합리적인 언어로 설명할 방법은 없을지 모른다. 이심전심으로 유사한 시간에 시민들은 공포를 극복하고 시위에 합류했다.[18]

최 교수의 설명에 의하면, 절대공동체는 군대와 같이 누군가 투쟁을 위해 개인을 억압하여 만든 조직이 아니다. 폭력에 대한 공포와 자신에 대한 수치를 이성과 용기로 극복하고 목숨을 걸고 싸운 시민들이 만나 서로가 진정한 인간임을, 공포를 극복한 용기와 이성 있는 시민임을 인정하고 축하하고 결합한 절대공동체였다. 처음에는 학생들과 시민들의 만남에서 시작되어 각자 모두의 만남으로 이어졌고, 우리 전통적 공동체의 오랜 감성을 담은 〈아리랑〉 가락을 통해 전 시민을 하나의 움직임으로 묶어 나갔다. 〈아리랑〉 가락은 광주시민들의 구원이었다. 시민들은 남녀노소, 각계각층, 특히 예상하지 못했던 계층의 사람들, 예를 들어 황금동 술집 아가씨들, 대인동 사창가 여인들이 공동체에 합류하는 모습에 환희를 느꼈다. 어두워질 무렵 어디에선가 하얀 한복 차림의 농민 50여 명이 쇠스랑, 괭이, 죽창을 들고 타임머신에서 나온 동학농민전쟁의 용사들처럼 금남로에 출현했다. 시민들은 열렬한 박수로 환호했다. 흡사 딴 세상에 와 있는 느낌이었다. 시민들은 생면부지의 사람과 어깨를 끼고 스크럼을 짜 죽기로 하고 같이 싸웠다. 시민들은 몸과 몸으로 하나가 되었다.

절대공동체는 자연스럽게 삶과 죽음을 개인을 넘어 공동체 단위로 정의했다. "살아남기 위해 싸운다", "우리 고장은 우리 손으로 지킨다"라는 말은 분명히 개인의 목숨과 공동체의 삶이 일치되었음을 보여 준다. 이 생명의 나눔은 헌혈을 통해 피를 나눔으로써 구체화되었다. 20일 수만 명에 이른 시위대가 어디를 가든 아주머니들이 김밥, 주먹밥, 음료수 등을 수고한다며 올려 주었고, 차 안에는 먹을 것이 그득히 쌓이고 시위대는 전 시민의 뜨거운 성원에 확신을 갖고 결의를 다졌다. 저녁부터 눈에 띄던 음식 제공은 21일 아침에는 전 광주시민으로 파급되었고, 기존 반상회 조직은 돈이나 쌀을 갹출하는 조직으로 활용되었다. 이처럼 절대공동체의 단합된 힘은 계엄군을 물리친 원동력이다. 18일부터 21일까지의 저항기간에 한시적으로 등장한 절대공동체는 무자비한 폭력에 맞섰던 광주시민들의 희생정신과

공동체정신이 빚어낸 사랑의 변증법이었다. **19**

21일 저녁 계엄군이 물러나고 다음날 아침에 광주 사람들이 말하는 '해방 광주'를 맞이하자 도시는 승리의 환호에 휩싸였다. 무장시위대는 차량을 타고 시내를 질주하며 구호를 외치며 노래를 불렀고, 거리의 시민들은 박수를 치며 "만세!"를 외쳤다. 승리의 기쁨은 절대공동체를 이루어 싸운 모든 시민의 몫이었다.

그러나 이 시점에서 벌써 절대공동체 안팎에서 균열을 보이기 시작했다. 시민들이 무장했을 때, 절대공동체에는 가시적인 변화가 나타났다. 대다수의 시민은 집으로 돌아갔다. 총격전이 시작된 상황에 맨손이나 각목을 들고 싸운다는 것은 아무 의미 없는 일이기 때문이다. 21일 오후부터 일반 시민은 시민군과 최초로 분리되어 투쟁에서 소외되었다. 무장하기 이전의 절대공동체에서는 여자, 노인, 아이를 포함한 광주시민 모두가 전사였다면, 이제 전사는 소수에 불과했고 대다수의 시민들은 '일반 시민'으로 전락했다. 이때 '일반 시민'들은 시민군, 특히 복면부대를 향해 "그들은 대체 누구일까?"라는 질문을 던지기 시작했다. 복면부대는 절대공동체의 망령들이었고, 필경 무서운 존재로 각인되었다. **20**

김영택 기자는 취재 현장에서 만나 본 복면부대에 대하여 "복면을 한 일단의 사람들은 일반 시민들의 온건한 주장에 대해 선동적인 비난과 야유를 퍼부어 그들의 주장을 저지하기란 매우 힘들었다. 그들은 시위대원들에게 거친 언어를 사용했고, 아무런 이유도 없이 과격한 언쟁과 싸움을 걸어 오면서 시위를 폭력적이고 강경한 방향으로 몰아갔다"고 설명한다. **21**

308

5·18 초기에 생겨난 광주시민의 절대공동체는 시민군의 등장과 복면부대의 출현으로 사라져 버렸지만, 분노는 함께 삭이고 피와 밥은 함께 나누는 '나눔의 공동체'는 여전하였다. 그것은 길 가는 청년들에게 물과 간식, 주먹밥을 아끼지 않고 나누어 주는 양동시장, 대인시장 아주머니들의 모습에서 찾아볼 수 있었고, 더불어 살아가는 대동세상을 추구하던 광주의 시민정신이 뒷받침하고 있었다. 계엄군이 물러나고 나흘째로 접어든 25일, 광주 시내는 안정을 찾아 가고 있었다. 시장과 상점들이 문을 열었고, 농촌에서 경운기에 실려 온 채소류가 공급되고 있었다. 동네 슈퍼마켓이나 구멍가게에서는 사는 쪽이나 파는 쪽 모두가 사재기를 방지하려 노력했다. 담배도 한 갑씩밖에 팔지 않았다.

도청 수습대책위원회와 YWCA에 모여 있던 청년·학생들을 위해 종교단체와 지역사회에서 성금이 계속 들어오고 있었다. 도청 안에 있는 시민군과 지도부 300여 명과 지역방위대 400여 명의 식사를 위해 시민들이 자발적으로 밥을 지어 나르다가, 항쟁이 장기화할 조짐을 보이자 동네 단위로 식량과 반찬거리를 보내 주었다. 25일 오후 3시경 사직공원 아래 있는 성하맨션 주민들로부터 도청으로 "마스크를 만들어 놨으니 가져가라"는 전화가 왔다. 마스크는 성하맨션 부녀회장 송희성(여, 43) 집에서 부녀회원들이 재봉틀로 만든 것으로, 상무관의 시신 수습을 위해 '병원용 거즈'를 이어 붙여 보통 규격보다 조금 큰 것이었다. 기동순찰대원 이재춘(21), 양기남(18), 오정호(32) 등이 성하맨션으로 가서 마스크 100개와 장갑 50개, 빵 50개, 주먹밥 한 보따리를 받아가지고 왔다. 마스크와 장갑은 시신을 관리하던 상무관에 전달하고 식료품은 시민군들에게 나눠 주었다.

그러나 신군부는 광주시민들이 대동세상을 꿈꾸며 더불어 살아가고자 한 모습을 부정했다. 항쟁이 끝나자 계엄 당국에서는 시민들이 김밥, 빵, 음료수 등을 시민군에게 자발적으로 제공한 것을 인정하지 않고 폭도들이 강제로 탈취했다고 조작했다. 이재춘이 성하맨션 부녀회로부터 마스크와 주먹밥 등을 제공받은 사실에 대해서도 공갈 협박으로 갈취한 것으로 혐의를 씌워 군법회의에 회부했다.

> 피고인 이재춘은 동일 15:40경 윤석루, 양기남, 오정호 등과 함께 광주시 서구 사동 소재 성하맨션에 무장한 채 기동타격대 군용 지프차를 타고 출동하여 성명불상 동 주민들에게 "도청에서 나온 사람들인데 협조하지 않으면 아파트에 주차해 놓은 승용차를 불 질러 버리겠다"고 말하면서 금품을 제공하며 만약 이를 거절하면, 동인의 생명 신체에 어떤 위해를 가할 듯한 태도를 보여 동인을 외포시키고 이에 외포된 동인들로부터 마스크 50개, 양말 50개, 식빵 50개를 교부받아 갈취한 후 도청 폭도들에게 제공하고 …. 22

광주비상구호위원회

5·18 기간 중 많은 인명 피해가 발생하자 이들을 위한 구호활동도 활발하게 전개되었다. 그동안 5·18 기간의 구호활동은 시민들의 자발적 헌혈과 식사 제공에 초점이 맞춰져 적십자와 종교계에서 이루어진 조직적인 구호활동은 가리어 있었다. 〈월간 경향〉 1988년 3월호

에는 "금남로 10일, 스님이 겪은 연옥"이라는 이광영 (화엄사 승려) 의
수기가 수록되었다. 이 글에는 적십자병원의 지원을 받은 '민간인 적
십자대원'들의 의료봉사활동과 구호활동에 관한 내용이 소개되어 있
다. 이처럼 5·18 기간에 가장 조직적이고 규모 있는 구호활동을 전
개한 곳은 광주비상구호위원회 (일명 광주시기독교비상구호위원회) 다.

  5·18이 일어나자 가장 먼저 사태수습을 위해 관심을 나타낸 곳은
기독교계로, 광주 교계의 양대 교단인 '예장 통합'과 '예장 개혁'이었
다. 5월 19일 광주제일교회에서 '통합 측' 전남노회 대표들이 모여서
대책을 논의했으며, 광주중앙교회에서는 '개혁 측' 전남노회·광주노
회·동광주노회 임원들이 연석으로 모여 대책을 논의했다. '5·18'이
일어난 지 하루 만에 양 교단 대표가 모인 것은 그만큼 사태의 심각성
을 강하게 느꼈기 때문이다. 방철호 목사의 증언이다.

  5월 19일은 하나님이 주신 아름다운 인간의 모습이 처절하게 일그러진
  광주시민 수난의 날이었습니다. 인권의 무시와 경멸은 인류의 양심을
  모독하는 만행을 초래하기에 이 인권을 지키고 광주시를 보호하기 위하
  여 우리의 어두움은 무엇이며, 교회의 역할은 무엇인가를 논의하며 기
  도했습니다. 23

  그 결과 이틀 뒤인 21일에는 김신근, 한완석 목사 등 8명이 광주제
일교회에서 모임을 갖고 기독교의 역할에 대해 본격적인 논의를 시작
했다. 이날의 논의에 따라 22일 광주시 소재 15개 교파의 200여 개
교회를 대표하는 100여 명의 목사·장로들이 광주제일교회에 모여

광주시기독교수습대책위원회를 결성했다. 대책위원회는 위원장 김신근 목사, 부위원장 문정식 목사 외 9명, 총무 이인국 목사를 선출하고, 고문으로 김길현, 변한규, 윤재현, 은명기, 조원곤, 조창석, 한완석, 홍관순 목사를 위촉했다. 또 이날 결성된 도청의 시민수습대책위원회에 김길현, 방철호, 변한규, 장세균, 정인성, 조원곤, 한완석 목사 등 7인을 파견하고, 구호금 1천만 원을 헌금하기로 의결했다.[24] 같은 기독교 계열이지만 신앙노선과 사회참여 문제를 놓고 보수와 진보로 갈라져 있던 15개 교파가 이처럼 빠른 시간에 연합체를 결성한 것은 매우 이례적인 일로, 이 사태를 교회가 방관할 수 없다는 강한 공감대가 형성되었음을 보여 준다.[25]

기독교수습대책위원회는 계엄사와의 협상을 위해 23일 상무대를 방문하는 수습대책위원회 대표단에 한완석 목사가 주도적으로 참여하여 연행자 34명을 석방시키는 성과를 거두었다.[26] 그 사건이 있은 후 25일은 일요일이어서 오전 예배를 마친 광주 시내 교계 지도자 50여 명이 오후에 광주제일교회에 모여서 기도회를 가졌는데, 이때 한 목사가 '교회가 평화적 해결에 앞장설 것'을 촉구한 것이 오해를 사서 일부 참석자의 반발을 불러왔다. 이날 〈계엄사 상황일지〉의 "시국 수습을 위한 목사 동향"이라는 보고서에 이 같은 사실이 기록되어 있다.

"피를 덜 흘리기 위해 무기를 회수하나 보복을 막아야 한다. 수습을 위해서 일하다 보면 원망을 듣기 쉬우니 계엄 당국과 절충하라"는 등 시국 수습에 자체적으로 나서고 있다.[27]

한완석 목사가 전한 메시지의 배경에는 두 가지 이유가 있었다. 첫째, 계엄 당국의 포고령에 의해 옥내·외 집회가 금지되면서 저녁 예배를 드릴 수 없게 된 상황을 해결하려면 '계엄사와 접촉하여 예배를 정상화할 수 있도록 해야 한다'는 현실적 입장 때문에 계엄사와 불필요한 마찰을 빚지 말 것을 당부한 것이다. **28** 둘째, 프락치들이 도청을 드나들며 목사를 사칭하고 불순한 언행을 일삼은 탓으로 물의를 빚는 일이 발생하자 이에 대한 예방조치로 계엄사와의 협조를 당부한 것이다.

당시 도청 안에는 김성○란 자가 대한예수교장로회 총회장이란 명함으로 활동하고 있었으나 나중에 확인한 바로는 목사가 아님이 밝혀졌으며 진압이 될 무렵 행방을 감춘 사실로 불신자들로 하여금 목사나 교회에 대한 인상이 좋지 아니했다. **29**

그럼에도 불구하고 한 목사의 메시지가 본인의 진의와는 상관없이 당시의 격앙된 지역사회 분위기에서 일부 참석자의 오해를 불러일으킨 것이다. 이에 기독교수습대책위원회는 월요일인 26일 오전 9시 30분 광주제일교회에서 모임을 갖고 명칭을 '광주시기독교비상구호위원회'로 바꾸고 임원진을 교체하여 위원장에 한완석 목사, 총무에 방철호 목사를 선출했다. 불필요한 오해에서 벗어나 구호활동에 초점을 맞추겠다는 의지의 표명이었다.

유혈사태가 시시각각으로 급변해 가는 상황 속에서 동 위원회는 모금운동을 전개하면서 성금과 모금 사업을 전국으로 확대하는 한편 전국 교회에 기도와 성금을 호소하였다. 항쟁이 가열되고 계엄군이 나타나면서 시가전이 치열해졌다. 전남도청 앞에는 시체가 쌓였다. 시체를 두고도 관을 구입하지 못한다는 딱한 소식을 들은 동 위원회는 김신근, 변남주, 이인국, 정인성, 지상섭 목사를 보내 관 구입비로 100만 원을 전달했다. 그런데 이것이 폭도를 도와 준 행위라는 이유로 어려움을 겪게 되었다. 당시 비상계엄 시국에서는 구호활동도 지극히 어려운 실정이었다.

기독교비상구호위원회가 모금운동을 전개한 결과 교파를 초월하여 국내·외에서 성금이 답지했다. 5월 29일 예장(통합) 총회에서는 총회장 조원근 목사를 비롯한 대표단이 1,200만 원을 모금하여 방문했으며, 서울의 경동교회, 구세군 서울본영, 노량진교회, 아현감리교회, 화곡동교회와 기독교대한성결교회 등에서 성금을 보내왔다. 광주지역 교회들도 나서 광송교회, 광주서광교회, 광주제일교회, 광주중앙교회 등 많은 교회가 참여하고, 호남지역 교회들도 군산시기독교연합회, 기장전남노회, 나주읍교회, 여수교회연합회, 이리시기독교연합회, 전주대흥교회 등 개별 교회 또는 연합기관 차원에서 동참했다. 미국의 필라델피아한인교회를 비롯하여 해외까지 참여 열기가 확산되어, 94개 교회와 기독교 기관에서 보내온 성금은 4천만 원 정도(39,999,761원)가 되었다.

기독교비상구호위원회는 이 성금으로 광주기독병원, 전남대병원, 조선대병원, 국군통합병원 등에 입원한 민간인은 물론 군인, 경찰 등 549명(타 지역으로 이송된 48명: 서울 34명, 대구 7명, 대전 3명, 부산 3명, 진해 1명 포함)과 개인병원에 입원한 환자 33명에게 위로금을 전달하고, 목회자들은 12개 조를 편성하여 사망자 102명(경찰 포함)의 가정을 방문하여 10~50만 원의 위로금을 전달하고 유족들을 위로했다. 구용상 시장을 방문하여 묘지를 망월동으로 지정해 줄 것을 요청하고, 29일에는 변남주, 방철호 노정열 목사의 집례로 망월동묘지에서 기독교식으로 47명의 장례식을 거행했다. 또한 보안대, 정보부, 경찰서 등을 계속적으로 방문하여 구속자 석방을 건의하고, 교도소를 방문한 자리에서는 위문품과 영치금을 넣어 주며 위로해 주었다. 이 밖에 광주지원교회가 수요일 저녁 예배를 드리던 중 5발의 총격을 받은 것 외에도 화정중앙교회당 일부 파손 및 인명 피해, 재산 피해 등 86건을 접수하고 보상해 주었다.

기독교비상구호위원회는 6월 25일 광주제일감리교회에서 '5·18 현장보고'와 '6·25 상기 구국기도회'를 개최했다. 이날 집회에서는 위원장 한완석 목사의 사회로 총무 방철호 목사의 경과보고, 회계 지익표 장로의 재정보고가 있은 후에 새 위원장으로 변한규 목사를 선임했다. 이후 기독교비상구호위원회는 1980년 11월 8일까지 6개월 동안의 활동을 마치고 해산했다. **30**

한편 광주 시내 교회의 목사, 장로들은 수습위원으로 참여하여 검찰, 경찰, 보안대 요원과 함께 시체검시관으로 배석하였는데, 이들의 수고로 사인(死因)이 수정되고 사망자 가족들의 억울한 사정이 보상에 반영된 경우가 많았다. 5·18이 종료된 뒤 보안사 주도로 사체검안위원회가 열렸다. 6월 초순 505보안부대에서 검안의사, 목사와 기자 등 시민대표, 법무관, 경찰관, 보안부대 장교 등이 모여 보안대가 만든 자료를 토대로 사망자에 대한 분류작업을 했다. 사망자의 사인을 'M16 총상자'와 'M1 및 카빈 총상자'로 구분했는데, 탄환이 사체 속에 남아 있지 않은 경우 실제로 그 차이를 구분한다는 것은 쉽지 않았다. 총에 맞은 즉시 병원에 옮겨진 경우를 제외하면 시신들은 항쟁 기간 동안 노지에 방치되거나 매장되어 상당히 부패가 진행된 상태였기 때문에 육안으로는 식별하기가 어려웠다. 기준은 '양민'과 '난동자'로 구분했는데, 양민에게는 1인당 400만 원의 위로금이 전달되었지만 난동자에게는 위로금이 일체 지급되지 않았다. 이 때문에 검안의사 2명과 목사들은 최대한 '양민' 수를 늘리려고 노력했다. 31

이렇게 5·18의 이면에 감춰진 시민들의 평화사상과 대동정신이 열흘 동안의 상상하기조차 어려웠던 대혼란을 극복하고 '서로 아끼고 사랑하는 사회'를 건설할 수 있는 원동력이었다.

이태희는 5·18항쟁 기간 중의 민주시민정신에 관하여 이렇게 정의한다.

그해 5월 18일부터 열흘 동안 민주화 대로에 뿌려진 광주시민들의 뜨거운 피와 함께 행정의 공백상태, 또 수천 정의 총기가 거리로 쏟아져 나왔음에도 수돗물, 전화, 전기가 안 끊기고 은행 한 곳 털리지 않았다. 강·절도사건 하나 없이 평화로운 광주를 이룩한 드높은 시민정신에 의해 광주항쟁은 세계 민중투쟁사에 길이 빛나고 있다. 32

광주를 구한
'선한 사마리아인' 문용동

《만인보》에 나타난 문용동의 죽음

고은의 《만인보》에는 5·18에 관련된 400여 편의 시 가운데 마지막 대상 인물로 문용동이라는 무명의 청년과 그의 가족사(家族史)가 등장한다. 〈문용동〉이라는 시를 살펴보자.

시민군 문용동/ 5월 26일 날 저녁/ 오래된 단팥빵 두 개 먹었다 배고픈 것 나았다/ 옆에서 피우는 담배 연기 독했다/ 구약성서 모세의 떨기나무와 벌거숭이 시나이산을 생각했다/ 호남신학대 졸업하면/ 낙도에 가/ 교회 개척할 생각도 가려운 듯 무러운 듯 이어졌다/ 밤이었다/ 이런 생각 다 버렸다/ 지난 열흘 동안/ 어설픈 시위대열/ 하루하루/ 가열찬 시위대열 시민군이 되고 말았다/ 도청 지하실 무기관리를 맡았다 … 죽음이 다가왔다/ 신새벽이었다/ 계엄군 충정작전 병력이 칠흑 속 다가왔다

/ 도청 1층/ 탕 탕 탕 쓰러졌다/ 2층/ 풀 풀 풀 쓰러졌다/ M16 총탄 세 발 맞은/ 주검 문용동 **1**

고은은 문용동의 죽음을 안타깝게 소개한다. 시민군이 된 문용동이 도청 지하실의 무기고를 지키고 있는 힘든 모습을 모세가 시나이 산 떨기나무 아래에서 신(神)으로부터 십계명을 받고 이스라엘 민족의 지도자가 되어 출애굽을 인도하던 모습에 비유한다. 그리고 그의 희생적인 행동이 광주시민의 생명과 재산을 지키기 위한 고귀한 희생임을 은유적으로 표현한다. 또한 문용동의 장래 희망이 호남신학대를 졸업한 후 낙도에 가서 교회를 개척하고 섬사람을 위한 봉사의 삶을 살려던 것임을 내비치며 휴머니즘을 강조한다. 이어서 데모가 낯설었던 문용동이 어설프게 시민군이 되어 무기고를 관리하게 된 안타까운 사연을 토로하고, 계엄군의 총을 맞고 쓰러진 그의 허망한 죽음의 순간을 적나라하게 묘사한다. 어쩌면 그를 사살한 계엄사가 프락치로 조작한 데 대해 진실을 토로하는 것인지도 모르겠다. 우리는 이 시에서 '5·18'에 감춰진 휴머니즘과 평화를 발견하게 된다. "오래된 단팥빵 두 개", "낙도에 가 교회 개척" 등의 부분에서는 총 들고 무기고를 지키는 시민군 대신에 낙도에서 봉사를 다짐하는 예비 성직자로서의 인간적인 모습이 나타난다.

이어지는 시 제목은 〈그 아버지〉이다. **2** 이 시는 문용동의 죽음으로 비록 가난하지만 단란하고 행복했던 가정이 몰락해 가는 과정을 사실적으로 표현한다. 《만인보》에는 문용동과 관련해서 이 두 편의 시 외에 〈약혼녀〉, 〈어떤 일기장〉 등 두 편의 시가 더 수록되었다.

아마도 《만인보》에 등장하는 5,600명의 인물 중 특정한 개인과 관련해서 네 편의 시가 수록된 것은 문용동의 경우가 유일할 것이다. 그 이유가 무엇일까? 고은은 문용동의 사연에 담긴 휴머니즘을 주목하고, 5·18의 비극을 고발하는 대표적인 사건으로 이해하지 않았을까? 《만인보》가 들려주는 의미는 내용도 내용이지만, 문용동이 정부는 물론 시민사회로부터도 매장되어 있을 때 그의 얘기를 발굴하여 시로 남겼다는 사실 자체가 매우 중요하다. 이 점에서 그의 뛰어난 안목을 느낄 수 있다.

문용동은 사후에도 억울한 누명을 뒤집어썼고, 가족들은 큰 고통을 당했다. 효심 깊던 아들의 비보에 충격을 받은 아버지 문순봉은 10여 년간을 술로 시름을 달래다 세상을 떠났다. 도청 공무원이던 형은 정권을 잡은 신군부와 주변의 따가운 시선을 견디다 못해 직장을 그만뒀고, 생전에 그와 가장 가까이 지낸 여동생 승희는 오빠의 사망 소식을 들은 후 정신분열 증세로 38년간을 고통 속에 신음하다가 2018년 3월에 사망했다. 《만인보》에 〈약혼녀〉라는 시로 소개된 연인 박혜신과의 사연도 참으로 안타깝기 그지없다. 3 결혼을 약속한 두 사람은 5월 21일 영암에 사는 아버지에게 인사드리러 가기로 일정이 잡혀 있었다. 그날 오전 금남로에서 만난 두 사람은 막내 동생 준희에게 선물할 시계를 사서 영암으로 가려고 나섰는데, 그때 길가에 쓰러진 사람을 보고 문용동이 그를 광주기독병원 응급실로 데려다 준 후 길거리 시위대로 나서게 되면서 작별하고 말았다.

그러나 이렇게 안타까운 사연은 그의 삶과 그가 남긴 기록(일기, 수첩, 설교문 등)을 통해 '정치적 사건으로서의 5·18'이 아닌 '인간의 역

사로서의 5·18'이라는 새로운 면을 발견하게 해준다. 문용동이 1970
년부터 10년간 써온 일기장을 고은은 〈어떤 일기장〉이라는 시로 노
래했다. 4 문용동의 10년간의 일기는 5·18의 사회적 성격을 이해할
수 있는 소중한 자료로, 지금은 5·18민주화운동기록관에 보관되어
있다.

문용동의 죽음에 대한 진실

문용동이 죽은 후 그의 죽음을 둘러싼 왜곡은 1980년 6월 국가보위비
상대책위원회(이하 '국보위')에서 작성한 〈광주사태진상조사단 보고
서〉(단장 이광로 중장)에서부터 나타난다.

도청 폭파기도 저지 시민
폭도들이 화순광업소에서 탈취하여 전남도청 지하실에 보관한 폭발물
을 이용, 도청 청사 폭파로 최후 저항하려는 징후가 감돌자, 이를 인지
한 온건파 학생 양홍범, 박헌규, 김영복, 이경식 4명은 장차 예상될 참
혹한 사태를 예방해야겠다는 일념으로 TNT 뇌관 2,300개를 5.24. 13:
00경 전남북계엄분소에 반납하고, 동 장소에 보관된 수류탄을 무용화
하기 위하여 교육사 병기근무대 소속 5급갑 배승일을 대동 잠입하여 수
류탄 뇌관 분리작업 중 23:00경 강경파 폭도들이 이를 목격 사격함으로
써 이경식은 현장에서 사망하고, 3명은 잠시 도피 후 재차 잠입 수류탄
496발을 뇌관 분리하여 무용화시키는 데 성공함으로써 5·17 계엄군
진입을 위한 작전에 적극 기여. 5

2007년에 작성된 국방부 〈과거사진상규명위원회 보고서〉는 앞의 국보위 보고서가 왜곡한 사실을 아주 구체적으로 적시하였다.

계엄사는 사후 ㉠ 진상 조사에서도 사실을 왜곡하면서 '5·18'의 본질을 강경파 폭도들이 살상을 자행한 것이라고 평가했다. 광주사태진상조사단의 〈광주사태 진상조사 보고〉는 '상무충정작전'을 전개하기 직전 전남도청 지하실에 보관 중인 폭발물 제거에 협조한 사람들을 온건파 학생으로 분류해 미담사례의 하나로 제시했다. 진상조사단의 보고서에 따르면, ㉡ 양홍범, 박선재, 김영복, 이경식 등 온건파 학생 4명이 전남북계엄분소에 TNT 뇌관 2,300개를 반납하고 배승일을 대동하여 전남도청으로 잠입, 수류탄 분리 작업 중 ㉢ 5월 24일 23시경 강경파 폭도들이 이를 목격하고 이경식을 사살했다고 기술했다. 이 보고에 등장하는 ㉣ 이경식은 5·18 기간 동안의 사망자 명단에 없으며 정황상 문용동인 것으로 추측된다. ㉤ 그는 5월 24일이 아닌 5월 27일 '상무충정작전' 도중 3공수여단 특공조에 의해 여러 발의 총상을 입고 사망했다.

또 양홍범과 김영복 등이 전교사에 연행되어 조사받는 과정에서 폭발물 해체작업에 협조했다는 점이 확인되었고, 문용동이 공수부대에 의해 사살됐음을 확인하는 등 ㉥ 전남합수단과 전교사에서 사실 확인이 됐음에도 불구하고 그가 강경파 폭도들에 의해 사살됐다고 주장하며 사실 자체를 왜곡했다. 6

이상의 내용을 정리해 보면 이러하다. 국보위 조사단은 상무충정 작전을 개시하기 직전 도청 지하실의 폭발물을 처리하기 위해 ㉠ 계엄군이 공작요원을 침투시켜 온건파 학생들을 포섭하고 폭발물을 사전 제거한 것처럼 사실관계를 오도하고 미담사례로 제시했다. ⓛ 온건파 학생들이 배승일을 대동하고 도청으로 잠입하여 수류탄 분리작업을 진행하던 중에 ⓒ 강경파 폭도들에게 발각되어 24일 23시 이경식이 사살되었다고 기술했다. ⓔ 사실 이 인물은 이경식이 아니라 문용동이었으며, ⓜ 그는 24일이 아니라 27일 상무충정작전 도중 공수부대에 의해 사살되었다. ⓗ 전남합수단과 전교사에서는 이런 사실을 확인하고도 자기들의 정당화를 위해 사실 자체를 왜곡했다.

그런데 계엄군이 문용동에 대한 사실 왜곡에 그치지 않고 아예 폭약관리반원들을 계획적으로 사살하려 했다는 도저히 믿을 수 없는 충격적인 증언도 등장한다. 당시 도청 무기고를 지킨 양홍범의 증언이다.

그날 저녁 마지막 회의를 하게 되었어요. 나머지는 내버려 두고 뇌관을 어디다 숨겨야 되는데 관에다 싣고 나가자, 웅덩이나 저수지에 던져 놓고 끝나면 반납하자, 이런 차원에서 지하실 계단 밑에 바닥에서 앉아서 이야기를 하고 있는데, 성(性)들을 부르는 거예요. 김 형, 양 형, 문 형하고 부르는 거예요. 그러면서 머리 위로 두르륵 정예부대보다 더 빠르게 그대로 엎드린 거예요. 머리 위로 두 차례 박히더라고. 자동으로 긁어 버리니까. 그리고 세 번째 계단 쪽으로 쏘면서 손 들고 나오면 살려 준다고 그래요. 그러더니 손 들고 나오면 살려 준다고 했는데 쏴버리는 거예요. '문 형', '김 형', '양 형' 하고 총을 쏘는 거예요. 27일 새벽에 그 소리 하면서 우리한테 총을 쏘았어. 정부에서는 우리를 이미 알고 있었어, 이것은 계획적이에요. 7

322

만약 양홍범의 증언이 사실이라면 계엄군이 시도한 행위는 확인사살이다. 왜 계엄사에서는 폭약관리반원들을 매수하려다가 실패한 것도 부족하여 확인사살까지 시도했을까? 도저히 믿을 수 없는 만행이다. 그러다가 그런 시도가 실패하자 문용동을 '돈으로 매수한 부화뇌동자'라고 악의적으로 발표했다. 1980년 국보위 조사단의 활동기간이 6월 5일부터 11일까지였던 것을 고려하면, 문용동이 사망한 지 일주일 만에 프락치로 몰아세운 것이다. 그뿐 아니라 공수부대에게 사살당했음에도 불구하고, 폭도들에 사살되었다고 거짓 발표했다. 그 이유가 무엇일까?

첫째, 폭약관리반의 미담이 계엄군의 진압작전을 합리화·정당화하는 데 필요했기 때문이다. 1980년 6월 발표된 계엄사의 "광주사태" 발표문은 무력진압의 불가피성을 주장한다.

무력진압의 불가피성: 광주사태가 무장폭도들에 의해 무법천지화한 단계에서도 군은 끝까지 무익한 출혈과 무고한 시민의 피해를 염려하여 최소한의 자위권 발동도 자제하였으며 비록 군인은 폭도에 잡혀 무참히 난자, 학살되는 것을 보면서도 총 한 방 쏘지 않고 사태의 악화 방지에 주력하였다. … 그럼에도 불구하고 광주사태는 악화일로를 거듭하면서 시민 자체의 수습력이 하등의 실효를 거두지 못했을 뿐 아니라, 폭도들은 시민군을 자처하면서 무등산과 화순 방향 및 외곽 야산지대에 진지를 구축하여 장기 게릴라전 태세를 갖추어 가고 있었고, 도청 내의 거점에서는 엄청난 양의 TNT 폭약을 장전하고 자폭태세를 갖추는 등 더 이상 폭도들의 기도를 방치할 경우 돌이킬 수 없는 참화가 일어날 것이 예

측되기에 이르렀다.

이에 계엄군은 26일 밤 시내에 '은밀히 침투시켰던 요원'과 '매수했던 난동분자'로 하여금 도청 내 폭약 폭발장치 신관을 떼어 못 쓰게 만들고 총기를 작동이 되지 못하도록 공작하는 과정에서 폭도에 들켜 1명 피살, 1명 중상의 귀중한 희생을 치르면서도 끝내 성공시켜, 27일 새벽 군 병력을 투입하는 기용을 보였으며 진압작전에서 쌍방 간에 큰 피해를 모면케 하는 데 크게 기여하였으며, 선량한 시민과 폭도가 완전히 분리되어 있음을 확인한 후 효과적인 진압을 전개하였던 것이다. **8**

발표문의 발표 시기가 사건이 발생한 지 겨우 4일밖에 되지 않은 시점이지만 오류투성이다. 우선 도청 지하실 폭약의 뇌관을 이미 25일에 분리한 것을 인지하고서도 여전히 폭도들이 자폭 태세를 갖추고 있는 것처럼 조작했다. 성명서의 주장대로 무력진압의 불가피성을 강조하는 명분으로 이용한 것이다. 문용동이 죽임을 당한 날을 27일에서 26일로 조작하고 공작과정에서 발각되어 폭도들에게 총살당한 것으로 날조했다. 사망일자와 살해자를 조작한 것은 상무충정작전의 정당성을 주장하기 위한 것이다. 이렇게 만들어진 각본에 의해서 27일에 시행된 상무충정작전의 성공담을 정치적으로 이용하다 보니 문용동을 '매수된 난동분자'로 날조한 것이다.

둘째, 폭약관리반의 의로운 행위를 군 지휘부가 자기들의 공적(功績)으로 조작하려는 불순한 의도일 가능성이다. 전남도청 탈환은 상무충정작전의 핵심이자 마지막 목표였다. 이 때문인지 지휘부에 있던 장사복 참모장, 김기석 부사령관, 소준열 전남북계엄사령관 등은 하나같이 전남도청 지하실에서의 폭약뇌관 분리 성과를 자기의 공적으로 증언하고 있다.

그중에서 김기석의 증언을 살펴보자.

나는 전교사 부사령관으로서 광주시의 피해를 최소화해야 한다는 판단 아래 25일 항쟁 지도부에 직접 전화를 걸어 폭약반을 소개받았고, 이날 오후 폭약반 대표 문용동 씨 등 3명을 만난 뒤 뇌관 제거를 위해 특수요원 파견에 합의했다. **9**

김기석이 항쟁 지도부에 직접 전화를 걸어서 폭약관리반 대표를 만났다는 것은 전혀 사실이 아니다. 그렇지만 김기석은 폭탄 뇌관 분리가 자기 주도로 이뤄졌다는 거짓 증언을 통해 스스로 공(功) 치사를 하고 있다. 한편 《전두환 회고록》에서는 소준열이 상무충정작전을 시행하면서 계획한 사건이었다고 기록하였다.

소준열 사령관은 보병학교 병기근무대에 근무하는 문관 배○○에게 도청에 잠입해서 지하실에 있는 폭약의 뇌관을 제거하라고 비밀리에 지시했다. 당시 무장시위대 본거지인 도청 지하실에는 무장시위대가 탈취한 300여 상자의 폭약이 보관되어 있었다. 시위대들이 화순광업소를 습격해 탈취했던 다이너마이트, TNT 폭약, 수류탄 등 네 트럭 분량의 폭발물이 쌓여 있고 이미 뇌관까지 장착되어 있었다. 지시를 받은 배○○ 문관은 죽음의 위험을 무릅쓰고 도청 안에 있던 온건파 학생들의 도움을 받아서 5월 24일 오후 도청에 잠입했다. 지하실로 들어가서 폭발물에 장착되어 있던 뇌관 제거작업을 하던 중 온건파 학생이 발각되어 총격으로 사망했다. 배○○ 문관은 도피했다가 다시 잠입해 뇌관을 전부 제거하는 데 극적으로 성공했다. 10

전두환이 배○○으로 익명 처리한 문관은 물론 배승일이다. 소준열은 문용동을 비롯한 도청 폭약관리반의 자의적인 행동을 마치 자신이 계획한 상무충정작전의 일환으로 진행된 것처럼 왜곡하면서 문용동의 사인을 조작하였다. 이 같은 '5·18' 당시 사실 왜곡 및 조작 행위의 구체적인 사례들은 전남경찰청이 펴낸 보고서에서도 상당히 많이 지적되었다. 11

문용동을 어떻게 평가할 것인가?

한편 문용동의 죽음 이후 계엄군의 조작 사실을 알 수 없었던 시민사회에서도 그를 '정보요원', '공작요원' 등으로 표현하면서 계엄군의 발표를 기정사실화했다. 그렇지 않아도 무기 반납을 주장한 온건파를 '투항파'라고 부르던 항쟁 지도부는 지하실의 폭약뇌관이 분리된 사실을 알고 프락치의 소행으로 의심하던 차에 계엄사의 발표가 나오자 의심 없이 믿은 것이다. 5·18에 관한 첫 번째 기록물인 《죽음을 넘어 시대의 어둠을 넘어》에 실린 내용이다.

해방 기간(22일부터 26일까지)에 계엄군의 광주시에 대한 와해공작은 몇 가지 유형으로 나누어 볼 수 있다. 첫째, 사실 보도를 통제하고 의도적인 왜곡 과대선전으로 광주를 고립시켰다. 둘째, 광주시에 대한 계엄군의 기본 전략은 철저하게 광주시를 외부로부터 고립시켜 버린다는 것이었다. 셋째, 계엄군은 시민들과 시민군 또는 지도부 사이에 불신감을 심어서 자체 분열되도록 '계엄군 측 공작요원'들을 침투시켜 여러 가지 조작된 사건을 일으켰다. 넷째, 시민군이 사용할 수 있는 장비나 시설을 사전에 고장내거나 제거해서 쓸 수 없도록 만들었다. 계엄군들은 '정보요원'들을 시켜 다이너마이트를 제거시켰다. 12

특히 대학가에 5·18을 소개한 텍스트인 《죽음을 넘어 시대의 어둠을 넘어》의 효력은 엄청났다. 이렇게 문용동과 폭약관리반원은 계엄군과 시민군 양측으로부터 거센 비난을 받았다. 그로부터 16년이 지난 후에야 "실록 5·18광주항쟁사"는 논란을 이렇게 정리했다.

지하실 폭탄의 뇌관이 제거된 사실이 도청에 알려지자, 많은 사람들은 폭약관리반이 계엄군과 내통했다고 비난을 서슴지 않았으나 폭약관리반원들은 이에 당당하게 맞섰다. 그들은 지하실에 있었던 폭약류가 너무나 위험했기 때문에 많은 사람들의 안전을 위해 선의에서 한 일이라고 주장했다. 만약 이들이 폭약류를 사용 가능하게 보관했더라면 계엄군 진입 당시 시민군이 이를 사용하지 않았으리라는 보장이 없다. 그럴 경우 光州는 쑥대밭이 될 것이 뻔한 일이었다. 이런 관점에서 볼 때 뇌관을 제거해 시민의 생명과 재산을 보호하려던 이들의 행동은 계엄군과의 내통이라기보다 시민을 위한 충정이라고 이해해야 할 것이다.

당시 시민군의 입장에서는 도청 지하실의 폭약류가 자신들을 방어할 수 있는 가장 매력적인 무기였다. 그렇지만 나이가 어린 청소년들이 무기를 함부로 다루거나, 무장세력의 대다수를 이루는 사람들이 우리 사회에서 밑바닥 생활을 한 룸펜 계층 청년들이었기 때문에 과격화될 수 있으며 시민의 안전을 해칠 수도 있다는 우려가 있었다.[13] 도처에 총기가 널려 있었고, 많은 사람이 무장한 상태였으며, 무기고를 찾아와 폭약을 요구하는 사례가 빈번하였기 때문에 폭약관리반도 도저히 안전을 담보할 수 없었다. 언제, 어떻게 터질지 모르는 위급한 상황에서 광주시민의 생명과 재산을 지키기 위한 불가피한 선택이었다.

1980년 5월 폭약관리반의 의로운 행동으로 광주시민의 생명과 재산을 안전하게 지키고 그 과정에서 문용동이 억울한 죽임을 당했음에도 불구하고, 문용동과 폭약관리반원들은 계엄군의 공작에 의해 오랜 기간 프락치, 공작요원, 정보요원 등으로 오해를 받았다. 아직까지도 사정을 잘 모르는 시민사회 일각에서는 그런 오해가 존재한다. 이에 대한 반박이다.

첫째, 그가 프락치였다면 상황이 종료된 후에는 도피했을 터인데, 그는 탄약관리반원으로서 역할을 끝까지 수행했다. 그리고 총에 맞아 숨졌다.

둘째, 생존한 폭약관리반원은 상황이 종료된 후에도 계엄군으로부터 혹독한 보복을 당했다.

셋째, 사법부에서도 5월 24일 저녁부터 25일 오전까지 행한 폭탄 뇌관 분리작업을 계엄군의 작전과 별개 사건으로 판단했다.

넷째, 문용동은 1970년부터 사망하기까지 쓴 일기를 남겼다. 그의 일기장을 보면, 왜 그가 5·18에 참여했으며 그렇게 행동할 수밖에 없었는가를 알 수 있다. 인간의 생명을 존중하고 평화를 사랑하는 신학생이었던 박애주의자 문용동을 이해하지 못하고서는 납득하기 어려운 부분이다.

'역사적 인물' 문용동은 누구인가?

문용동은 1952년 9월 6일 전남 영암군 군서면 도장리에서 문순봉과 김봉님의 3남 5녀 중 차남으로 태어났다. 군서북초등학교를 졸업한 후 1965년 광주로 이사하였고, 조선대 부속중·고등학교를 다녔다. 그는 고 3 때인 1972년 4월 12일 같은 반 친구 변동화의 전도로 광주제일교회에 출석했다. 변동화(광주제일교회 장로)는 "학창시절의 문용동은 지극히 온화한 성격이며, 매사에 적극적이고, 교회생활에서도 학생회 성가대 활동에 열심이었다"고 기억한다. 문용동은 1973년 2월에 광주제일교회로 부임해 온 한완석 목사를 아버지처럼 따르며 신앙생활의 지도를 받았다. 한완석 목사는 자기 집 식탁을 성도들에게 개방했는데, 문용동은 거의 매일 저녁식사를 한 목사 가족과 함께 나누며 밥상머리 교육을 철저하게 받았다. 한 목사의 둘째 아들인 한헌수(전 숭실대 총장)의 회고에 의하면, 문용동이 자기보다 가족들의 저녁식사 자리에 함께한 경우가 더 많았다고 한다.

이런 과정을 거치면서 그는 신학교에 진학하여 목사가 되기로 결심했다. 그의 집안에서는 처음 기독교인이 된 탓으로 아버지의 반대가 극심했지만, 결국 1973년 9월에 호남신학교에 입학했다. 그가 다른 동기들처럼 3월에 정식으로 입학하지 못하고 9월에야 입학한 이유이다. 당시 호남신학교는 교육부에서 호남신학대학교로 인가받기 전이어서 9월 학기에도 입학이 가능했다고 한다. 1학년을 마치고 군대를 다녀온 문용동은 3학년 재학 중이던 1979년 7월 전남노회 여전도회연합회 파송으로 상무대교회에서 전도사로 시무하고 있었다. 상무대교회는 전교사에 소속된 군인교회이지만, 군인가족을 대상으로 주일학교와 학생회를 지도하기 위해 문용동을 포함한 2명의 민간인 전도사가 군목들의 업무를 돕고 있었다. 이 때문에 문용동은 상무대교회 전도사이긴 했지만, 군과는 직접 관련이 없는 민간인 신분이었고 급료도 전남노회 여전도회연합회로부터 지급받고 있었다.

문용동은 1980년 5월 18일(일요일) 상무대교회를 다녀오던 길에 공수부대 병사들에게 폭행을 당해 쓰러진 한 노인을 업고 전남대병원 응급실로 달려갔다. 많은 시민들이 노인이 구타당하는 장면을 보고도 성난 공수부대원의 모습이 무서워서 아무도 나서지 않았는데, 이때 그가 나서서 노인을 구한 것이었다.

《신약성경》〈누가복음〉에는 '선한 사마리아인'의 이야기가 등장한다. 예수가 "네 이웃을 네 자신과 같이 사랑하라"고 말하자 유대인 교사는 "내 이웃이 누구입니까?"라고 물었다. 질문에 대한 답변으로 예수의 비유가 시작된다. "길을 가던 사람이 강도를 만나 가진 것을 빼앗기고 심한 상처를 입었다. 이때 신앙심이 깊은 두 사람, 사제와 레위인은 모른 체하며 지나쳐 버린다. 그때 사마리아인이 다친 사람의 상처를 싸매고 주막으로 데려가 주인에게 그 사람을 돌봐 주라면서 돈까지 준다." 예수는 이야기를 마치고 물었다. "네 생각에는 이 세 사람 중에 누가 강도 만난 자의 이웃이 되겠느냐?" 대답은 명백했다. "자비를 베푼 자니이다." 예수는 다시 말했다. "가서 너도 이와 같이 하라."(〈누가복음〉 10:25~37)

'선한 사마리아인' 문용동

예수의 이야기를 들은 사람들은 쇠망치로 머리를 맞은 기분이었을 것이다. 당시 유대인은 사마리아인을 경멸하고 이교도이자 하층민으로 천시했기 때문이다. 이 비유는 사회적 장벽을 허무는 위대한 사랑의 이야기로서 전 세계의 많은 문헌에 수록되어 있다. 그러나 크리스천은 물론 많은 사람들이 공감하면서도 실천하는 경우는 드물다. 이때도 그러했다. 문용동은 다음 날부터 매일같이 시위현장에 나갔고, 폭행당해 쓰러진 사람을 들쳐 업고 도청에서 2킬로미터 남짓 떨어진 광주기독병원까지 달려간 적이 한두 번이 아니었다. 그러던 문용동은 22일 결성된 시민수습대책위원회에 참여하여 도청 지하실의 무기관리 임무를 맡았다.

당시 진압군에 맞선 시민들은 화순광업소를 비롯하여 경찰서, 예비군 무기고에서 각종 무기와 다이너마이트 등을 탈취하였고, 그중 절반이 넘는 2,500여 정의 총기와 폭약이 도청 지하실에 보관되어 있었다. 이곳은 문용동을 비롯한 5, 6명이 지키고 있었다. 이들 가운데 지휘자는 없었지만 문용동이 가장 연장자였기 때문에 자연스럽게 이들을 주도했다. 그는 공포와 불안이 넘쳐 나던 도청에서 틈만 나면 기도하고 끊임없이 무엇인가를 메모하는 모습을 보였다.

그는 보관 중인 폭약이 폭발하면 광주시민과 계엄군 모두에게 엄청난 피해를 입힐 수 있다는 생각에 폭약의 뇌관을 분리하기로 결정하고 상무대에 찾아가서 도움을 청했다. 이 일로 인해 그는 "문용동이 폭발물 뇌관을 분리해서 계엄군이 쉽게 도청을 접수할 수 있었다"는 오해를 샀다. 그럼에도 불구하고 문용동은 무기고가 폭발하면 도청 반경 4킬로미터 일대가 파괴되어 시가지가 반파될 것을 우려해서 뇌관을 분리한 후에도 귀가하지 않고 끝까지 자리를 지켰다가, 다음 날인 5월 27일 새벽에 도청으로 진입한 계엄군에 의해 피살당했다.

계엄군이 유혈 진압작전을 전개하기 전날인 26일 밤 문용동의 누나와 연인이 차례로 찾아와서 "부모님 생각을 해서라도 집으로 돌아가자"고 설득했다. 그러나 그는 "도청 앞 분수대에 놓인 32구의 시신을 봤다. 여기서 죽으나 집에서 죽으나 마찬가지다. 내가 죽는다면 태극기로 덮어 묻어 달라"고 비장한 결의를 보였다. 5·18 구 묘역에 아무렇게나 방치돼 있던 문용동의 주검은 1997년 5월 희생자들이 안장된 5·18국립묘지로 이장됐다.

'평화'와 '사랑'의 가치를 일깨우다

전남도청 지하실 폭발물 해체 문제와 관련하여 문용동의 행동을 이해하려면 평화주의자로서 그의 삶과 사상을 이해하는 것이 필수적이다. 1972년 조선대 부속고등학교 3학년이던 문용동은 광주제일교회

〈표 1〉 문용동 전도사 약력

1952. 9. 6	전남 영암군 군서면 도장리 86번지에서 출생.
1965. 2. 28	군서북초등학교 졸업.
1968. 2. 28	조선대학교 부속중학교 졸업.
1970. 4. 12	친구 변동화의 전도로 광주제일교회 출석.
1972. 2. 28	조선대학교 부속고등학교 졸업.
1972. 10. 21	황성욱 목사에게 세례를 받음.
1973. 9. 1	호남신학교 신학과 입학(제일고등성경구락부 교사로 활동).
1974. 9~1977. 8	육군 복무(수도경비사령부 근무).
1977. 9. 1	호남신학교 2학년 복학.
1979. 7. 16	전남노회 여전도회연합회에서 상무대교회 전도사로 파송.
1980. 5.	호남신학교 4학년 재학생으로 상무대교회 전도사로 시무.

에 육영부흥회 강사로 온 김용기 장로와의 만남을 통해서 새로운 삶의 가치관을 발견하고 평화주의자의 길을 가게 된다.

1972년 4월 26일 자 그의 일기에는 이렇게 기술되어 있다.

(4월) 29일부터 시험 보는데 요즈음 매일 우리 교회 육영부흥회가 있어 장로 김용기. 공부도 못하고 … 그렇지만 다닐 가치가 있었다. 자기를 무가치하다고 생각지 마라. 노력 근로 희생 봉사, 기독교의 이념 진실된 희생. 참 장로님께서 말씀을 잘하셨다.

교회에 출석하기 시작한 지 2주 만에 김용기 장로를 만난 것은 문용동에게는 크나큰 축복이었다. 가나안농군학교를 세운 기독교사회운동가로서, 안병욱 교수가 "한손에는 성서를 쥐고, 한손에는 괭이를 들고, 머리에는 애국의 면류관 쓰고, 허리에는 겸손의 띠를 두르고, 발에는 개척의 신을 신고 … "라고 극찬하며 20세기 한반도의 예언자로 정의한 김용기 장로를 사춘기의 문용동이, 그것도 기독교를 처음 접한 시기에 만난 것은 그에게 큰 영향을 끼쳤다. 문용동의 짧은 삶의 행적과 설교, 일기 등 여러 곳에서 평화, 정의, 희생, 봉사 등 김용기 장로의 영향을 받았을 것으로 추정할 수 있는 요소들이 발견된다.

'5·18' 때 공수부대 병사에게 폭행당해 쓰러진 할아버지를 등에 업고 전남대병원 응급실로 달려간 그의 모습은 성경에 등장하는 '선한 사마리아인' 그 이상도 이하도 아니었다. 그러던 그가 광주시민의 생명을 지키기 위해서 도청 지하실의 폭약뇌관을 분리하자 프락치로 몰리게 되었다. 그가 계엄군과 시민군 양측에서 억울하게 모함을 당하고 "내가 불순분자란 말인가?"라고 절규하던 모습은 1966년 막사이사이상 수상 연설에서 세계로 확산되던 핵전쟁의 공포에서 벗어날 길을 역설하던 평화주의자 김용기 장로의 모습을 떠올리게 한다.

이 지구상에 핵폭탄이 있는 한 인류는 불안과 공포에서 헤어날 수 없습니다. 멸망이 있을 뿐입니다. 인간을 창조하신 조물주의 지혜와 총명, 사랑으로 인류의 평화가 가능합니다. … 나는 이 자리에서 인류에게 빈곤을 몰아내자, 평화를 수립하자, 영생을 얻자는 세 가지 구호를 높이 외치고 싶습니다.

평화주의자 문용동을 이해하려면 김용기 장로와의 만남 외에도 주목해야 할 요소들이 있다.

첫째, 그가 광주제일교회 출신이라는 점이다. 한국교회사에는 남도의 한(恨)과 믿음에 관한 얘기가 많이 등장한다. 광주는 예로부터 중앙정치의 권력싸움에서 밀려 유배된 사람들의 '한'과 동학농민전쟁으로부터 시작된 저항의 역사가 자리한 곳으로, 배타적이고 보수 성향이 매우 강한 도시였다. 1896년 1월 단발령에 반대하는 남도 유생들이 의병을 일으켜 나주관찰부 관찰사를 쫓아내고 참사 안종수(安宗洙)를 살해한 사건이 발생했다. 이 사건을 계기로 관찰부를 광주로 옮기고 초대 관찰사로 윤웅렬(尹雄烈)이 부임했다. 1884년 갑신정변을 일으키고 미국으로 유학한 윤치호의 아버지 윤웅렬의 부임으로 광주는 근대화 물결을 타게 되었으며, 기독교가 변화와 개혁을 선도했다. 그 중심에 광주의 모교회인 광주제일교회가 자리해 있었다.

문용동은 광주제일교회에서 신앙생활을 배우며 올바른 크리스천으로서의 소양을 쌓아 갔다. 오랜 역사와 전통을 가진 광주제일교회 출신 가운데는 문용동에게 '큰 바위 얼굴'로 다가온 역사적 인물이 여럿 있었다. 그중에서도 서서평 선교사와 최흥종 목사의 가르침은 특별했다.

서서평(徐舒平, E. J. Shepping, 1880~1934) 선교사는 1912년 2월 한국에 도착한 후 22년 동안 광주선교부 제중원 간호사로 일하면서 오직 광주제일교회에서 신앙생활을 했다. 당시 의료혜택을 받지 못하던 궁핍한 지역을 찾아다니며 미혼모, 고아, 한센인, 노숙인 등 가난하고 병약한 사람을 보살핀 그녀를 사람들은 '나환자의 어머니'로 불렀다. 그녀가 입양하여 키운 고아가 14명이고, 오갈 곳 없는 과부를 가족처럼 품고 같이 산 사람이 38명이다. 그녀가 소천하자 광주 최초의 시민사회장이 거행되었는데, 장례식에는 그녀가 설립한 이일학교 학생들이 운구행렬을 이루고 뒤에는 수많은 여성들이 소복을 입

고 따랐다. **14**

최흥종(1880~1966)은 최초의 광주 출신 목사이자 사회사업가로서 봉선리 나환자 진료소, 여수 애양원, 나주 호혜원, 광주 송동원·무등원 등을 설립하고 나환자 구휼활동을 펼쳤다. 나환자와 걸인들을 위한 삶을 산 그를 사람들은 '무등산의 성자'로 칭송했다. 3·1운동으로 옥고를 치른 독립운동가인 그는 광복이 되자 삼애학원을 설립하여 가난한 농촌 청년들을 교육했다. 1966년 5월 14일 87세를 일기로 별세하자 광주 시민사회장을 치렀는데, 광주공원에 차린 장례식장에는 200여 명의 음성 나환자들과 수십 명의 걸인들이 몰려와서 "아버지, 어찌하여 우리만 남기고 가십니까?"라고 통곡하여 장례식장이 울음바다가 되었다. **15**

이런 훌륭한 신앙의 선배들의 보면서 문용동은 크리스천이 가져야 할 희생적인 삶과 정신에 대해 배웠다. 후일 전도사가 된 문용동은 그 의미를 이렇게 설교한다.

하나님께서 우리에게 값없이 거저 주신 것처럼 이웃에게 사랑을 주기를 원하신다. 주지 않으면 썩는다. 사해(死海)처럼. 샘은 풀수록 맑고 시원한 물이 솟아난다. 안 푸면 그대로. 우린 얼마나 주어 보았는가? 사랑을, 마음을, 관심을, 물 한 그릇을 예수의 이름으로. 거저 줌으로 아름다운 역사가 펼쳐진다. 예수의 이름으로 … 슈바이처, 테레사 수녀 ….

— 1980년 1월 6일, "새해의 기도" 중에서**16**

3·1운동 당시 광주제일교회가 독립만세운동의 거점이 된 역사적

사실도 많은 교훈을 주었다. 3·1운동이 일어나자 '북문안교회'(광주 제일교회의 전신) 교인들은 숭일학교·수피아여학교 학생, 교사들과 함께 만세시위를 벌여 김강, 김철, 최병준, 이윤호, 황상호, 주형옥, 김철주, 송광춘, 정두범, 최영균, 박애순, 홍승애 등의 교인들이 옥고를 치렀다. 평양신학교 재학 중이던 최흥종 장로는 서울에서 3·1운동에 참여하여 3년 형을 선고받았다. 이처럼 북문안교회가 광주지역 민족운동의 구심점으로 부각되자 일제는 교회를 탄압했다. 서류상 정부 소유로 되어 있던 북문안교회 터를 몰수하고 예배당 출입을 봉쇄했다. 이에 양림동 오웬기념각으로 자리를 옮겨 임시로 예배드리다가, 1919년 10월 금정으로 이전했다.

문용동에 대해 주목해야 할 두 번째 요소는 호남신학교 시절 가진 독서활동과 야학에서의 봉사활동이다. 그는 1973년 호남신학교에 입학한 후 윤상현, 김안식, 이명섭 등과 어울려 황승룡 목사를 지도교수로 한 '브니엘' 모임을 결성하고 기도회와 독서활동을 병행했다. 17 평소 문학에 관심이 많았던 그는 매일 저녁 광주제일교회가 운영하던 야학(제일고등성경구락부)의 국어교사로 봉사하면서 청소년들에게 문학의 꿈을 심어 주었다.

당시 성경구락부에서 문용동의 지도를 받은 심홍섭 시인은 그때를 이렇게 회고한다.

중학교에 갈 형편이 못 되었다. 가난은 어느 누구에게든지 인정을 베풀지 않기 때문에 가난과 싸우는 수밖에는 도리가 없었고, 그래서 누나의 손을 잡고 제일교회에서 하는 야학인 성경구락부에 들어갔다. 내가 13

~14살 때쯤 국어 선생님이었던 문용동 전도사님은 나에겐 문학의 꿈을 심어 준 분이셨다. … 선생님은 학문도 학문이지만 먼저 하나님의 아들 예수님을 소개한다기보다는 인간적인 예수님의 고뇌를 강조하셨다. 어쨌든 선생님의 인상은 남자들에게서 느낄 수 없는 순결함이 있었다. [18]

문용동이 군복무를 마치고 복학한 1970년대 후반 광주 대학가에는 독서 열풍이 일고 있었다. 민주화에 대한 염원 속에 YMCA와 YWCA에서는 민주화운동으로 해직당한 교수들을 초청하여 강연회를 자주 열었고 그런 열기는 호남신학교에도 전해졌는데, 문용동이 그 중심에 자리해 있었다. [19] 문용동이 1980년 5월 도청 지하실에서 생의 마지막 시간을 보낼 때 남긴 수첩의 기록에는 아우구스티누스(Aurelius Augustinus, 354~430), 토머스 모튼(Thomas Morton, 1564~1659), 빅토르 위고(victor hugo, 1802~1885), 톨스토이(Leo Tolstoy, 1828~1910), 니체(F. W. Nietzsche, 1844~1900) 등의 신학, 문학, 철학에서부터 모파상(Guy de Maupassant, 1850~1893)의 장편 《피에르와 장》에 나온 문장과 프랑스 파리 거리에서 가난한 노동자와 빈민가 청소년을 목회하던 미셸 파스트 신부의 기도문까지 실로 다양한 글이 소개되어 있다. [20]

그러나 군복무를 마치고 복학한 문용동은 전통적인 가치관을 강조하는 광주제일교회의 가르침과 새로운 사회변화를 추구하던 독서동아리 활동 사이에서 고민하게 된다. 결국 그는 새로운 삶을 개척하기 위해서 정든 교회를 떠날 작정을 하고 있었다. 그가 1979년 4월 2일 친구인 김안식에게 보낸 편지에는 그러한 심정이 나타나 있다.

난 복학하여 학교(호남신학교)에 나간다네. 늘그막에 공부하려니 조금 힘이 들지만 재미있다네. 이제 나도 제일교회를 벗어나 몸부림치며 매어 달릴 곳을 찾아가려네. 자네 모습이 보고 싶으이. 이젠 이따금 쓸게. 부활을 통해 새롭게 거듭나는 우리가 되세. 21

이렇게 5·18이 일어나기 전까지 문용동은 문학과 음악에 심취하고, 졸업하면 낙도에 들어가서 교회를 개척하여 목회자의 삶을 살기를 꿈꾸던 평범한 신학생이었다. 일기장에는 그가 기타를 즐겨 치고, 베토벤, 차이코프스키, 모차르트, 파가니니를 즐겨 듣고, 클래식을 녹음하고, 친구들과 음악 얘기를 나누던 기록들이 보인다. 그의 27년 짧은 생애에서 평화를 사랑한 박애주의자의 모습을 발견하게 된다.

'5·18광주항쟁'에의 참여

문용동은 앞서 본 바와 같이 1980년 5월 18일 상무대교회를 다녀오던 길에 금남로 YMCA 앞에서 계엄군에게 폭행당하던 한 노인을 업어다가 전남대병원 응급실에 모셔다 준 것을 계기로 시위에 참여하게 되었다. 22 그는 이날의 사건을 수첩에 기록했다.

난 무엇을 말하고 써야 하는가. 경찰과 학생의 충돌, 투석전, 터지는 최루탄, 이래야만 되는가. 다른 방법은 없는가. 왜 나이 어린 저 전경과 동류인 학생들이 욕을 하고 돌을 던져야 하는가. 군의 투입, 공수부대 개입, 드디어 터질 것이 터져 버렸다. 무자비한 공수부대. 곤봉과 군홧발질로 학생들을 피투성이가 되도록 두들기고 군화로 짓이겨 군용트럭에 싣는다. 학생이나 시민이나 달려들어 개 패듯이 끌고 간다. (항의하는) 목사님도 군홧발질. 반 기절한 시민을 업어다 병원에 치료했다. 맞은 상처도 치료했다. "심는 대로 거둔다." 개인이건 사회건 국가건 역사의 심판을 받게 될 것이다. 23

그는 21일 결성된 시민수습대책위원회에 참여하여, 22일부터 도청 지하실 무기관리 임무를 맡았다. 당시 진압군에 맞선 시민들은 화순 광업소를 비롯하여 경찰서 탄약고 등에서 총기류와 실탄, 수류탄을 탈취하여 무장을 강화했는데, 그중 절반이 넘는 2,500여 정의 총기와 폭약이 전남도청 지하실에 보관되어 있었다. 이것을 문용동을 비롯한 5~9명의 폭약관리반원이 교대로 지켰다. 이들 가운데 지휘자는 없었지만 문용동이 가장 연장자였기 때문에 자연스럽게 주도했다. 그는 공포와 불안감이 넘치던 그곳에서 틈만 나면 기도하고 끊임없이 무엇인가를 기록하는 모습을 보였다고 한다. 그가 도청 지하실에 상주를 시작한 5월 22일의 기록이다.

이 엄청난 피의 대가는 어떻게 보상해야 하는가. 이 엄청난 시민들의 분노는 어떻게 배상해 줄 것인가. 도청 앞 분수대 위의 시체 관 32구. 남녀노소 불문 무차별 사격을 한 그네들, 아니 그들에게 무자비하고 잔악한 명령을 내린 장본인. '역사의 심판'을, '하나님의 심판'을 받으리라. … 우린 참여하여 무언가를 보여 주어야 한다. 계엄 당국의 터무니없는 오도, 불순분자의 난동이라니 그럼 나도 불순분자란 말인가. 뭔가를,

진정한 민주주의의 승리를 보여 줘야 한다. 나의 불참이, 나의 방관, 외면이 수습을 더 늦게 지연시키는 것이다. **24**

이날 전남도청 분수대에 놓인 32구의 시신이 그의 삶을 바꾸었다. 그가 폭약관리반원으로 자원하게 된 계기였다. 그리고 보관된 폭약이 폭발하면 광주시민과 계엄군 모두에게 엄청난 피해를 입힐 수 있다는 생각에서 폭탄뇌관을 분리하기로 결정했다. 그는 상무대에 찾아가서 도움을 요청했고, 상무대에서 파견 나온 문관은 뇌관 분리작업을 마쳤다. 이 일로 인해서 그는 "문용동이 폭발물 뇌관을 분리해서 계엄군이 쉽게 도청을 접수할 수 있었다"는 오해를 샀다. 그러나 문용동은 무기고가 폭발하면 도청 반경 3킬로미터 일대가 파괴되어 광주 시내가 폐허가 될 것을 우려해서 뇌관을 분리한 후에도 귀가하지 않고 마지막까지 자리를 지켰다. 5월 27일 새벽에 계엄군의 진압작전이 시작되고 무수히 날라드는 총알을 피해서 숨어 있던 문용동은 헬기에서 알리는 "무기를 버리고 투항하라"는 방송을 듣고 문을 열고 나가는 순간 가슴에 세 발의 총탄이 박혔다. **25** 5 · 18의 마지막 희생자가 된 것이다.

당시 상황은 김영복의 증언에 자세하게 묘사되어 있다.

5월 27일 새벽 4시경 계엄군의 진압작전이 전개되면서 곳곳에 총성이 커지며 고함소리와 함께 본격적인 전투가 시작되었다. 무기고 2층으로 올라가 보니 이미 총격전이 벌어졌으며 건너편 YMCA 건물 쪽에서는 계엄군이 장갑차를 앞세우며 도청을 향해 진격 중이었다. 급히 지하실로 내려가서 동료들에게 알리고 상의한 결과 끝까지 도청을 사수하기로 결의했다. 한참 후 밖에서 "무기고 폭도들! 살려 줄 테니 손 들고 나와 투항하라"는 군인의 거친 함성에 2층에서 누군가 "손 들고 나갑니다. 살려 주세요"하며 계단을 내려가는 소리가 들림과 동시에 연발의 총성에 사살되었음을 직감할 수 있었다.

그때부터 우리는 겁이 나고 불안해지기 시작했다. 투항하는 자도 사살하는 상황이라면 분명 진압군은 "모두 사살하라"는 명령을 받았다는 생각에 "우리는 이제 다 죽었구나!"라고 하며, "모두 도망쳐라"고 소리치니 5명 중 3명은 먼저 흩어졌고 문 형과 나는 함께 도주했다. 도청 끝 건물로 가서 몸을 숨겼으나 우리를 발견한 진압군은 건물을 향해 무차별 총격을 가하였으며 유리창 등이 박살나기 시작했다. 우리는 책상 밑에 개구리처럼 엎드려서 총성이 멎기만을 기다렸다. 얼마가 지났을까. 주변이 훤해지며 총성은 거의 멎었다. 헬기가 도청 주변을 맴돌며 투항하라는 소리가 들렸다. 아직까지 살아 있다는 사실을 확인한 우리는 한참을 망설였다.

얼마 후 문 형은 투항하자고 제안했으나 나는 상황을 더 지켜보자며 거절했다. "이제 다 끝났는데 투항하면 살려 주지 어떻게 죽이겠느냐"며 "내가 앞장설 테니 나가자"고 종용하여 함께 두 손을 머리에 얹고 문 형의 뒤를 따랐다. 그때까지만 해도 주위는 군인들의 함성소리만 났을 뿐 총성은 완전히 멎은 상태로 다소 안심했다. 앞에 선 문 형이 출입문을 밀고 나서는 순간 갑자기 총성이 나며 문 형은 내 앞에서 쓰러졌고, 나는 순간적으로 옆 건물 승합차 뒷문으로 뛰어들었다. **26**

광주를 구한 선한 사마리아인

그의 죽음이 재평가되면서 순교자로 추서하자는 의견이 대두되자 그가 생전에 소속되었던 대한예수교장로회 총회(통합)는 2016년 9월 29일 열린 제101회 총회에서 순직자로 지정하고, 2017년 5월 11일 모교인 호남신학대학에서 기념예식을 드렸다.**27** 순교자인지, 순직자인지? 그의 죽음에 대한 평가는 아직 끝나지 않았다.

　나는 학창시절 김은국(金恩國)의 장편소설 《순교자》에 큰 관심을 가지고 탐독했다. 이 책에 등장하는 순교자의 모습은 역사책에 나온 이차돈이나 교회에서 배운 주기철, 손양원 목사와는 분명히 다른 유형의 순교자들이었기 때문이다. 이들은 보통 사람들이 가까이 다가가기도 힘든 성인(聖人)의 모습을 완벽하게 보여 주는 역사 속의 순교자와는 다르지만, 자식에 대한 사랑과 인간적인 고뇌를 안고 있는 박 목사와 신앙의 절개를 지키고서도 배신자의 누명을 쓰게 된 신 목사, 두 사람의 모습에서 휴머니즘을 느낄 수 있었기 때문이다. 그리고 어쩌면 나도 순교자가 될 수 있겠다는 가능성을 발견했다. 특히 신 목사가 한국전쟁 당시 중공군의 개입으로 극심한 곤경에 처한 피난민을 위해 헌신적으로 수고하는 모습과 서울로 피란하라는 군인의 권고에도 불구하고 평양에 남아 병든 몸을 이끌고 절망에 빠진 노약자들을 보살피는 모습에서는 고결한 인간애와 사랑의 실천이 묻어난다. 신 목사는 신이 침묵하는 시대에 고통과 절망의 현장에서 신의 섭리를 따라 인간답게 살아갈 지혜를 구하는 '숭고한 목회자상'으로 묘사된다.

《표준국어대사전》에는 순교(殉敎)라는 단어에 대해 두 가지 설명
이 나온다. 좁은 의미로는 '모든 압박과 박해를 물리치고 자기가 믿는
신앙을 지키기 위하여 목숨을 바치는 일'을 말하며, 넓은 의미로는
'주의나 사상을 위하여 죽는 경우'를 말한다. 앞에서 말한 주기철, 손
양원 목사와 이차돈의 경우는 좁은 의미의 순교이고, 김은국의 《순
교자》에 등장하는 신 목사의 경우 넓은 의미의 순교에 해당한다. 그
러면 작품 속이 아닌 지금 현실세계에서 그런 순교자의 모습을 발견
할 수는 없을까? 고민하던 중에 나는 5·18 때 숨져 간 문용동에게서
사람 냄새가 묻어나는 순교자의 모습을 발견하였다.

문용동의 의로운 죽음을 다른 관점에서 음미할 만한 증언이 있다.
그의 광주제일교회 후배인 이우주의 증언이다.

(5·18 기간 어느 날) 제일교회 구락부 교무실에 들어갔을 때 용동이
형이 앉아 계셨습니다. 지친 얼굴의 모습이었습니다. 데모하다 교회에
왔다던데 아마 쉬려고 오셨던 것 같았습니다. 내가 그때 "전도사님이 무
슨 데모를 합니까? 말도 되지 않습니다. 데모를 하면 오히려 말려야 할
분이 아닙니까?"라고 말하자, 벌컥 화를 내면서 말씀하셨습니다. "무슨
소리를 하느냐. 세상이 어렵고 민중이 고통당하고 있는데, 이럴 때 목
사들이 앞장서서 나가야 한다. 모세를 보라. 고통받고 있던 백성을 인
도해 나갔지 않느냐." 당시는 이해할 수 없는 믿음의 말이었습니다. 도
청 관광호텔 앞에서 공수부대와 대치하던 시위대의 가장 앞에서 지휘하
고 있던 형의 모습이 지금도 눈에 선합니다. **28**

"세상이 어렵고 민중이 고통당하고 있는데, 이럴 때 목사들이 앞장 서서 나가야 한다. 모세를 보라. 고통 받고 있던 백성을 인도해 나갔 지 않느냐"고 외치는 신앙관이 그를 5·18에 나서게 한 이유이다. 한 편 5·18국립민주묘지에 안장된 136명의 크리스천 가운데**29** 유일한 교역자이던 문용동은 그가 죽임을 당하기 직전에 전남노회 여전도회 연합회 회원을 대상으로 "세상을 향한 교회"라는 제목으로 설교했다. 그의 마지막 설교 속에 담긴 평화사상을 살펴보자.

> 우리의 삶을 뒤돌아본다. 하늘을 바라보지 못하고 땅 위에만 살기에 급 급할 때가 얼마나 많았던가. 그분을 만나지 못하고 나 혼자만⋯. 그래 서 "저희는 사람의 영광을 하나님의 영광보다 더 사랑하였더라"(〈요한 복음〉 12:43)라는 가슴 아픈 말씀을 듣게 된다. 베드로는 "여기가 좋사 오니 초막 셋을 짓겠습니다. 여기서 삽시다"라고 했지만, 예수님은 고 통, 죄악 속에 신음하는 저 아래 세상 속으로 다시 내려갔다. 교회의 본 연의 목적은 이웃을 위하고 세상을 향한 교회이다. **30**

"교회의 본연의 목적은 이웃을 위하고 세상을 향한 것이다"라면서 "고통과 죄악 속에 신음하는 저 아래 세상 속으로 내려가자"고 외치며 문용동이 설교를 행한 시점은 5·18의 분위기가 이미 무르익은 13일 이다. 문용동의 일기에는 그가 어떻게 행동해야 하는지를 두고 고민 하고 사색한 흔적이 곳곳에 드러난다. 5월 10일 자 그의 일기를 살펴 보자.

어지러운 정가(政街), 소란스런 학원(學園), 위기와 같은 시국(時局). 현시점에서 난 어떻게 생각하고 행동해야 하는가. 탁류 속에 민주주의란 배는 어디로 안개 속을 지나 흘러가는가. 예언자적 통찰, 역사를 직시하는 눈길, 시대를 분별하는 사고. 그리고 상황과 시공에 맞는 행동이 있어야 한다. 저 소요사태(민주회복운동, 학원자율화, 계엄해제 …)를 먼발치에서 구경만 하고 난 그냥 있어야만 하는가?

"먼발치에서 구경만 하고 난 그냥 있어야만 하는가?"라고 번민하던 그는 마침내 결단했다. 그의 수첩에는 "전대 앞 농성"과 함께 "뭔가를 보여 줘야 한다"는 메모가 적혀 있다. 31 그가 마지막 설교에서 세상을 위해 임마누엘(성육신) 하신 예수를 강조한 다음 날이다. 이제까지 알려진 것처럼 5월 18일 공수부대가 한 노인을 구타하는 것을 보고 격분하여 우연히 휩쓸린 것이 아니라, 그는 오랜 기간 묵상하고 번민하는 가운데 예수 그리스도처럼 아래 세상을 향한 길을 선택한 것이다. 문용동의 일기와 설교문을 읽으면 마치 독일의 저항신학자 본회퍼(Bonhoeffer Dietrich, 1906~1945)를 보는 것 같은 느낌을 받는다. 문용동과 독서활동을 함께한 사람들이 공통적으로 언급한 책이 본회퍼의 《옥중서신》과 《나를 따르라》, 두 권이었다.

1980년 4월 20일 그는 상무대 영창에 구금된 재소자들을 위한 영창 예배에서 '4·19혁명'에 관한 설교를 통해 본회퍼의 《나를 따르라》에 나오는 '미친 운전사' 예화를 소개하면서 불의한 사회를 위해 크리스천이 감당해야 할 사명을 강조한다.

어떤 미친 사람이 무고한 행인들에게 차를 몰고 돌진하는 것을 본다면, 그리스도인으로서 나는 그저 그 끔찍한 재앙을 지켜보다가 부상당한 사람을 돌보고 죽은 사람을 장사지내는 일만 할 수는 없습니다. 그 운전사의 손에서 억지로라도 운전대를 빼앗아야 할 것입니다. 32

문용동의 죽음이 충동적이고 우발적인 것이 아니라, 그가 신앙하는 기독교의 공의와 사랑을 위해 자기를 희생한 거룩한 죽음임을 알게 한다. 문용동은 '선한 사마리아인'이다. 처음에는 금남로에서 폭행당하는 노인을 구하려고 한 것이, 나중에는 73만 광주시민의 생명을 구하는 것으로 그 대상이 바뀌었을 뿐이다.

5·18을 상징하는 두 사람, 윤상원과 문용동

5·18항쟁의 마지막 날이던 27일 새벽 전남도청을 지키다가 장렬하게 산화한 시민군 가운데 윤상원과 문용동이 있었다.

윤상원은 전남대를 졸업한 후 서울에서 잠시 은행원으로 일하다가 광주로 내려와 들불야학을 운영하면서 학생운동권과 노동운동권을 연결해 주던 광주 운동권의 핵심 인물이었다. 그는 무장봉기를 통한 새로운 사회로의 변혁을 추구한 혁명가였으며, 5·18 당시 무기 반납에 반대하고 끝까지 무장투쟁에 나설 것을 주장한 강경파의 실질적인 리더였다.

윤상원은 5·18항쟁 지도부에서 당시 우리 사회가 추구해야 할 시대정신이 무엇인지를 아는 거의 유일한 인물이었고, 그의 주장에는 군부 독재정치에 항거하고 민주주의를 열망하는 '자유'와 노동자들의 생활개선을 위해 투쟁하는 '평등' 사상이 내포되어 있었다. 이 때문에 서른의 나이에 일찍이 산화했음에도 불구하고 그의 사상은 5 · 18정신으로 부활하였으며, 그는 5 · 18민주화운동을 상징하는 인물이 되었다. 5 · 18이 단순한 항쟁이 아니라 민주화운동으로 자리매김할 수 있었던 것도 그 속에 윤상원이 주장하는 자유와 평등 사상이 용해되어 있기 때문이다.

한편 문용동은 호남신학대 학생이자 상무대교회 전도사로 일하던 성직자 후보생이었다. 전남 영암 출신인 그는 광주 조선대 부속고 2학년 때 기독교에 입교하여 광주의 모 교회인 광주제일교회에서 신앙생활을 하며 크리스천으로서의 소양을 쌓아 갔다. 이곳에서 그는 유진 벨과 서서평 선교사의 '희생과 섬김'의 정신을 배웠고, 이기풍－최홍종－한완석 목사로 이어진 목회 전통에 따라 '민족 · 국가 · 이웃'에 대한 책임의식을 가졌다. 또한 청소년기에 육영부흥회에서 만난 가나안농군학교 설립자 김용기 장로를 통해 '평화'의 소중함을 깨닫게 되었다.

그는 호남신학대에 진학한 후에는 독서를 통해 만난 본회퍼의 사회참여신학에 관심을 갖고 갈등한다. 그가 남긴 일기를 통해 교회에서 배운 보수적 신앙과 새롭게 알게 된 진보적 신앙 사이에서 갈등한 내면적 고뇌를 들여다볼 수 있다. 그가 생전에 정성껏 가르치며 봉사한 제일성경고등학교는 윤상원의 들불야학과는 성격이 전혀 다른 불우청소년들을 위한 야학이었다.

문용동이 5 · 18에 참여하게 된 계기는 한 노인이 금남로에서 공수부대에게 구타당하는 모습을 보고 그를 전남대병원 응급실로 업어다 준 일이었다. 이것은 신학사상이나 정치이념의 문제가 아니었다. 성경에 나오는 '선한 사마리아인'처럼 크리스천이 가져야 할 기본 자세에 따라 행동한 것이다.

시위대와 함께 도청으로 들어온 그의 앞에 놓인 것은 지하실에 쌓인 8톤가량의 폭약이었다. 폭약에 뇌관까지 연결되어 있어 자칫하면 광주의 절반이 파괴될 수 있는 긴박한 상황이었지만 아무도 관심을 나타내지 않는 현실에 그는 자원하여 폭약관리반원을 이끌게 되었다. 그에게는 '폭행당하는 노인'이 이번에는 '폭약의 위험에 노출된 광주'로 다가온 것이다. 이런 상황에서 문용동이 주저 없이 선택한 길은 광주를 구하는 '선한 사마리아인'의 길이었다. 문용동은 '평화'를 사랑하고 '생명'을 존중한 인물이었고, 그 사명을 감당하기 위해 기꺼이 자기 목숨을 희생했다. 26일 오후 계엄군의 진입작전이 임박했을 때, 집으로 돌아가자고 도청으로 찾아온 누나에게 그가 남긴 말은 "내가 죽으면 태극기로 관을 덮어 달라"는 유언이었다.

윤상원과 문용동, 두 사람은 5·18민주화운동을 세계사적 사건의 반열에 올려놓을 귀중한 자산이다. 두 사람에게서 인류의 보편적 가치인 '자유와 평등'(윤상원), '사랑과 평화'(문용동)를 발견할 수 있기 때문이다. 윤상원의 '자유와 평등' 사상은 그의 죽음에도 불구하고 〈임을 위한 행진곡〉을 통해 부활하였고, 문용동의 '사랑과 평화' 사상은 그가 10년 동안 쓴 일기장을 통해 새롭게 조명되고 있다. 그렇지만 두 사람의 지향점은 처음부터 달랐다. 혁명가인 윤상원이 김동리의 장편 《사반의 십자가》에 나오는 '인간주의자' 사반의 모습이라면, 신학생인 문용동은 '천상주의자' 예수의 모습으로 우리에게 다가온다. 앞으로 이들의 구체적인 행적과 정신이 올바르게 조명되면서 5·18의 정신은 더욱 풍요로워질 것이다.

에필로그

'광주의 5월'을 넘어 통일로, 세계로

역사가에게 감춰진 역사적 사실을 발견하는 것은 탐험가가 미지의 세계를 발견하는 것과 다를 바 없는 기쁨이다. 나는 지난 7개월간 책상에 앉아 '5·18'과 씨름했다. 그것만으로는 부족하여 현장을 찾아다니며 여러 사람들로부터 증언을 채록하였다. 그 결과 5·18에 감춰진 역사적 진실을 하나하나 발견할 수 있었다.

　5·18을 겉에서 바라보면 공수부대의 무자비한 폭력과 시민들의 처절한 저항밖에 보이지 않는다. 오직 피비린내 나는 폭력의 현장이다. 많은 사람들이 5·18을 외면하는 이유이다. 그런데 그 속을 들여다보면 사람 사는 냄새가 나고, 피와 쌀을 나누는 감동이 있고, 남을 위해 자기를 희생하는 사랑이 있다. 독일 사회구조사학자들의 주장처럼, 빙하는 바다 위로 드러난 모습만 보고 판단해서는 안 된다. 수면 위에 드러난 것은 10분의 1 정도이고, 대부분은 수면 아래 감춰져 있기 때문이다. 이처럼 5·18을 제대로 이해하려면 사건 표면에 드러

난 '폭력행위'보다는 그 속에 감춰진 '사랑과 평화의 정신'을 주목해야 한다.

광주시민들은 계엄군의 무자비한 폭력에 맞서 자위 수단으로 무기를 탈취했지만, 계엄군이 철수한 다음 날부터 곧장 시민들의 자발적인 무기 반납이 이루어졌다. 5월 25일까지 탈취된 전체 무기의 90%에 해당하는 4,500여 정이 회수되었다. 이것은 광주시민들의 평화사상을 나타내는 증거지만, 그동안 무기 탈취 부분만 강조되었고, 무기회수 및 반납은 이를 투항주의를 상징하는 것처럼 보는 사회 분위기에 감춰져 있었다. 5·18이 단순히 군사독재에 맞선 정치항쟁에 머무르지 아니하고, 프랑스대혁명과 같은 세계사적 사건의 반열에 오르기 위해서는 평화를 사랑하는 광주 시민공동체의 정신에 주목할 필요가 있다.

이런 점에서 정치학자 최정운 교수가 말한 '폭력과 사랑의 변증법'은 매우 독특한 발상으로 주목할 만하다. 반인륜적 폭력과 만행으로 온 시민을 공포와 분노의 극한 상황에 몰아넣은 계엄군을 시민 대중의 힘으로 몰아내는 과정에서 형성된 절대공동체는 한 도시에 거주한 전체 시민의 정서적 일체감을 토대로 생겨났다. 이러한 공동체적 일체감은 자기와 타자의 구별이 소멸되는 현상으로 발전하여, 시민들은 담배, 수건, 양말, 장갑 등의 소지품을 나누고, 상인들은 빵과 음료수 등의 생필품을 거리에 내놓고 시위대가 이용할 수 있도록 제공하고, 부녀자들은 공동으로 식사를 준비하여 시위대에게 나누어 주었다. 그중에서도 가장 소중한 나눔은 자신의 생명을 상징하는 피를 나누는 헌혈이었다. 성숙된 시민사회의 도덕성을 뒷받침하는 종교계의 비상 구호활동도 활발하게 나타났다.

한편 '피를 나누고 쌀을 나누는 공동체정신'은 지역사회의 질서와 치안 유지에도 선한 영향을 끼쳤다. 이 기간에 광주에서 발생한 강력사건은 3건에 불과했으며, 가족 살해사건 1건을 합쳐도 4건에 불과했다. 인구 73만 명의 도시 광주에서 자치공동체가 유지된 5일 동안 무기가 지천에 널려 있었지만 사건사고가 거의 없다시피 했던 것이 바로 광주시민이 자랑스럽게 말하는 대동세상의 모습이다. 대동사상은 전통에 기초한 '광주 시민공동체'의 지역정서와 결부된다. 하나의 가족과도 같았던 광주 지역민의 정서가 무자비하게 폭행당하는 이웃을 보고 절대적인 공동체 사랑으로 표출된 것이다.

이 책이 종래의 5·18 관련 책들과 다른 점이 있다면, 이제까지 한 번도 다루어지지 않은 온건파의 활동을 조명했다는 점이다. 무기 회수나 도청 내 폭약뇌관 분리사건 등에 관련되어 그동안 이방인처럼 여겨진 사람들의 활동을 발굴하여, 그 속에 담긴 평화사상을 재조명한 것이다. 이것은 강경파의 의미를 폄훼하려는 것이 아니라, 5·18의 균형 있고 완전한 이해를 전제로 한 연구이다. 강경파의 상징인 윤상원에게서 '자유와 평등'의 정신을 찾을 수 있다면, 온건파의 상징인 문용동에게서는 '사랑과 평화'의 정신을 찾을 수 있기 때문이다.

한국현대사의 출발점이 된 3·1운동은 안으로는 봉건사회를 타파하는 민주화의 출발이었고, 밖으로는 일제의 식민지 지배로부터 해방하려는 자주 독립운동이었다. 3·1운동으로 출범한 대한민국 임시정부는 우리 역사상 최초의 민주공화정 정부이면서, 세계 식민지 역사상 가장 오랜 기간에 걸쳐 저항하고 존속한 임시정부였다. 이 같은 선조들의 희생에도 불구하고 외세의 도움으로 독립이 이루어진 탓에 1945년 해방과 동시에 우리나라는 분단국가로 전락하고 말았으며, 동서 간 이데올로기 대립의 각축장이 된 한반도는 전쟁에 휩싸였다.

　3년간의 전쟁을 마치자 대한민국은 지구촌의 황무지로 전락했다. 거리마다 전쟁고아와 미망인, 피란민이 득실거리고, 굶주리고 헐벗은 사람들은 먹을 것을 찾아 헤맸으며, 집이든 도로든 다리든 어느 것하나 성한 것이 없었다. 이런 모습을 본 맥아더는 "이 나라가 재건되려면 최소 백 년은 걸릴 것이다"고 말했다. 해결방안은 해외원조를 받는 것뿐이었다. 궁여지책으로 받은 옥수수가루, 드럼통에 든 탈지분유 등의 잉여농산물과 구호물자에 의존해 연명하며 고비를 넘겼다. 1945년부터 약 50년간 우리나라가 지원받은 해외원조 규모는 600억 달러 정도로 추산된다.

　그러던 대한민국이 전쟁이 끝난 지 한 세대도 지나지 않아서 '한강의 기적'을 써내려갔다. 전쟁을 치른 세대가 산업화의 역군으로 다시 태어났다. 독재정권에 의한 성장 위주의 경제정책은 그렇게 고도성장을 거듭했지만, 산업화의 뒤편에는 소외된 민중들의 고통스런 그늘이 동시에 나타났다. 그런 가운데 1970년대 대한민국 사회의 갈등요소인 정치적 자유와 경제적 평등 문제를 함께 해결하라는 요구가 분출된 것이 5·18민주화운동이다.

　5·18은 세계사적으로도 적지 않은 영향을 끼쳤다. 3·1운동이 중국의 5·4운동을 비롯하여 아시아 식민지국가의 독립운동에 영향을 끼친 것처럼, 5·18은 필리핀, 태국, 베트남 등 아시아 여러 나라 민

주화운동에 영향을 주었다. 그런 점에서 5·18민주화운동은 제 2의 3·1운동이다. 이제 3·1운동은 100주년을 맞이한다. 3·1운동은 조선이 독립해야 할 이유가 세계평화와 인류공영에 이바지하는 데 있음을 천명하여, 열강에게 고통당하던 약소민족의 백성에게 공감을 불러일으키고 희망을 주었다.

3·1운동의 현대적 의미는 통일이며, 이는 바로 5·18의 또 다른 지향점이다. 1960, 1970년대 일어난 저항운동은 민주와 민족통일을 향한 역사의 물줄기를 가로막는 군사독재정권과의 투쟁이었다. 2020년에는 5·18민주화운동 40주년과 함께 한국전쟁 발발 70주년을 맞게 된다. 우리의 과제는 동서가 화합하고 남북이 하나 되는 진정한 통일을 이루어서 남과 북, 해외에 거주하는 7천만 민족이 평화롭고 인간다운 삶을 살아가면서 세계평화와 인류공영에 이바지하는 것이다.

때마침 한국현대사가 2세기를 맞이하는 시점에 한반도에는 거대한 평화의 기운이 용틀임하고 있다. 역사적인 제 3차 남북정상회담이 개최되고, 연내 종전을 선언하는 데 합의한 것이다. 이는 종래의 '역사적 사건'들과 달리. 외부 세력에 의해 만들어진 평화가 아니라, 한민족 스스로가 내부적으로 분출해 낸 평화의 기운이다.

한국의 3·1운동을 바라본 인도의 시성 타고르는 〈동방의 등불〉을 지어 노래했다.

일찍이 아시아의 황금시대에 등불의 하나인 코리아/ 그 등불 다시 한 번 켜지는 날에/ 너는 동방의 밝은 빛이 되리라/ 마음에는 두려움이 없고 머리는 높이 … 무한히 퍼져나가는 생각과 행동으로/ 우리 마음이 인도

되는 곳/ 그러한 자유의 천국으로/ 내 마음의 조국 코리아여! 잠에서 깨어나소서!

이제 대한민국은 '광주의 오월'을 넘어 통일로 나아가야 한다. 통일된 대한민국은 3·1정신이 제시하는 세계평화와 인류공영에 이바지해야 한다. 이제 세계 12위의 확실한 경제대국이 된 대한민국은 원조를 받던 나라에서 원조를 제공하는 '원조 공여국'으로 변모한 유일한 국가이다. 통일된 대한민국은 지금의 대한민국과는 비교되지 않는 위치에서 세계평화와 인류공영을 위한 사명을 감당하게 될 것이다. 이를 위해서는 통일을 위한 전 국민적 역량을 결집해야 하며, 왜곡된 역사로 인해 우리 사회가 분열과 갈등을 일으키는 어리석음에서 벗어나야 한다. 이 책이 그동안 왜곡된 5·18의 역사를 바로잡고 진실을 바르게 규명하여 국론분열을 해소하고 통일의 역량을 모으는 작은 기틀이 되기를 소망한다.

2018년 4월 27일, 역사적인 제3차 남북정상회담을 지켜보며 갈무리한다.

1980년 5월, 광주로 떠나는 시간여행

1 계엄사, 〈계엄일지〉(보안사, 《383-1980-102》, p. 59; '학원사태수습대책협의회'
의 구성원은 도지사, 교육감, 경찰국장, 지방검찰청장, 시장, 지방법원장, 대학
총·학장, 중정 지역대표 등이었다.

2 국가안전기획부, 〈광주사태 상황일지 및 피해 현황〉, 1985. 5, pp. 2~3.

3 송기숙, "5월의 꿈, 5월의 분노", 〈월간 예향〉, 1990. 5, pp. 53~54.

4 이재의, "5·18 당시 발포 거부 전남도경 국장의 광주 비망록", 〈말〉, 1994. 5, pp.
183~184.

5 국방부 과거사진상규명위원회, 〈12·12, 5·17, 5·18사건 조사결과 보고서〉,
2007, pp. 70~71.

6 임근단, 〈생활성서〉, 1995. 5, pp. 60~61.

7 이정로, "광주 봉기에 대한 혁명적 시각 전환", 〈노동해방문학〉, 1989. 5, p. 250.

8 오월지기, "우리는 환자들을 보호할 의무가 있다", 〈5·18 새기기〉(5·18기념재단
공식블로그), 2015, https://blog.naver.com/themay18/220394976256.

9 조지 카치아피카스 지음, 원용수 옮김, 《한국의 민중봉기》, 오월의봄, 2015; 황석
영·이재의·전용호, 《죽음을 넘어 시대의 어둠을 넘어》, 창비, 2017, p. 272.

10 한국현대사사료연구소 편, 《광주오월민중항쟁사료전집》, 풀빛, 1990, pp. 1252~
1253.

11 고은, 《만인보》 27권, 창비, 2010, pp. 340~342.

12 한국현대사사료연구소 편, 앞의 책, p. 217.

13 윤재걸, "광주 그 비극의 10일간", 〈신동아〉, 1985. 7, p. 252.

14 황석영·이재의·전용호, 앞의 책, pp. 323~329.

15 윤재걸, 앞의 글, pp. 254~255.

16 황석영·이재의·전용호, 앞의 책, pp. 389~392.

17 아놀드 피터슨, "내가 겪은 광주, 80년 5월", 〈사회평론 길〉, 1995. 5, pp. 216~217.

18 황석영·이재의·전용호, 앞의 책, pp. 453~461.

5·18을 이끈 청년 지도자들

1 나의갑, "박관현, '나팔꽃 씨가 그를 죽였는가?", 〈예향〉, 1988. 10, pp. 100~101.

2 "5·18 역사 속으로", 《전남대학교 50년사》, 2002, p. 148.

3 나의갑, 앞의 글, p. 102.

4 윤재걸, "광주 그 비극의 10일간", 〈신동아〉, 1985. 7, pp. 249~250.

5 한국현대사사료연구소 편, 앞의 책, p. 203.

6 김원갑, 〈육군계엄고등군법회의 항소심 이유서〉, p. 272.

7 김영택, "5·18 광주민중항쟁연구"(국민대 박사학위청구논문), 2004, p. 196.

8 송기숙, "5월의 꿈, 5월의 분노", 〈월간 예향〉, 1990. 5, p. 63

9 김창길, 〈대법원 항소이유서〉, 1980. 11.

10 한국현대사사료연구소 편, 앞의 책, p. 203.

11 김종배, 〈대법원 항소이유서〉, 1980. 11.

12 황석영·이재의·전용호, 《죽음을 넘어 시대의 어둠을 넘어》, 창비, 2017, p. 289.

13 박남선, 《오월 그날》, 샘물, 2014, pp. 59, 210~211.

14 송기숙, 앞의 글, pp. 65~66.

15 이정로, "광주 봉기에 대한 혁명적 시각 전환", 〈노동해방문학〉, 1989. 5, p. 253, 261.

16 박노해, "광주 무장봉기의 지도자 윤상원 평전", 〈노동해방문학〉, 1989. 5, p. 192.

17 박남선의 증언, 2018년 1월 24일 경기도 성남시 복정동 밀리토피아호텔에서 가진 인터뷰.

18 박남선, 앞의 책, pp. 153~167.

19 박남선, "광주시민은 왜 총을 들었나", 〈신동아〉, 1988. 5, pp. 65~68.

20 위의 글, pp. 69~71.

21 박노해, 앞의 글, p. 193.

22 윤석진, "윤상원 통해 본 광주항쟁", 〈월간중앙〉, 1989. 5, p. 380.

23 광주시민민주투쟁회, 〈호소문〉, p. 22.

24 〈광주일보〉, "실록 5·18광주항쟁사".

25 박노해, 앞의 글, pp. 193~194.

26 윤석진, 앞의 글, p. 386.

27 박노해, 앞의 글, pp. 194~195.

28 윤석진, 앞의 글, p. 387.

29 황석영·이재의·전용호, 앞의 책, pp. 362~369.

30 김종배, 〈대법원 항소이유서〉, 1980. 11.

31 한국현대사사료연구소 편, 앞의 책, p. 163.

32 조희연·김호기 엮음, 《5·18민중항쟁에 대한 새로운 성찰적 시선》, 한울, 2009, p. 161.

33 조지 카치아피카스, "역사 속의 5·18항쟁", 《5·18항쟁의 이해》, 광주광역시, 2002, p. 280.

34 이정로, 앞의 글, pp. 26~31.

35 정상용, "끝까지 싸워야 한다", 〈5·18자료실〉, 전남대 5·18연구소, 2007. 5. 29.

도청 지하실의 폭약은 누가 설치했는가?

1 광주일보 특별취재반, "실록 5·18광주항쟁사 79회 — 도청 폭탄뇌관제거", 〈광주일보〉, 1996. 10. 10.

2 지만원, "5·18 전남도청 TNT 폭탄, 해체자는 있는데 조립자 없다 — 5·18이 사기극이라는 것을 가장 쉽게 입증하는 세 가지 증거", 〈뉴스타운〉, 2017. 5. 16.

3 전두환, 《전두환 회고록》 1권, p. 450.

4 이경식, "무기고를 사수하고자 했으나", 《5·18항쟁 증언자료집》 IV, 전남대출판부, 2005, p. 146.

5 김영복, "5·18 당시 도청 지하 무기고의 진실", 〈故 문용동 전도사 순교 기념 제3회 학술세미나〉, 故 문용동전도사순교기념사업회, 2014, pp. 7~8.

6 한국현대사사료연구소 편, 앞의 책, p. 341.

7 세 사람의 진술서 및 조서는 《5·18광주민주화운동 자료총서》 31권, 광주광역시 5·18사료편찬위원회, 2003, pp. 388~449에 수록되어 있다.

8 이경식, 앞의 증언, pp. 151~152.

9 《5·18광주민주화운동 자료총서》 23권, 광주광역시 5·18사료편찬위원회, 2000, p. 435.

10 〈정곤석 조서〉, 전남합동수사단, 1980. 6. 14; 한편 〈박선재 진술서〉에 의하면, 정남균은 22일 도청에 들어와 27일까지 전 기간을 함께 활동한다. 그런데 정작 정남

균의 신상 자료는 발견할 수 없었다.

11 이경식, 앞의 증언, pp. 150~151.

12 김영복, 앞의 증언, p. 2.

13 문용동은 1979년 7월 16일부터 전남노회 여전도회연합회 파송으로 상무대교회 전도사로 시무했다. 《새벽길을 간 이》, p. 44.

14 광주일보 특별취재반, "실록 5·18광주항쟁사 79회 — 도청 폭탄뇌관제거", 〈광주일보〉, 1996. 10. 10.

15 〈박선재 진술서〉, 《5·18광주민주화운동 자료총서》 31권, 광주광역시 5·18사료편찬위원회, 2003, p. 442.

16 이경식, 앞의 증언, pp. 148~149.

17 "당시 상무대교회 군목은 군종실장 김소윤 대령, 군종참모 배야섭 중령, 보좌관 김원필 대위 3인이 근무했는데 광주제일교회 출신은 아무도 없었다. 더구나 민간인인 제일교회 부목이 상무대교회 군목을 겸한다는 것은 가당치도 않은 말이다. 군인가족을 대상으로 한 주일학교와 학생회를 지도하기 위해 문용동을 포함한 2명의 민간인 전도사가 군목들의 업무를 돕고 있을 따름이었다." 필자가 2017년 김소윤(11. 23), 김원필(11. 24), 배야섭(12. 5) 등과 수차례의 전화 인터뷰를 갖고 파악한 내용이다.

18 〈박선재 진술서〉; 당시 계엄사를 방문한 사람은 문용동, 김영복, 이경식, 정남균 4인이었다.

19 이경식, 앞의 증언, p. 149.

20 〈김기석 노트〉는 1996년 황영시(전 육군 참모차장)에 대한 서울지검의 수사 당시 김기석이 참고인 조사에 제출한 서류 가운데 〈5·11연구위원회보고서〉에 첨부된 노트의 기록이다. 이 보고서는 1988년 국방부가 '국회 광주청문회'를 대비해 구성한 5·11연구위원회의 활동을 위해 그해 2월 사전 조직된 '육군 80대책위원회'가 작성한 것으로 보인다.

21 〈김기석 노트〉에는 문용동과 김영복이 "도청 내 무기담당으로 근무하는데, 회수된 무기가 소화기(小火器) 2천여 점, 수류탄 700여 발, TNT 300(lb), 뇌관 2천여 개가 보관되어 있어서 자리를 뜨지 못하고 계속해서 잔류하고 있다. 어떤 방법으로 취급하고 처리해야 할 것인가? 도청에는 무장폭도가 30명이 있어서 오랫동안 지탱하기가 곤란하다"고 말한 것으로 기록되어 있다.

22 김영복, 앞의 증언, p. 2.

23 배승일, 〈진술서〉, 옥천보안대 제8탄약창파견대, 1988. 8, pp. 1~2; 이 문건은 배승일이 2006년 11월 행정자치부 장관을 상대로 제기한 "배승일 서훈취소철회 청

구소송" 서류에 첨부된 자료이다. 1988년 육군 80대책위원회가 그해 11월 개최된 국회 청문회에 대비한 참고자료로 작성한 것으로 보인다.

24 필자가 2017년 11월 6일 배승일과 면담 시에 입수한 "배승일 수첩 자료".

25 〈12·12, 5·17, 5·18사건 조사 결과 보고서〉, 국방부과거사진상규명위원회, 2007. 7. 24, p. 119, 122; 이 밖에도 배승일이 5월 24일 도청에서 1차 작업을 마치고 휴식하는 도중 도청 경내를 거닐다가 시위대 차량에 부상당한 기록(배승일, 〈전공 상이 확인서〉 및 〈인우증명서〉)에도 정확하게 나타난다.

26 지만원, "광주 5·18, 전남도청의 TNT — TNT는 광주 사람이 조립해 놓았는가, 아니면 북한 특수군이 조립해 놓았는가?", 〈뉴스타운〉, 2015. 3. 25.

27 《과학용어사전》에는 "다이너마이트는 나이트로글리세린 또는 나이트로글리콜 물질이 6% 이상 포함된 폭약을 말하며, TNT는 트라이나이트로톨루엔의 약자로 폭발성이 강한 화약물질을 말한다"고 설명되어 있다.

28 지만원, 《5·18 분석 최종보고서》, 시스템, 2014, pp. 29~30.

29 배승일 인터뷰, 2017. 11. 6. 필자는 이날 배승일이 근무하는 충북 영동읍 신양리에 있는 신양아파트 관리사무소에서 인터뷰를 진행했다. 그는 심한 언어장애를 앓고 있어서 대화하는 데 상당한 어려움이 있었기 때문에 수시로 필담을 병행하면서 소통했다.

30 배승일, 〈진술서〉, 옥천보안대 제8탄약창파견대, 1988. 8, pp. 1~2; 이 문건은 배승일이 2006년 11월 행정자치부 장관을 상대로 제기한 "배승일 서훈취소철회 청구소송" 서류에 첨부된 자료이다. 1988년 육군 80대책위원회가 그해 11월 개최된 국회 청문회에 대비한 참고자료로 작성한 것으로 보인다.

31 김영복 증언(2018. 3. 9, 호남신학대) 및 양홍범·박선재 증언(2018. 3. 9, 광주시 봉선동 민속촌).

32 〈광주매일〉"正史 5·18" 특별취재반, 《正史 5·18》 상권, 사회평론, 1995, pp. 350~354.

33 위의 책, p. 354.

34 육군고등군법회의 판결문(1980. 12. 29) 및 〈광주사태 형사사건부〉.

35 전교사계엄보통군법회의 판결(1980. 10. 24.), 《5·18광주민주화운동 자료총서》 46권, 광주광역시 5·18사료편찬위원회, 2007, p. 507.

36 (사)5·18민주유공자유족회·(사)5·18민주화운동부상자회·(재)5·18기념재단, 〈탄원서〉, 2006. 10. 11.

37 〈서울행정법원 제3부 판결, 2006구합22934 서훈취소철회청구〉, 서울행정법원, 2006. 12. 18, pp. 4~5.

광주교도소 습격사건

1 국방부, 《광주사태의 실상》, 국군홍보관리소, 1985, pp. 47~48.

2 〈대법원 판결 — 사건 96도3376〉(1997. 4. 17), pp. 65~66.

3 서울지방검찰청·국방부검찰부, 〈5·18관련사건 수사결과〉, 1995, pp. 157~162, 171.

4 〈특전사 전투상보〉, 《광주 5월 민중항쟁일지》, 5·18기념문화센터, 2015, pp. 75~111에서 발췌 인용.

5 〈특전사 전투상보〉에는 2차 사건에 대한 기록이 누락되어, 이 부분은 당일 〈전교사 작전일지〉로 대체함.

6 〈5·18광주민주화운동 진상조사특별위원회 회의록〉 제144회 21호(1988. 12. 21), p. 93.

7 위와 같음.

8 한국현대사사료연구소 편, 앞의 책, p. 1454; 《광주 5월 민중항쟁일지》, p. 75. 한편 〈육군본부 역사자료〉에 실린 "박종규(15대대장) 체험기"에는 "행군 중 대형이 교대되어 우리가 선두에 들어가고 있었다. 그때였다. 선두가 광주교도소 정문을 들어서고 대형의 중간쯤에서 이동하던 내가 31사단의 대대장과 악수하고 주유소 앞을 통과하는 순간, '탕!' 소리와 함께 무전병이 쓰러졌다. 나는 순간 놀라 뛰는 대대원들에게 주유소와 民家 지역을 수색하여 범인을 잡으라고 외쳐 댔다. 정말 순간적이었다"고 언급되어 있다.

9 지만원, 《5·18 분석 최종보고서》, 시스템, 2014, p. 14

10 김대령, 《역사로서의 5·18》 2권, 비봉출판사, 2016, p. 113.

11 〈5·18광주민주화운동 진상조사특별위원회 회의록〉 제144회 26호(1989. 1. 27), p. 38.

12 김치년, "전투는 있었지만 학살은 없었다", 〈월간조선〉, 1996. 4, p. 440. "22일 오전 우리 지휘관들은 상부로부터 매우 심한 질책을 받았다. '밤새 교전했는데 한 사람도 잡지 못하고 실탄만 쏘아 댄 것이 어떻게 공수부대라 할 수 있느냐', '앞으로는 저격중대만 선정하여 사격 통제를 하라'는 내용이었다."

13 안기부, 〈광주사태 상황일지 및 피해 현황〉, 1985, p. 62, 63, 67.

14 전남지방경찰청, 〈5·18민주화운동과정 전남경찰의 역할〉, 2017, pp. 59~61.

15 광주시, 〈5·18사태 상황 및 조치사항〉, 《5·18광주민주화운동 자료총서》 20권, p. 165, 167.

16 31사단, 〈작전 상황일지〉, 80. 5. 13~28; 국방부 〈과거사진상규명위원회 보고

서〉, 2007, p. 291.

17 조갑제, "공수부대의 광주사태", 〈월간조선〉, 1988. 7, pp. 90~91.

18 〈5·18광주민주화운동 진상조사특별위원회 회의록〉 제144회 21호(1988. 12. 21), p. 117.

19 전남지방경찰청, 〈5·18민주화운동과정 전남 경찰의 역할〉, 2017, p. 36

20 〈5·18광주민주화운동 진상조사특별위원회 회의록〉 제145회 29호(1989. 2. 23), pp. 86~87.

21 정웅, 앞의 증언, p. 145.

22 김치년, 앞의 글, p. 425.

23 5·18민주유공자회 구술, 5·18재단 엮음, 《그해 오월 나는 살고 싶었다》, 한얼미디어, 2006, pp. 67~71, 263~270.

24 고은, 《만인보》 27권, 창비, 2012, pp. 174~177.

25 김성수, "진상조사 후 명예회복을", 〈월간경향〉, 1988. 3, p. 298; 〈5·18관련사건 수사결과〉, p. 265.

26 김영택, "5·18 광주민중항쟁연구"(국민대 박사학위청구논문), 2004, p. 229.

27 〈동아일보〉(1988. 2. 5) 및 한동윤, "민화위의 광주 청문회", 〈월간조선〉, 1988. 5, p. 419.

28 경찰청 감사관실, "전남사태 관계기록 2", 〈광주서 상황처리기록부〉, p. 57; 〈전남지방경찰청 보고서〉, p. 60에서 재인용.

29 "5·18 당시 시민군 광주교도소 습격 사실무근", 〈연합뉴스〉, 1995. 12. 14.

30 김근재 증언, 2004년 3월 16일.

31 5·18광주민중항쟁유족회, 《광주민중항쟁비망록》, 남풍, 1989, pp. 132~135.

32 서울지방검찰청·국방부 검찰부, 〈5·18관련사건 수사결과〉, 1995, p. 264.

33 김치년, 앞의 글, pp. 435~437.

34 한국현대사사료연구소 편, 앞의 책, p. 1454; 《광주 5월 민중항쟁일지》, 5·18기념문화센터, 2015, p. 77.

35 전두환, 《전두환 회고록》 1권(2판), 자작나무숲, 2017, pp. 521~522.

36 전두환, 《전두환 회고록》 1권(1판), 자작나무숲, 2017, p. 522.

37 지만원, "5·18 전남도청 TNT 폭탄, 해체자는 있는데 조립자 없다―5·18이 사기극이라는 것을 가장 쉽게 입증하는 세 가지 증거", 〈뉴스타운〉, 2017. 5. 16.

38 지만원, 앞의 책, p. 14

39 위의 인용문은 서울지방검찰청·국방부검찰부, 〈5·18사건수사결과〉, 1995, pp. 143~144에 수록되었다. 그러나 어디에도 '북한군'이라는 표현은 없는데, 지만원은

자의적으로 북한군이라고 해석한다.

40 지만원, "저는 북한군 600명의 실체 어디서 보았을까요?", 〈지만원의 시스템클럽〉, 2017. 6. 25.

41 지만원, 앞의 책, p. 47.

42 지만원, "청주 유골 430구의 폭발력", 〈뉴스타운〉, 2017. 5. 11.

43 "국혼운동본부, 5·18 관련 '사라진 430구 청주유골에 대한 기자회견' 전문", 〈뉴스타운〉, 2017. 5. 1.

44 김선철, 《광주의 분노》, 조선로동당출판사, 1985; 5·18기념문화센터 영인본, p. 38.

45 "5·18 관련 사망자 검시내용 29", 〈광주지검 검시조서〉, 1980. 6, p. 53.

46 5·18광주민중항쟁유족회, 《광주민중항쟁비망록》, 남풍, 1989, pp. 136~137; 필자는 이 명단에 나온 내용을 "5·18 관련 사망자 검시내용"과 대조한 결과 원문의 전병현은 김병연, 방장환은 장방환의 오기임을 확인하고 수정하였음을 밝힌다. 또 김인태는 5월 28일 자 검시소견서에 7~8일 전 '사망 추정' 소견에 따라, 서만오는 모친의 증언을 근거로 사망일을 각기 21일로 판단함.

47 5·18광주민중항쟁유족회, 앞의 책, pp. 134~137.

48 정동년 외, 《5·18 그 삶과 죽음의 기록》, 풀빛, 1996, p. 158.

49 전남합수단, 〈광주교도소 습격기도사건〉(보안사 383-1989-8), p. 89; 〈12·12, 5·17, 5·18사건 조사결과보고서〉, 2007, p. 95에서 재인용.

50 "문근영 조부 무덤에서 부친 편지 ─ 고 류락진 옹, '빨치산 가문' 덧칠하는 세상에 가상편지", 〈한겨레〉, 2008. 11. 24; 5·18민주유공자회 구술, 5·18재단 엮음, 《그해 오월 나는 살고 싶었다》 2권, 한얼미디어, 2006, pp. 392~403.

51 "5·18 폭동으로 몰기 위해 '광주교도소 습격' 조작했나", 〈한겨레〉, 2017. 4. 5.

52 5·18광주민중항쟁유족회, 앞의 책, p. 135.

53 김영택, 《5월 18일, 광주》, 역사공간, 2010, p. 446.

54 〈12·12, 5·17, 5·18사건 조사결과보고서〉, p. 95.

55 '5·18고소고발사건'에 대한 항소심 판결문; 대한민국재향군인회, 《12. 12, 5·18 실록》, 재향군인회 호국정신선양운동본부, 1997, pp. 293~294.

56 김대령, 《역사로서의 5·18》 1권, 비봉출판사, 2013, p. 33.

57 안종철, 《5·18 때 북한군이 광주에 왔다고?》, 아시아문화커뮤니티, 2016, p. 47.

58 전두환, 앞의 책, p. 522.

세 차례 특공작전과 복면부대

1 전두환, 《전두환 회고록》 1권 (1판), 자작나무숲, 2017, pp. 405~406.

2 지만원, 《5·18분석 최종 보고서》, 시스템, 2014, p. 7.

3 〈20사단 광주작전일지〉 (80년 6월 작성 원본), 〈월간조선〉, 1988. 12, p. 468.

4 전두환, 앞의 책, p. 404.

5 지만원, 앞의 책, p. 8.

6 서울지방검찰청·국방부 검찰부, 〈5·18관련사건 수사결과〉, 1995, pp. 143~144.

7 지만원, "파노라마 사진으로 보는 5·18현장 역사", 〈뉴스타운〉, 2018. 3. 11.

8 제 144회 21차 p. 148 (4-606).

9 〈20사단 충정작전보고서〉 (국방부 원본자료 전문), 〈신동아〉, 1988. 12, p. 718.

10 위의 보고서, p. 717.

11 전두환, 앞의 책, pp. 404~405.

12 한국기독교교회협의회 인권위원회, 《1980년대 민주화운동》 VI권, 한국기독교교회협의회, 1987, p. 78.

13 〈광주매일신문〉, 《正史 5·18》, 1995, p. 266.

14 김대령, 《역사로서의 5·18》 2권, 비봉출판사, 2013, p. 193.

15 위의 책, pp. 198~199.

16 김형곤 〈서울지방검찰청 피의자신문조서〉; 황석영·이재의·전용호, 《죽음을 넘어 시대의 어둠을 넘어》, 창비, 2017, p. 186.

17 〈20사단 충정작전보고서〉, pp. 712~713.

18 한국현대사사료연구소 편, 앞의 책, p. 727.

19 한용원, 〈서울지방검찰청진술조서〉 (1995); 황석영·이재의·전용호, 앞의 책, p. 188에서 재인용.

20 "실록 5·18광주항쟁사 제 52회 — 아시아자동차 접수, 총칼대응 무장 필요성 절감", 〈광주일보〉, 1996. 5·18민주화운동기록관에 소장된 자료에 본문만 스크랩되어 있어서 구체적인 날짜를 확인할 수 없다.

21 지만원, "새로 써야 할 5·18역사", 〈뉴스타운〉, 2018. 3. 11.

22 한국현대사사료연구소 편, 앞의 책, p. 348.

23 〈5·18광주민주화운동 진상조사특별위원회 회의록〉 제 144회 19호 (1988. 12. 19), p. 135.

24 홍성률, 〈서울지방검찰청 피의자신문조서〉 (4회) (1995); 황석영·이재의·전용

호, 앞의 책, pp. 187∼188에서 재인용.

25 전두환, 앞의 책, p. 405.

26 전남지방경찰청, 〈5·18민주화운동과정 전남경찰의 역할〉, 2017, pp. 35∼37; 반남지서와 남평지서 피탈사건이 〈전남도경 상황일지〉에 기재되었으나, 기록 자체가 조작되었을 가능성도 제기되고 있다.

27 〈12·12, 5·17, 5·18사건 조사결과보고서〉, 국방부 과거사진상규명위원회, 2007, pp. 90∼91.

28 전남지방경찰청, 〈5·18민주화운동과정 전남경찰의 역할〉, 2017, p. 41.

29 대한민국재향군인회, 앞의 책, pp. 318∼319.

30 서울지방검찰청·국방부 검찰부, 〈5·18관련사건 수사결과〉, 1995, p. 258.

31 전두환, 앞의 책, p. 406.

32 경찰청 감사관실, 〈전남사태 관계기록 1〉, p. 75.

33 한국현대사사료연구소 편, 앞의 책, p. 321.

34 김영택, 《5월 18일, 광주》, 역사공간, 2010, pp. 431∼432.

35 안기부, 〈광주사태 상황일지 및 피해 현황〉, 1985. 5, p. 71.

36 김영택, 앞의 책, p. 438.

37 지만원, "5·18 광주에 북한군 침투 증언과 기록들", 〈뉴스타운〉, 2018. 3. 10.

38 김동일, "광주 5·18의 거짓말 시리즈 (2) — 연·고대생 6백명", 〈뉴스타운〉, 2018. 3. 10.

39 안종철, 앞의 책, pp. 76∼77.

40 김영택, 앞의 책, pp. 436∼437.

41 국방부, 《광주사태의 실상》, 국군홍보관리소, 1985, p. 46.

42 최정운, 《오월의 사회과학》, 오월의봄, 2012, pp. 205∼207.

43 김대령, 앞의 책, p. 207.

44 이정로, "광주봉기에 대한 혁명적 시각 전환", 〈노동해방문학〉, 1989. 5, p. 23.

45 위의 글, p. 33.

46 위의 글, pp. 25∼26.

47 김영택, 앞의 책, p. 434.

48 지만원, "광주 5·18 북한 특수군 600명을 증거하는 18개의 Smoking Gun", 〈뉴스타운〉, 2014. 12. 22.

49 위의 글, p. 532.

50 전두환, 앞의 책, pp. 528∼530.

1 김대령, 《역사로서의 5·18》 1권, 비봉출판사, 2013, p. 15.

2 "전 북한군 군관 출신 모임 '자유북한군인연합' 증언 성명", 〈한국논단〉, 2007. 2, p. 88~97.

3 위의 글, pp. 90~91.

4 임천용, 《화려한 사기극의 실체 5·18》, 광명기획, 2009, pp. 41~415.

5 지만원, "광주 5·18 북한 특수군 600명을 증거하는 18개의 Smoking Gun", 〈뉴스타운〉, 2014. 12. 22.

6 김대령, 《역사로서의 5·18》 2권, 비봉출판사, 2013, pp. 345~346.

7 위의 책, p. 313.

8 김선철, 《광주의 분노》, 조선로동당출판사, 1985; 5·18기념문화센터 영인본, p. 103.

9 〈전교사 작전일지〉, 《광주 5월 민중항쟁일지》, 5·18기념문화센터, 2015, p. 95.

10 임천용, 앞의 책, p. 272.

11 강주원 증언, 〈현사연 조사〉, 현대사료연구소, 1988, No, 2007.

12 김대령, 앞의 책, p. 280.

13 이주성, 《보랏빛 호수》, 비봉출판사, 2017, pp. 97~173의 내용을 압축 인용한다.

14 위의 책, p. 97, 99, 116.

15 위의 책, p. 121, 123~125, 132~133.

16 위의 책, p. 134.

17 위의 책, p. 143, 158, 166.

18 이주성, '프리즘뉴스 특별대담', https://www.youtube.com/watch?v=Z6t2NEl-Y_8.

19 이주성, 앞의 책, p. 9.

20 조갑제, "신념보다 사실이 늘 중요하다", 〈뉴데일리〉, 2013. 5. 22.

21 전원책, "5·18 북한개입설, 근거 없는 주장", 〈박종진의 쾌도난마〉, 채널A, 2013. 5. 22.

22 전남지방경찰청, 〈5·18민주화운동과정 전남경찰의 역할〉, 2017, pp. 62~63.

23 위의 〈전남경찰 5·18보고서〉, pp. 63~65; 북한군 개입설의 신빙성을 상쇄하는 정황은 여러 곳에서 나타난다. ① 나주와 화순 등지에서 시민군들이 간첩 용의자를 잡아 경찰에 신고 또는 인계하였고, ② 서부경찰서 경장 강경섭을 간첩으로 오인하고 서부경찰서로 연행했다. 이처럼 시민군들은 대공(對共) 용의점을 가진 사람을

내부적으로 적발하는 활동을 펼쳤다. 또 국가안전기획부가 작성한 〈광주사태 상황 일지 및 피해 현황〉(1985)은 시민군의 세세한 활동까지 시간대별로 기재할 정도로 상세한 기록이지만 북한군 관련 내용은 전혀 언급하지 않았다. 이것은 1968년의 1·21 사태와 울진 삼척 무장공비 침투사건, 1978년의 충남 홍성 무장간첩사건, 1996년의 강릉 잠수함 침투사건 등 역대 간첩사건들이 모두 주민의 신고로 발견, 추적되었다는 사실과 비교할 때, 도저히 납득할 수 없는 주장이다.

24 김영택, "5·18 광주민중항쟁연구"(국민대 박사학위청구논문), 2004, pp. 196~197.

25 지만원은 "자신은 15년 이상을 5·18 역사를 연구한 학자로서 5·18 자료와 사진만 으로도 북한 특수군을 557명이나 찾아냈다"고 주장하는데, 그중에는 폭약관리반원 이던 양홍범과 박선재가 포함되어 있다. 필자가 이 글에서 지만원의 북한군 개입설 을 분석할 수밖에 없는 이유이다.

26 전두환, 《전두환 회고록》1권(1판), 자작나무숲, 2017, pp. 533~534.

27 지만원, "5·18 광주 북한 특수군 광수들의 신분", 〈뉴스타운〉, 2018. 3·12.

28 통일부, 〈북한 주요 인사 인물 정보〉, 2017에 근거하여 작성함.

29 지만원, "장진성의 정체 밝히기 위해 130여 시간 썼다 — 국제적 문호, 국제적 교 수, 애국시인으로 분장된 장진성", 〈뉴스타운〉, 2018. 1. 15.

30 지만원, "평창올림픽과 함께 발굴한 80명의 광수", 〈지만원의 시스템클럽〉, 2018. 2. 15.

31 전두환, 앞의 책, p. 533.

32 황장엽, 《나는 역사의 진리를 보았다》, 한울, 1999, pp. 187~194.

33 전두환, 앞의 책, pp. 540~541.

34 〈뉴데일리〉, 2016. 5. 20.

35 김대령, 《역사로서의 5·18》1권, 비봉출판사, 2013, pp. 152~191.

36 전두환, 앞의 책, p. 541.

37 위의 책, p. 532.

38 전남지방경찰청, 〈5·18민주화운동과정 전남경찰의 역할〉, 2017, p. 37.

5·18의 평화사상과 대동세상

1 황석영·이재의·전용호, 《죽음을 넘어 시대의 어둠을 넘어》, 창비, 2017, p. 296.

2 위의 책, p. 311.

3 위의 책, pp. 323~325.

4 조비오, "죽음의 피는 헛되지 않을 것이다", 《5·18의 기억과 역사》5권, 5·18기

념재단, 2013, p. 112.

5 위의 글, p. 113.

6 황석영·이재의·전용호, 앞의 책, pp. 326~328.

7 《5·18광주민주화운동 자료총서》 2권, 광주광역시 5·18사료편찬위원회, 1997, p. 59.

8 5·18기념재단 공식블로그, http://blog. naver. com/themay18/220377653741.

9 《5·18광주민주화운동 자료총서》 2권, 광주광역시 5·18사료편찬위원회, 1997, p. 23.

10 위의 책, p. 44.

11 김영택, 앞의 논문, p. 196.

12 이태희, "세계 민중사에 길이 빛날 너나없는 사랑의 공동체 이룩", 〈예향〉, 1989. 5, p. 62.

13 이태희, 위의 글, p. 61.

14 5·18기념재단 공식블로그, http://blog. naver. com/themay18/220394976256.

15 〈동아일보〉, 1980. 5. 26.

16 경찰청 감사관실, 〈전남사태 관계기록 2〉(서부서 상황일지), p. 102, 108; 전남지방경찰청, 〈5·18민주화운동과정 전남경찰의 역할〉, 2017, p. 54.

17 《5·18광주민주화운동 자료총서》 32, 44, 45권, 광주광역시 5·18사료편찬위원회; 전남지방경찰청, 앞의 보고서, p. 55.

18 최정운, 《오월의 사회과학》, 오월의봄, 2012, pp. 169~171.

19 위의 책, pp. 171~182.

20 위의 책, pp. 205~207.

21 김영택, 앞의 책, pp. 436~437.

22 전교사 보통군법회의 판결문(1980. 10. 25) V46, p. 149.

23 "광주민중항쟁 당시 현장의 교회들 2", 〈호남선교〉, 1993. 6, p. 17.

24 "광주민중항쟁 당시 현장의 교회들 1", 〈호남선교〉, 1993. 5, p. 21.

25 한규무, "5·18 민중항쟁과 광주전남지역 개신교계", 〈한국기독교와 역사〉 37호, 2012. 9, p. 197.

26 "광주민중항쟁 당시 현장의 교회들 2", 〈호남선교〉, 1993. 6, pp. 17~18.

27 〈계엄사 상황일지〉, 《광주 5월 민중항쟁일지》, 5·18기념문화센터, 2015, p. 125.

28 "광주민중항쟁 당시 현장의 교회들 1", 〈호남선교〉, 1993. 5, p. 21.

29 "광주민중항쟁 당시 현장의 교회들 2", 〈호남선교〉, 1993. 6, p. 17.

30 "광주민중항쟁 당시 현장의 교회들 1", 〈호남선교〉, 1993. 5, pp. 21~22.

31 황석영·이재의·전용호, 앞의 책, pp. 459~460.

32 이태희, 앞의 글, p. 60.

광주를 구한 '선한 사마리아인' 문용동

1 고은, 《만인보》 30권, 창비, 2010, pp. 927~928.

2 위의 책, pp. 929~930.

3 위의 책, pp. 454~455.

4 위의 책, pp. 456~458.

5 국보위 광주사태진상조사단, 〈광주사태 진상보고〉, 1980. 6, p. 26.

6 국방부, 〈과거사진상규명위원회 보고서〉, 2007, pp. 118~119.

7 한국현대사사료연구소 편, 앞의 책, p. 341.

8 계엄사령부, "광주사태", 《5·18광주민주화운동 자료총서》 2권, 광주광역시 5·18사료편찬위원회, 1997, p. 142.

9 "실록 5·18광주항쟁사"; '5·18 관련 22차 공판'(1996. 7. 15)에서 진술한 김기석의 증언.

10 전두환, 《전두환 회고록》 1권(2판), 자작나무숲, 2017, pp. 433~434.

11 앞의 〈전남경찰 5·18보고서〉, pp. 7, 37~40.

12 전남사회운동협의회·황석영, 《죽음을 넘어 시대의 어둠을 넘어》, 풀빛, 1985, pp. 208~210.

13 위의 책, p. 191.

14 백춘성, 《조선의 작은 예수 서서평》, 두란노서원, 2017 참조.

15 문순태, 《성자의 지팡이》, 다지리, 2000 참조.

16 《새벽길을 간 이》, pp. 106~107.

17 '윤상현의 증언', 2017. 11. 8.

18 "들꽃처럼 살다 가신 문용동 선생님을 기리며", 《새벽길을 간 이》, p. 49.

19 '장헌권의 증언', 2017. 12. 26.

20 《새벽길을 간 이》, pp. 192~194.

21 《새벽길을 간 이》, pp. 177~178.

22 공동영, "사랑하는 나의 친구", 위의 책, p. 41; 당일 시위현장에서 만난 친구 공동영의 증언이다.

23 위의 책, pp. 166~167.

24 위의 책, pp. 167~169.

25 광주지검, "5·18광주항쟁 희생자 165명 검시 내용", 〈광주일보〉, 1989. 3. 3; 이 보고서는 "우 흉부 맹관총상(盲貫銃傷)", 즉 "탄환이 관통하지 않고 체내에 박혀 있는 총상"이라고 밝히고 있다.

26 김영복, "5·18 당시 도청 지하 무기고의 진실", 〈故 문용동 전도사 순교 기념 제 3 회 학술세미나〉, 故 문용동전도사순교기념사업회, 2014, p. 3.

27 〈故 문용동 전도사 순직자 증서〉, 대한예수교장로회 총회, 2017. 5. 11.

28 이우주, "5·18당시 고 문용동 형과의 짧은 대화", 《새벽길을 간 이》, pp. 47~48.

29 한규무, "5·18 민중항쟁과 광주전남 개신교계", 《한국기독교와 역사》 37권, 한국 기독교역사연구소, 2012, p. 207

30 《새벽길을 간 이》, pp. 127~128.

31 위의 책, p. 192.

32 엘리자베스 라움 지음, 길성남 옮김, 《디트리히 본회퍼: 나를 따르라》, 좋은씨앗, 2004, p. 188.